# AUTONOMIA, INCLUSÃO E EMANCIPAÇÃO
VIDAS EM CONSTRUÇÃO PARA ALÉM DOS LIMITES

Editora Appris Ltda.
1.ª Edição - Copyright© 2023 do autor
Direitos de Edição Reservados à Editora Appris Ltda.

Nenhuma parte desta obra poderá ser utilizada indevidamente, sem estar de acordo com a Lei nº 9.610/98. Se incorreções forem encontradas, serão de exclusiva responsabilidade de seus organizadores. Foi realizado o Depósito Legal na Fundação Biblioteca Nacional, de acordo com as Leis nos 10.994, de 14/12/2004, e 12.192, de 14/01/2010.

Catalogação na Fonte
Elaborado por: Josefina A. S. Guedes
Bibliotecária CRB 9/870

| | |
|---|---|
| M152a 2023 | Maciel Júnior, Edson |
| | Autonomia, inclusão e emancipação : vidas em construção para além dos limites / Edson Maciel Júnior. – 1 ed. – Curitiba : Appris, 2023. |
| | 285 p. ; 23 cm. – (Psicopedagogia, educação especial e Inclusão). |
| | Inclui referencias. |
| | ISBN 978-65-250-5118-5 |
| | 1. Sujeito (filosofia). 2. Fenomenologia. 3. Educação especial. I. Título. II. Série. |
| | CDD – 126 |

Livro de acordo com a normalização técnica da ABNT

**Appris** *editora*

Editora e Livraria Appris Ltda.
Av. Manoel Ribas, 2265 – Mercês
Curitiba/PR – CEP: 80810-002
Tel. (41) 3156 - 4731
www.editoraappris.com.br

Printed in Brazil
Impresso no Brasil

Edson Maciel Junior

# AUTONOMIA, INCLUSÃO E EMANCIPAÇÃO
VIDAS EM CONSTRUÇÃO PARA ALÉM DOS LIMITES

# FICHA TÉCNICA

| | |
|---|---|
| EDITORIAL | Augusto Coelho |
| | Sara C. de Andrade Coelho |
| COMITÊ EDITORIAL | Marli Caetano |
| | Andréa Barbosa Gouveia - UFPR |
| | Edmeire C. Pereira - UFPR |
| | Iraneide da Silva - UFC |
| | Jacques de Lima Ferreira - UP |
| SUPERVISOR DA PRODUÇÃO | Renata Cristina Lopes Miccelli |
| ASSESSORIA EDITORIAL | Jibril Keddeh |
| REVISÃO | Camila Dias Manoel |
| PRODUÇÃO EDITORIAL | Miriam Gomes |
| DIAGRAMAÇÃO | Andrezza Libel |
| CAPA | Caroline Renck |
| | Carlos Pereira |

**COMITÊ CIENTÍFICO DA COLEÇÃO PSICOPEDAGOGIA, EDUCAÇÃO ESPECIAL E INCLUSÃO**

**DIREÇÃO CIENTÍFICA** Ana El Achkar (Universo/RJ)

CONSULTORES Prof.ª Dr.ª Marsyl Bulkool Mettrau (Uerj-Universo)

Prof.ª Dr.ª Angelina Acceta Rojas (UFF-Unilasalle)

Prof.ª Dr.ª Adriana Benevides Soares (Uerj-Universo)

Prof.ª Dr.ª Luciene Alves Miguez Naiff (UFRJ)

Prof.ª Lucia França (UFRJ-Universo)

Prof.ª Dr.ª Luciana de Almeida Campos (UFRJ-Faetec)

Prof.ª Dr.ª Mary Rangel (UFF-Uerj-Unilasalle)

Prof.ª Dr.ª Marileide Meneses (USP-Unilasalle)

Prof.ª Dr.ª Alessandra CiambarellaPaulon (IFRJ)

Prof.ª Dr.ª Roseli Amábili Leonard Cremonese (INPG-AEPSP)

Prof.ª Dr.ª Paula Perin Vicentini (USP)

Prof.ª Dr.ª Andrea Tourinho (Faculdade Ruy Barbosa-BA)

*À Ziuza Moret Pio Maciel (43 anos de proximidade), em especial.*
*Ela é inteiramente outra com quem me encontrei na revelação da alteridade,*
*e temos vivido uma profunda relação de proximidade.*
*Transbordando de amor e gratidão.*

*A meus pais e sogros,*
*Edson e Elenita, Claudiomiro e Noeme (*in memoriam*),*
*por um sem-número de razões.*

# AGRADECIMENTOS

Aos meus filhos:

Caroline Moret Pio Maciel, que contribuiu para uma capa linda e com as ilustrações. Aquela que é decidida em suas escolhas e que valoriza o humano;

Priscila Moret Pio Maciel Lima, que cuidou da minha escrita lendo os textos; foi a leitora atenta e a revisora do texto. Quem aponta para o lado feminino da vida e que rasga o meu machismo;

Lucas Moret Pio Maciel. Quem se apresenta como o outro que me afirma e me nega.

Ao Prof. Dr. Hiran Pinel, meu orientador, que merecidamente foi reconhecido como professor que mais tem orientado pós-graduandos na área da Fenomenologia da Educação Especial na perspectiva inclusiva. Sou um dos seus orientandos nesta busca de significados, uma fase gratificante.

À Prof.ª Dr.ª Denise Meyrelles de Jesus, minha homenagem pela pesquisadora e batalha[dor]a na Educação no estado do Espírito Santo. Por ela tenho um grande carinho.

Ao Prof. Dr. Edebrande Cavalieri, pela sua diretividade; alguém que usou palavras que vibraram em mim e que compartilhou do meu tema.

Ao Prof. Dr. Vitor Gomes, amigo, companheiro no Grupo de Pesquisas em Fenomenologia na Educação (Gpefe), sempre pronto a orientar de forma precisa.

Ao Prof. Dr. João Assis Rodrigues, amigo, companheiro na jornada de estudos.

Ao Cidadão Pleno, ao Doidão Maluco Sangue Bom e à Audaciosa Espevitada, pelo privilégio do face a face.

*Eu trabalho com crianças excepcionais.*
*Não que elas sejam, mas eu gosto de tratá-las assim.*

*(Irmã Selma, Terça Insana)*

# PREFÁCIO

A fenomenologia ou ciência dos fenômenos possibilita ao pesquisador uma imersão descritiva e compreensiva perante o que observa. Nesse sentido, na abertura perceptiva — do observar que enseja silenciar prejulgamentos — oferta leitura particular ao que se apresenta diante dos olhos para o futuro desvelar de sua essência, não entendida como estrutura imutável, mas como expressão de um tempo, um espaço e uma realidade.

Realizar estudos na área de educação tendo como via alimentadora a atitude fenomenológica significa um acréscimo reflexivo, a um campo de conhecimento permeado por pesquisas que almejam uma intervenção transformadora sobre as mazelas que presenciam, de que toda ação deve vir precedida de uma escuta sensível, de uma observação e de tempo para sua compreensão.

Assim, é necessário emudecer comportamentos ansiosos e potenciar a compreensão dos contextos conforme as falas de seus sujeitos envolvidos.

É necessário o entendimento de que, apesar de algumas aproximações histórico-sociais-culturais entre indivíduos, cada realidade é única. Caso contrário, as atitudes de intervenção serão advindas dos desejos de seu pesquisador, contudo, com o tempo, provavelmente se apresentarão como distantes da realidade dos diversos atores sociais que a compõem e vivenciam.

Realizar uma fenomenologia da educação significa a elaboração de adaptações didáticas e conceituais, bem como conhecimento e imersão nos aspectos particulares que envolvem os processos de ensino e aprendizagem. Sendo assim, numa aproximação temática com esta obra, a questão a seguir faz-se pertinente: o que é realizar uma fenomenologia da educação na educação especial?

Segundo a Política Nacional de Educação Inclusiva (BRASIL, 2008), educação especial numa perspectiva inclusiva é se referir a uma modalidade educacional que envolve pessoas com deficiência, altas habilidades ou superdotação e transtornos globais do desenvolvimento, e cujo espaço-tempo de aprendizagem é a escola regular.

Tal compreensão indica que as aprendizagens são potencializadas no convívio com as diferenças. Contudo, algumas perguntas existenciais cujas políticas públicas não abarcam ainda teimam em reverberar: quem é o sujeito da educação especial? Como é ser esse sujeito?

Numa imersão fenomenológica existencial, neste livro o professor doutor Edson Maciel Junior proporciona a realização de uma fenomenologia da educação na educação especial, evidenciando, nas singularidades de três indivíduos, o que é para eles ser público-alvo da educação especial.

Como o leitor perceberá ao longo de sua leitura, não se trata de generalizações, mas sim da expressão de três indivíduos que, dentro de suas vivências, proporcionam a compreensão de seus sentidos/sentidos dentro do espaço-tempo atual.

Trata-se de um livro sobre o ser.

Por fim, dentro da dimensão móvel existencial de inicial leitor e agora atual prefaciador, recomendo sua leitura e afirmo que, em caminhos próprios e originais, o autor oferta contribuição relevante para uma fenomenologia da educação.

**Prof. Dr. Vitor Gomes**
*Professor e coordenador do Grupo de Pesquisa em Fenomenologia na Educação da Universidade Federal do Espírito Santo.*

# APRESENTAÇÃO

Uma pergunta insistente! Qual o caminho a percorrer: em direção a pessoa com deficiente ou em direção à deficiência? Saber tudo sobre a deficiência (o que falta? O que está quebrado?) ou compreender a pessoa que está diante de você em casa, entre os seus parentes, na sua vizinhança e na escola onde você trabalha ou onde seu filho estuda? Conforme a direção tomada, fica claro que o deficiente será o "protagonista estrelar" (PINEL, 2005b, p. 278) e principal fonte de inform[ações], no sentido de que somente no contato com ele será possível descobrir algo sobre a deficiência que o habita para poder interrogar: quem é esse ser que é e está diante de você?

Para você compreender (verbo importante na fenomenologia) de forma intencional, fui em direção a *pessoas constituídas e/ou inventadas na/da educação especial*, e, ao encontrá-las, conversamos, combinamos que elas narrariam suas histórias de vida escrevendo, trocando de correspondência, conversando com seus depoimentos, o que se mostrou na vivência delas. E, nessa comunidade de "eus", submetemos o que se apresentou a uma interpretação. Dessa interpretação, busquei percorrer como é ser sendo do sujeito com deficiência da/na educação. O movimento é para compreender, estar em face do outro encarnado, pois nesse encontro o movimento em direção a ele se dá antes de usar qualquer tese científica, ou achado mais atual da ciência para se encaixar nessa pessoa, e com esse encaixe dizer que eu o entendo. Leia com atenção, pois não estou dizendo que a produção teórica/científica seja algo inexpressivo ou que não sirva para nada que não seja aplicável. Estou convidando você a primeiro fazer o movimento de se aproximar da pessoa, daquele que está diante de sua face.

Eu convido você a ler este livro imaginando corroborar uma "prática educativa" que destaque os efeitos "inter[in]ventivos" do diálogo investigativo e a curiosidade sobre a experiência e as vivências humanas como indispensável aos processos de ensino-aprendizagem escolar e não escolar. Inclua sensibilidade e comprometimento social diante de temas relacionados à problemática humana, revelando gosto, coragem, resiliência, enfrentamento e curiosidade. Apreenda e interrogue-se diante de temas relacionados às experiências humanas, como: dor, raiva, perda, prazer, afeto, liberdade, democracia, morte, amor, companheirismo, amizade e as demais dimensões do humano. Enfim, uma direção importante — o outro.

Este livro é derivado das atividades de pesquisa do Grupo de Pesquisas em Fenomenologia na Educação (Gpefe), que é constituído por professor@s do Centro de Educação da Universidade Federal do Espírito Santo (UFES), das Prefeituras Municipais de Vitória, de Cariacica, de Vila Velha, de Serra, Domingos Martins, cidades do Espírito Santo, da Universidade Federal do Oeste do Pará e de instituições privadas, e que agrega diversas perspectivas teóricas do método fenomenológico em um viés transdisciplinar e educacional. Registrado no diretório de grupos de pesquisa do Brasil da plataforma Lattes, as temáticas envolvidas em suas discussões versam de forma transdisciplinar sobre questões que envolvem espaços-tempos educativos escolares e não escolares, tais como: pedagogias sociais, hospitalares, resiliência psicológica, existencialismo na educação, cinema e educação, da educação especial e outras.

O Gpefe, por meio do projeto Diálogos, sobre fenomenologia na educação, oferta atividades diversificadas em busca de promoção e divulgação da fenomenologia como metodologia e perspectiva teórico-conceitual, entrecruzando aspectos de sua filosofia e psicologia conforme orientação, linguagem e perspectiva educacional.

As produções do grupo envolvem capacitações, projetos de pesquisa, encontros científicos, palestras, transmissões (*lives*), grupos de estudos, produções audiovisuais, páginas de internet, orientação de mestrado e doutorado, artigos científicos e livros, cujo intento é desvelar contribuições da fenomenologia para os saberes e fazeres que envolvem as práticas docentes.

Levando em consideração a influência e a velocidade das mídias sociais (e com intuito de popularização dos princípios da fenomenologia na educação), o Gpefe possui um canal na plataforma de vídeos YouTube denominado Gpefe UFES, plataforma onde são postadas videoaulas de curta duração com concepções e princípios teóricos desse viés de pesquisa.

Com as atividades e as pesquisas do Gpefe, surge este livro, que tem como aposta que você compreenda a singularidade das pessoas, como também deixar aberto o horizonte da diversidade do mundo-da-vida. Como afirma o Cidadão Pleno, a vida é o primeiro plano!

**O autor**

# SUMÁRIO

**1**
**INICIAIS** ................................................................ 19

**2**
**QUEM É O SUJEITO PÚBLICO-ALVO DA EDUCAÇÃO ESPECIAL?** ..... 27

**3**
**O [DES]VELAR DA TRAJETÓRIA PARA COMPREENDER OS SUJEITOS COLABORADORES** ........................................................ 43
3.1 Análise fenomenológica: o porquê da fenomenologia ........................ 45
3.2 Características da análise fenomenológica. ................................... 51
    3.2.1 O envolvimento existencial, vivências e experienciamentos. ............... 51
    3.2.2 O Conceito temático intencionalidade ..................................... 54
    3.2.3 Destacando a subjetividade afetivo-cognitiva ............................. 58
    3.2.4 A hipervalorização da vida afetiva. ......................................... 61
    3.2.5 O valor e o sentido da sócio-historicidade do ser humano ................. 62
    3.2.6 A importância do aqui-agora. .............................................. 64
    3.2.7 Os juízos morais e dos valores. ............................................. 69
    3.2.8 A escritura — produção de texto — literária e artística. ................... 70
    3.2.9 A produção de significados: Guia de Significado-Sentido .................. 71
    3.2.10 A questão da "trajetória de interrogação": um caminho para o *eidos* do fenômeno. ............................................................................. 78

**4**
**INTERROGANDO E DESCREVENDO A TRAJETÓRIA INTERROGATIVA** ......................................................... 83
4.1 Interrogando os sujeitos. .................................................... 83
    4.1.1 A primeira questão: qual a experiência de ter sido — e estar sendo — aluno? 83
    4.1.2 A segunda questão: como a filosofia fenomenológica e a psicologia fenomenológica existencial podem contribuir na apreensão, descrição e compreensão desse sujeito da experiência? .................................................................. 84
4.2 Contextualizando as questões ............................................... 84
    4.2.1 Ouço algo. Que é — quem é? ............................................... 85
    4.2.2 Vejo-as face-a-face? ........................................................ 89

4.3 Descrevendo a trajetória .......................................................91

    4.3.1 Quem são os sujeitos que estão diante de mim? ............................91

    4.3.2 Nosso "quefazer" (posicionamento/ações)...................................94

    4.3.3 Instrumentos para compreensão das descrições............................96

# 5
# O SUJEITO: UM OLHAR FENOMENOLÓGICO-EXISTENCIAL.........101

5.1 O *"cogito"* cartesiano .......................................................102

5.2 O que quero "quefazer".....................................................118

5.3 Política e história...........................................................126

5.4 Uma parábola ..............................................................132

5.5 O *"eidos"* como doação originária..........................................147

5.6 Proposições provisórias .....................................................152

5.7 A relevância do meu "quefazer".............................................175

5.8 Concepções significativas de sujeito.........................................177

    5.8.1 O sujeito cartesiano ....................................................178

    5.8.2 O sujeito fenomenológico................................................184

    5.8.3 O sujeito encarnado.....................................................189

    5.8.4 O sujeito da alteridade ..................................................193

    5.8.5 O sujeito da emancipação humana ......................................196

    5.8.6 O sujeito estrelar .......................................................199

    5.8.7 O sujeito da demanda especial...........................................202

# 6
# O [DES]VELAR DO FACE-A-FACE COM OS COLABORADORES:
# HISTÓRIAS ORAIS DE VIDA ...............................................205

6.1 Doidão Maluco Sangue Bom ...............................................207

    6.1.1 O percebido: a pessoa que se interroga (*perceptum*) .......................207

    6.1.2 Ser sendo é ser percebido: interpretação dos relatos do vivido (*esse est percipi*)..212

6.2 Audaciosa Espevitada ......................................................218

    6.2.1 O percebido: a pessoa que se interroga (*perceptum*) .......................218

    6.2.2 Ser sendo é ser percebido: interpretação dos relatos do vivido (*esse est percipi*)..225

6.3 Cidadão Pleno..............................................................229

    6.3.1 O percebido: a pessoa que se interroga (*perciptum*) .......................229

    6.3.2 Ser sendo é ser percebido: interpretação dos relatos do vivido (*esse est percipi*)..235

**7**

**APRESENTANDO OS RESULTADOS E DISCUTINDO-OS** ............... 243

7.1 Os modos de *ser sendo* dos sujeitos no mundo ................................. 243

7.2 Vidas que emergem. ....................................................................... 255

**8**

**IMPLICAÇÕES (PSICO)PEDAGÓGICAS DESTE ESTUDO** ................ 259

8.1 [Des]velando a compreensão do objetivo focalizado .......................... 261

8.2 A dissolução dos invólucros ............................................................ 264

**9**

**[IN]CONCLUSÕES** ....................................................................... 267

**REFERÊNCIAS.** ............................................................................ 269

# 1

# INICIAIS

Fui instigado pela questão do [des]velar[1] o sujeito fenomenológico existencial[2] na/da educação especial e inclusiva, escolar e não escolar, conforme as experiências dele, de estar aí no mundo. Afinal, quem é a pessoa que precisa de educação especial numa perspectiva inclusiva? Ou da educação não escolar? Devo realmente dizer que alguém é um estudante-alvo da educação especial?

Busco um olhar fenomenológico-existencial, passando pelas vias da filosofia, da psicologia e da antropologia, para compreender este *ser sendo* que precisa de educação, como toda e qualquer pessoa. Olhar a pessoa e com isso oferecer pistas de como devo chamar esta pessoa com quem eu me importo.

O sentido de interrogar o fenômeno que se apresenta se inicia com a recusa da visão fragmentada oferecida pelo paradigma cartesiano e passa pela experiência do autor como professor e educador não escolar, o que me levou a focalizar pessoas com necessidades especiais escolares e não escolares. As pessoas que focalizo como "pessoas com necessidades especiais" são assim chamadas devido a conceitos construídos sócio-historicamente, no entanto elas possuem nome, estão diante de cada um de nós, e não há como não vê-las. Reconheço aqui as diferentes condições singulares dessas pessoas, considerando as múltiplas dimensões em que se manifestam, seja por questões de ordem psíquicas, sociais, culturais, biológicas e mesmo espirituais, isto é, um sistema aberto complexo, um ser em um mundo próprio.

Neste livro quero me voltar para um olhar fenomenológico direcionado para pessoas com deficiências que fazem parte do corpo vivo em toda a sua complexidade. Notadamente na minha experiência não escolar,

---

[1] Convido você a interagir e dialogar com o texto; observe que encontrará ao longo do livro a utilização de palavras divididas entre colchetes, como o exemplo acima. É uma forma de manipular/demonstrar o número de sentidos e possibilidades que uma palavra ou expressão possui. Isto ocorre por minha opção literária, independentemente da etimologia das palavras.

[2] O existencial [pré]ocupa-se com os *modos de ser sendo si mesmo no cotidiano do mundo* (PINEL, 2003b, p. 134). O mundo em Husserl (1986, 1992, 2001), segundo Marilena Chaui (1980a), é sócio-historicidade.

viajando pelas estradas que a vida tem, deparo-me com tais pessoas complexas e especiais em suas necessidades, vejo que elas são corpóreas e então preciso parar, dar atenção e até mesmo voltar em meu caminho para cuidar e "cuidar dos meus modos de cuidar" (PINEL, 2003b, p. 117).

Parafraseando Meira (1983, p. 15), digo que estou cuidando/lidando com a pessoa que é deficiente[3], e não com a deficiência. Nesse cuidar, eu olho para essa pessoa e percebo a sua deficiência, que é única, e então trabalho a sua dificuldade específica, vendo e cuidando de suas necessidades. A fixação demasiada em categorizações e classificações dadas pelas áreas da medicina, da psicologia e da psicopedagogia poderá levar-me ao engano de ver na pessoa com deficiência as mesmas características descritas pelo senso comum, pelos diagnósticos médicos, por discursos de carências ou de idealizações, usando para todas as pessoas as mesmas técnicas ou tentando encontrar a técnica perfeita. Se preso for a tudo isto, deixarei de ver (ou olhar) a pessoa, o sujeito que é sujeito junto comigo e que está diante de mim (sujeito e o outro sujeito). Percebê-lo-ei sujeito na medida em que olhar para ele, e não para a sua deficiência.

Iniciando meus estudos na fenomenologia existencial, comecei a buscar qual seria o caminho a percorrer: em direção ao deficiente ou em direção à deficiência? Com essa busca, ficou claro que o deficiente será o "protagonista estrelar" (PINEL, 2005b, p. 278) e principal fonte de inform[ações], no sentido de que somente no contato com ele será possível descobrir algo sobre a deficiência para poder interrogar: "quem é o sujeito"?

Procuro caminhar na direção da compreensão do deficiente, seja ele quem for, alguém que é fenômeno, pois mostra-se sob os mais diversos perfis. É minha intenção buscar o olhar fenomenológico-existencial para chegar a uma compreensão do e sobre o sujeito. Apreender os sentidos de temas valorativos de grande significado para os sujeitos colaboradores (na sua existência mesma), mostrando um ou mais *modos de ser sendo si mesmo no cotidiano do mundo* que atrai e são atraídos por um ou mais Guias de Sentido (GSs)[4].

---

[3]  No meu entender, não quero negar a existência física e concreta de uma forma contingencial do corpo humano, de uma dada deficiência, o que não quer dizer que essa concretude corresponda à totalidade do fenômeno. Não desejo associar e fazer coincidir deficiência e patologia com sua carga de preconceitos (AMARAL, 1995, p. 33-34; MERLEAU-PONTY, 1994).

[4]  Termo tematizado por Pinel ([2003a]) objetivando construir uma (Psico)Pedagogia Existencial, que por ora compreendemos como os [des]velamentos dos modos de ser sendo si mesmo aprendiz e ensinante no cotidiano do mundo nos seus aspectos subjetivos (vida afetiva indissociável da vida cognitiva). Ver também Colodete (2004).

Os objetivos deste livro corroboram propor uma "prática educativa" que destaque os efeitos "inter[in]ventivos"[5] do diálogo investigativo e a curiosidade sobre a experiência e as vivências humanas como indispensável aos processos de ensino-aprendizagem escolar e não escolar.

Outro objetivo é demonstrar sensibilidade e comprometimento social diante de temas relacionados à problemática humana, revelando gosto, coragem, resiliência, enfrentamento e curiosidade. Apreender e interrogar-se diante de temas relacionados às experiências humanas, como: dor, raiva, perda, prazer, afeto, liberdade, democracia, morte, amor, companheirismo, amizade e as demais dimensões do humano.

Corroborar contextualizar-se histórica/cultural e socialmente à realidade circundante e para comentar criticamente e com desenvoltura sobre assuntos do cotidiano da própria vida, desenvolvendo o senso crítico atento e mais apurado diante das questões do próprio cotidiano das pessoas e "coisas" no contexto onde o sujeito está inserido.

Por último, identificar os inúmeros valores e contravalores, tais como: paz x violência, disciplina x indisciplina, justiça x injustiça; amor x desamor; amizade x inimizade; preconceito x respeito; ser diferente x ser igual.

A metodologia usada para a busca do conhecimento interroga basicamente a pessoa com deficiência para, com base nela, conhecer os processos que produzem a diferenciação que a torna o não ser, colocando entre parentes (*epoché*) os [pré]conceitos [pré]datados, as explicações, causalidade, o deduzir, as hipóteses anteriormente formuladas e os invólucros que ocultam a pessoa. Eu busco compreender, descrever, reunir, apresentar e interrogar o fenômeno. A implicação desta postura exige um rigor para o ver atencioso do que surge, na experiência direta com essa pessoa que é nomeada "[d]eficiente", no contato com a pessoa adulta com [defi]ciência em situação escolar ou não escolar. A pergunta orientadora, em lugar de *"O que é a deficiência?"*, passou a ser *"Quem é este, o deficiente?"*

Em uma perspectiva cartesiana, ou no que o positivismo construiu do cartesianismo, a pergunta feita é do tipo: "O que é a deficiência?" O resultado obtido será falar sobre a deficiência que a pessoa tem. Ao formular a questão dessa maneira, como é comumente formulada, colocamo-nos fora da deficiência, distanciando-nos dela e do sujeito que tem uma deficiência qualquer. O resultado é uma resposta simples e geralmente, quando mais

---

[5] A pesquisa fenomenológica existencial, por si só, tem sido considerada como de intervenção (FORGHIERI, 1993; PINEL, [2003b]). O professor Hiran Pinel tematizou o termo *"inter[in]venção (psico)pedagógica"*, que Colodete (2004) trabalha em suas vivências.

elaborada, traz uma denominação ou uma definição, quase sempre incompleta e não satisfatória. As várias deficiências receberam a sua denominação dessa forma. Em um determinado dia, indagou-se: o que está acontecendo com esta pessoa que nasceu ou se tornou deficiente? A resposta é simplesmente em termos de causalidade. Algo aconteceu que a fez nascer assim, ou, por algum acidente, ela se tornou tal pessoa com deficiência. As explicações e conclusões passam, portanto, a ser em termos da causalidade dos acontecimentos. A deficiência é, então, vista como um algo externo, visível, objetivo, com uma ou múltiplas causas, em que a principal delas, na maioria das vezes, não é identificada. Dessa visão resultam abstrações explicativas (teorismos), causais e conclusivas geradas quer pelo senso comum, quer pelo pensar controlado da ciência. E a pessoa é colocada em segundo plano, não se tem um olhar para ela. A fenomenologia é uma denúncia à contemplação da deficiência como objeto, como representação (LÉVINAS, 1967, p. 139).

A tese da existência dos objetos deficiência, anormalidade e estigma, busco colocá-la em suspenso, entre parênteses, pois a possibilidade de existência de tais objetos é relativa ao meu conhecimento do mundo e na relatividade da própria existência do mundo (LÉVINAS, 1967, p. 48). Nesse sentido, o que Lévinas chama de relatividade é a "incerteza do mundo exterior, mas não significam do que o caráter inacabado da síntese ou da percepção do sensível" (LÉVINAS, 1967, p. 137), é o seu caráter de inacabamento que possibilita ao ser humano ser aberto. A relatividade, portanto, não é uma negação das leis estáticas que o ser humano criou, mas uma abertura ao mundo para que as abstrações não se tornem senhoras das vidas humanas.

O interrogar o "deficiente", porém, pede uma proposição que se refere ao sentido de *ser sendo* uma pessoa com deficiência, que se refira ao seu significado, à qualidade do sentido do conjunto de condições determinantes da vida dessa pessoa com suas contingências. A [re]velação da pessoa é ponto principal de dificuldade de se chegar à transcendência[6] dessa pessoa, pois o encontro é eminentemente ético. Há, pois, um caminho para o outro, que é o outro por excelência, e isto se dá por meio do Outro, a "maneira como o Outro ou o Infinito se manifesta na subjetividade é o próprio fenômeno da inspiração" (LÉVINAS, 1982, p. 88-89, 100; 1984, p. 21-22).

---

[6] Esse termo é usado sem nenhuma pressuposição teológica; ao contrário, é o excesso da vida que toda teologia pressupõe. Transcendência como deslumbramento, de que fala Descartes no fim da Terceira Meditação (DESCARTES, 1979, p. 112, § 41): dor no olho, por excesso de luz, o Mesmo desconsertado e mantido em vigília pelo outro que o exalta — este questionamento do Mesmo pelo Outro que Lévinas chama de despertar ou que é a própria vida do humano já inquieta do infinito (LÉVINAS, 2005, p. 126-127).

Meira (1983, p. 16) afirma que "é exatamente este 'o que é' (*quid*[7]), ou seja, o ponto difícil, o *busílis* que precisa ser buscado". Husserl (2001, p. 23) afirma que é o desvelar do significado profundo de um retorno radical ao *ego cogito*, isto é, começar pelo ser e fazer reviver os valores que dele decorrem objetivando sair da ilha que é a consciência.

O *quid*, isto é, "o que é", tem de incluir a dimensão da intersubjetividade, o mundo-da-vida, a intencionalidade e o próprio ego transcendental[8] para tornar-se fonte e horizonte de toda significação no contexto do meu exercício de compreensão. Horizonte entendido como a espacialidade onde vivemos despertos, constantemente conscientes daquilo que está sendo por nós experienciado e que se prolonga até onde a compreensão do olhar alcança e que se estende à medida que a compreensão também se estende, possibilitando que o olhar veja mais "coisas" (objetos concretos) e atividades reais concretas e possíveis. Assim como, ao ressuscitar as *Meditações* (DESCARTES, 1979) cartesianas, Husserl não pretendia adotá-las integralmente, penso que o mesmo se dá com a fenomenologia, que também é uma proposta que se abre para o "tocar-se e fecundar-se mutuamente" (HUSSERL, 2001, p. 23).

A história de vida e os depoimentos de pessoas com deficiência, assim como o que se mostrou na vivência dessas pessoas, serão submetidos a uma interpretação. Dessa interpretação, busco percorrer como é *ser sendo* do sujeito com deficiência da/na educação.

A trajetória usada na minha escrita é uma compreensão própria da fenomenologia existencial. Não é demais mencionar que todo pedido de [des]velamento tem seus limites e é uma maneira de olhar o mundo. Bornheim (2009, p. 34) afirma que "não há ciência, não há intuição, não há amor, que possam fazer um indivíduo compreender de maneira absoluta um outro indivíduo, seja pessoa ou fato cultural, histórico". A afirmação de Heráclito contribui claramente: "Mesmo percorrendo todos os caminhos, jamais encontrarás os limites da alma, tão profundamente é o seu logos" (HERÁCLITO, 1978, p. 83).

---

[7] Expressão latina *"quid est"*, que significa "o que é". Tem origem no termo "quididativo" e provém do latinismo "quididade". O objeto próprio da primeira operação do intelecto, operação que Aristóteles (no livro IV da *Metafísica*, p. 18, 1006a linha 6 e seguintes) chama de simples apreensão. Segundo se diz na fenomenologia contemporânea, requer somente uma simples apreensão. Entre a doação do fenômeno originário, imediato, simples, universal, do ser, e a simples apreensão, não há nada, nenhuma mediação, nenhuma graduação, nenhuma distância a ser percorrida. À mente cabe apenas a recepção — a doação da recepção, a entrega obediente ao fenômeno.

[8] Transcendência em Husserl tem um sentido aberto para o mundo-da-vida. O seu sentido é para fora. O seu conteúdo é puro movimento e puro dinamismo. E, no lugar de entender para explicar conforme categorias a priori, ela compreende o mundo no horizonte da intencionalidade, um mundo entendido como horizonte.

A minha leitura em Husserl não se dá com base em uma superioridade da filosofia europeia, uma filosofia eurocêntrica, mas procuro fazer educação, ou filosofia da educação, vivenciando-a do lugar de um latino-americano, no lugar do pobre, e não a faço sem motivo. O meu interrogar sobre a educação de pessoas com deficiência — numa perspectiva inclusiva — no meu país, no meu estado, na minha cidade, pelo prisma da filosofia clássica, é também perceber a presença de elementos opressores nos fundamentos dessa filosofia, elementos esses que impossibilitavam uma identidade totalizante entre ela e o continente latino-americano. A necessidade de uma outras filosofias da educação, com características latino-americanas, provém da falta de identidade entre a América Latina e a filosofia clássica.

Por outro lado, como afirma Lévinas (1967, p. 135), a fenomenologia não é se ligar a teses formalmente enunciadas por Husserl. E a fenomenologia no Brasil não é uma consagração exclusiva à exegese ou à história dos escritos husserlianos. Mais do que aderir a um certo número de conceitos fixos, na fenomenologia há concordância em abordar as questões de uma certa forma, de um certo olhar, como um método de certa forma eminente, pois ela é essencialmente aberta.

Considerando a condição de opressão dos povos latinos, dialogo no palco[9] com Dussel (1986, 1977, 1995, 1997), que aponta como contraditória a esses povos uma filosofia centrada em um sujeito, em um só ser, que é o único possibilitado a possibilitar os outros (os demais são entes). O *"Ego cogito"*, ao vir para as Américas e Áfricas, foi transformado no *"Ego conquiro"* (o eu conquisto), que é o fundamento prático do *cogito*. Esse fundamento prático é a prepotência de afirmar ou negar e reduzir o Outro a um terceiro negando, que é expressão do ser segundo a filosofia europeia – não há lugar para outro ser, para mais que um sujeito. Nessa conversa com Dussel ele diz que,

> [...] como totalidade espacial, o mundo sempre situa o eu, o ser humano ou o sujeito como centro; a partir de tal centro se organizam espacialmente os entes desde os mais próximos e com maior sentido até os mais distantes e com menor sentido (DUSSEL, 1977, p. 30).

---

[9] Palco e plateia, uma figura para imaginar pessoas que se sentam em um teatro que é o mundo, e conversam, por meio das suas publicações acessadas via livros, textos e hipertextos, correio eletrônico (e-mail), salas de aulas, a residência. Estou na plateia quando estou no processo da escuta e no palco quando falo, escrevo ou discurso. Estamos todos ao mesmo tempo no palco e na plateia buscando encontrar o drama.

É contra a totalidade necessária à unidade do ser ontológico que o filósofo argentino argumenta em busca de um pensamento libertador (Paulo Freire). Acrescento que não só um pensar libertador, mas um sonhar, um imaginar, um perceber, um viver libertador, e assim por diante.

**2**

# QUEM É O SUJEITO PÚBLICO-ALVO DA EDUCAÇÃO ESPECIAL?

> *Não é das Filosofias que deve partir o impulso da investigação. Mas sim das coisas e dos problemas. Sobretudo ela não deve descansar antes de ter chegado aos seus indícios, isto é aos seus problemas absolutamente claros [...] Aquele que é deveras independente de preconceitos não se importa com uma averiguação ter origem em Kant ou Tomás de Aquino, em Darwin ou Aristóteles [..]. Mas é precisamente próprio da Filosofia, o seu trabalho científico situar-se em esferas de intuição direta.*
> *(HUSSERL 1965, p. 72-73 fragmentos)*

A identidade de alguém público-alvo da educação especial, na perspectiva inclusiva, está para além de ser apontada, assinalada, diferençada, discernida, mencionada, nomeada ou reconhecida por sua deficiência, que tem uma força motriz que produz um caráter ativo na construção de formas para enfrentar as demandas do meio (ANACHE, 2008, p. 48-49). "Quem é o sujeito da Educação Especial" na perspectiva inclusiva? No século passado, proliferaram instituições para deficientes cada vez mais especializadas. Elas foram se organizando em torno da deficiência. Nessa perspectiva, o conhecimento médico bem como o psicológico apresentaram um caráter normativo, conferindo à educação a condição de especial. O que prevaleceu nessas instituições? A norma. A cura. Se você quer entender a pessoa, os alunos com necessidades educacionais especiais, o seu olhar focará a pessoa mesma, e o especial da educação será configurado em torno da diversidade. Diversidade como um processo de identificação da pessoa tal como ela se apresenta, e não como se desejaria que ela fosse. No mundo há diferenças, e não igualdades. Portanto, ser diverso é uma característica inerente ao ser humano. Para conviver com elas, o desafio é o reconhecer a complexidade (vários lados) do processo de aprendizagem como dimensão dos modos de ser e estar no mundo desse outro.

Anache (2005, p. 222) convida-nos, a mim e a você, a fazer um acerto de contas com a nossa formação profissional, uma vez que ela e nós mesmos trilhamos o caminho da perspectiva positivista. O que queremos garantir?

O padrão e as posições da sociedade? Como o eurocentrismo? O utilitarismo? Anache convida-nos a rever: quem é esse outro que está diante de mim? Quem e como denominamos sujeito da educação especial? O que é educar? O que é educação? O que é sociedade? O que fazer como professores e professoras em nosso ofício? Responda devagar, faça isso durante os anos que se seguem — abra uma trilha que o leve além dos limites do que é intelectivo.

Outro estudo é o de Baptista (2003, p. 46-48), que a esse respeito afirma que, na década de 70 no século XX, surgem: i) novas propostas de identificação dos sujeitos e como consequência identificam "novos" sujeitos na educação especial — de portadores de deficiência/síndromes a pessoas com necessidades educativas especiais; ii). diferentes critérios de estabelecimento de diagnóstico — menor ênfase na psicometria e defesa de procedimentos que contemplem a complexidade vivencial do sujeito; iii) indicação de espaços "integrados" destinados ao atendimento — de acordo com instituições paralelas, caminha-se em direção ao atendimento que valoriza a inclusão social e escolar; iv) valorização de diferentes saberes profissionais que devem atuar "em rede", procurando contribuir reciprocamente para a profusão de conhecimentos que respondam à complexidade necessária e que viabilizem novos modelos de intervenção.

Tais mudanças apresentadas por Baptista (2003) são associadas a alterações paradigmáticas que transformam as concepções, as representações e as expectativas em relação ao sujeito. Podemos identificar o declínio do positivismo marcado pelo conhecimento médico e clínico como o estatuto da verdade sobre a condição da pessoa público-alvo na educação especial. As "ausências", as "faltas", as "limitações" identificadas nesses sujeitos constituíram, durante séculos, a única maneira para determinação do falar sobre a deficiência que a pessoa tem. Nessa perspectiva, pode-se

> [...] entender que as diferentes categorias de identificação dos sujeitos são uma construção recente, pois, até o final do século XIX, o termo "idiota" referia-se a sujeitos que posteriormente passaram a ser identificados como deficientes mentais, psicóticos, autistas. Dois aspectos eram organizadores do conhecimento presumido sobre esses sujeitos: a predominância de fatores orgânicos na etiologia de suas limitações (ou de seu quadro patológico) e a crença na imutabilidade do perfil apresentado. A condição de idiotia era associada à ausência de crença na educabilidade do sujeito (BAPTISTA, 2003, p. 47).

A tradição clínica teve como respaldo o avanço do conhecimento médico de caráter cartesiano que prometia a compreensão decorrente da fragmentação de aspectos concorrentes e se anunciava como o caminho para as transformações do outro, por meio do processo de cura. Portanto, colocavam-se fora da deficiência, distanciando-nos dela e da pessoa. As várias deficiências receberam a sua denominação dessa forma. A deficiência é, então, vista como algo externo, visível, objetivo, com uma ou múltiplas causas, em que a principal causa, na maioria das vezes, não é identificada. Resultam daí explicações e conclusões geradas quer pelo senso comum, quer pelo pensar controlado da ciência positivista. Nesse sentido, entendemos que a educação especial estava subordinada a uma perspectiva estática com seus horizontes limitados.

Uma experiência clássica na educação especial é outro importante estudo, que evidencia essa postura interpretativa do sujeito "incompleto". É o encontro entre o médico e o professor francês Philippe Pinel e Victor, "menino selvagem", há mais de 200 anos. Victor foi capturado nas florestas do Sul da França, transformou-se em personagem-símbolo da aposta nas potencialidades do outro. Foi mandado ao famoso médico Philippe Pinel, que o diagnosticou como destruído mentalmente e incapaz de ser ajudado. O médico Jean Marc-Gaspard Itard (1774-1838), aluno de Philippe Pinel, examina o menino que surgiu no povoado Aveyron e interessa-se pela ideia de educá-lo e integrá-lo na sociedade. Com os mesmos princípios epistemológicos do professor Pinel, Itard diagnostica o estado do menino como privação da convivência social. Os estudos e pesquisas realizados por Jean Itard, como *Selvagem d'Aveyron*, transformaram-se no primeiro registro histórico e sistemático de um projeto de intervenção dirigido a um sujeito com "deficiência" e olhado como um ser de possibilidades.

Victor, aparentemente, teria sido vítima de um crime (tinha cicatrizes profundas no pescoço, próprias de uma tentativa de degola) e deixado na floresta para morrer. Itard pôs em dúvida o diagnóstico de seu mestre e tomou Victor sob sua proteção. Para Itard, o estado de privação linguística de Victor estava relacionado à ausência da noção de tempo: a criança não possuía linguagem porque vivia em um "presente perpétuo", à deriva em um mundo sem passado ou futuro, e, portanto, sem memória e sem noção da própria identidade.

Apesar da evolução do conhecimento científico, as ideias de que a origem desses "males" estaria no corpo e que seriam imutáveis resistem e ganham versões mais sofisticadas na forma como se apresentam.

Corrigir o sujeito "desviante" associado às características de cuidado/afastamento e à intervenção de tipo ortopédico fez parte das primeiras propostas de atendimento de uma educação chamada "especial". A educação especial tem mostrado que as supostas limitações das pessoas (somadas àquelas reais) são ainda usadas como justificativas para intervenções de tipo diretivo, com características de "treinamento", e que essa associação entre a ação corretiva e o afastamento social ainda é prática do presente. Os princípios de pertencimento ao grupo de semelhantes têm sido evocados por meio das singularidades do sujeito público-alvo de ações educativas especiais numa perspectiva inclusiva; com isso, os efeitos de um afastamento prolongado do convívio social amplo e as carências de investimento em canais comunicativos que viabilizem as trocas entre aquele sujeito e as pessoas que não sejam "do grupo" de referência — deficientes mentais, autistas ou surdos, por exemplo — não têm sido discutidos com profundidade.

Um outro importante estudo sobre o sujeito da educação especial numa perspectiva inclusiva é a obra de Jannuzzi[10] (2004, p. 1-3), que analisa como se organizou a educação escolar dos alunos com limitações físicas, fisiológicas ou intelectuais no Brasil, abrangendo desde os seus primórdios, no século XVI, até a finalização dessa importante pesquisa. No que se refere ao público-alvo na educação especial, Jannuzzi fornece elementos de uma gênese passiva que permite uma compreensão mais ampla de quem é essa pessoa e como, ao longo da história, os conceitos vão se sedimentando (estática) enquanto algo naturalmente dado. Jannuzzi ressalta que a relação entre a sociedade e a educação do deficiente, ao longo dos tropeços da história brasileira, constitui assim o foco dessa estudiosa e pesquisadora, que se reveste de especial importância não só pelo cuidado com que busca [re]construir generativamente a história do sujeito deficiente no Brasil, mas também pela grande escassez de obras que se ocupem do tema.

A obra está dividida em três capítulos, que discorrem sobre as diferentes fases do tratamento dado à educação dos deficientes numa perspectiva cronológica. O primeiro situa a questão desde o início da colonização portuguesa até os primórdios do século XX, período em que o país começou a se industrializar. O segundo capítulo avança até a década de 1970, quando

---

[10] A professora Gilberta Sampaio de Martino Januzzi, faleceu na quarta-feira, dia 08 de fevereiro de 2023), em Campinas. Gilberta Jannuzzi era pesquisadora referência no campo das necessidades educacionais especiais. Sua tese de doutoramento foi um marco para história da educação especial do Brasil. Publicou livros como: Confronto pedagógico: Paulo Freire x Mobral (São Paulo, Cortez/Autores Associados), A luta pela educação do deficiente mental no Brasil (São Paulo, Cortez/Autores Associados) e diversos artigos em revistas e livros. Nossa homenagem!

AUTONOMIA, INCLUSÃO E EMANCIPAÇÃO: VIDAS EM CONSTRUÇÃO PARA ALÉM DOS LIMITES

foi instituído o primeiro órgão responsável pela formulação da política de educação especial: o Centro Nacional de Educação Especial (Cenesp). O terceiro, debruça-se sobre os acontecimentos das três últimas décadas do século e sobre as ideias que circularam no período.

Jannuzzi também ressalta que, na época em que o Brasil era caracterizado como uma sociedade rural e desescolarizada, silenciava-se sobre a pessoa com deficiente e escondiam-se aqueles cuja presença causava mais [des]conforto. Na medida em que a educação primária ganha impulso, as primeiras iniciativas também são tomadas para atender a esse público-alvo. Posteriormente a defesa da educação desse público-alvo torna-se conveniente do ponto de vista econômico, porque evita despesas com outras formas de atendimento institucionalizado, como os manicômios, asilos e penitenciárias. Passa-se então à proposta de inserir as pessoas com deficiências físicas ao trabalho produtivo.

Os estudos de Jannuzzi fundamentam-se:

> [...] no fato de que o modo de pensar e de agir com o diferente depende da organização social em seu conjunto, considerada a sua base material, ou seja, o modo como a produção é organizada e tem a ver com as descobertas das diversas ciências, com as crenças e as ideologias (JANNUZZI, 2004, p. 1).

Leva também em conta o modo como a diferença é apreendida pelos sujeitos em diferentes tempos e lugares, repercutindo na construção de sua própria identidade. A especificidade da educação especial numa perspectiva inclusiva procura, pois, ser entendida com base nos condicionantes materiais e culturais da organização social brasileira, que integra um mundo sem fronteiras. Nesse sentido, os integrantes experimentam as vantagens do desenvolvimento tecnológico, social, econômico e crescimento cultural; e as desvantagens da perversidade do capitalismo, da multiplicação de problemas socioeconômicos (fome, desemprego, deseducação formal etc.), a separação e descriminação das classes sociais e o aumento da miséria e pobreza, bem como do contexto da educação regular, e a autora intenta não apenas registrar os acontecimentos do período, mas refletir sobre as ideias que os animam.

Vale ressaltar que a própria escola, com base em critérios pouco definidos de normalidade que não se sustentam do ponto de vista científico, e tampouco nas vivências cotidianas, incumbe-se de selecionar os "anormais", carreando expectativas sociais que servem para estigmatizá-los, como lembra

Pedro Goergen no prefácio que faz ao livro. A definição da anormalidade, para a qual a escola concorre de maneira significativa, está profundamente condicionada pelas conveniências da "normalidade" e configura um processo de segregação de parcelas da população com comportamentos dissonantes em relação às expectativas dominantes na sociedade.

Ao longo do percurso do meu interrogar, estudei de forma cognitiva, compreensiva e empática *o sujeito fenomenológico-existencial constituído e/ou inventado na/da educação especial*; acrescento que numa perspectiva inclusiva recorrendo às memórias de quem foi — e por estar sendo — aluno/educando especial, experienciando aprendizagens dentro e fora da escola. Este livro se quer e sente de inspiração fenomenológico-existencial e procede de um voo iniciante em autores como Edmund Husserl, Maurice Merleau-Ponty e Emmanuel Lévinas. Estou chamando esse encontro de "palco". Sobre esse "palco", eu me lanço como sujeito que interroga com os sujeitos/colaboradores que dialogarão/inventarão/criarão discursos que sejam uma forma de ler a realidade. Diante de todo "palco", forma-se o que chamo de "plateia" significativamente importante, pois da "plateia" poderão surgir interlocutores que podem ampliar os horizontes de compreensão. Autores como Edebrande Cavalieri, Ângela Alves Bello, Enrique D. Dussel, Viktor Emil Frankl, Paulo Freire, Jean-François Lyotard, Hiran Pinel, Joel Martins, entre outros.

Em Husserl, Merleau-Ponty e Lévinas, recorro ao método fenomeno-lógico, nos seus dois movimentos de "*epoché*" (suspensão) e redução "*eidética*" (descrição significativa). Merleau-Ponty limita a *epoché*, sempre relativa, pois estamos muito envolvidos no mundo, nas suas coisas. Lyotard (2008) [re]afirma que o *eidos*[11] (*Wesenschau*) é o que é dado fenomenologicamente à pessoa do interrogador.

Ao longo desse percurso, desse exercício de compreensão inspirado nesses estudiosos da fenomenologia — e qualquer outro pensador exis-tencialista que corresponder ao diálogo — esforço-me para distinguir e compreender o sujeito moderno com base no "*cogito*" cartesiano, de essên-cia solipsista, individualista, e o sujeito fenomenológico entendido como

---

[11] Husserl usa mais o termo "*Wesensschauung*" (*Wesen* = essências; *Schauen* = ver, olhar; a terminação '*ung*' indica o substantivo. Em seus escritos, encontra-se também o termo "*Wesensschau*" (*Schau* = exibição, apresentação). Heidegger também prefere o uso de "*Wesen*", que indica a natureza interna, o princípio. Enquanto verbo, "*Wesen*" significa ser, ficar, permanecer, acontecer; e, como substantivo, significa morada, vida, modo de ser e vigor. Portanto, o uso desses termos são para você que ler não ter a conotação da metafísica clássica, mas sim perceber e entender como algo que está presente na existência.

centro do agir e de quem depende o sentido do mundo (CAVALIERI, 2005, p. 34). Ou seja, toda consciência como consciência intencional. Dito isto, concordamos com Merleau-Ponty, que ressalta:

> Graças a essa noção ampliada da intencionalidade, a "compreensão" fenomenológica distingue-se da "intelecção" clássica, que se limita às "naturezas verdadeiras e imutáveis", e a fenomenologia pode tornar-se uma fenomenologia da gênese. Quer se trate de uma coisa percebida, de um acontecimento histórico ou de uma doutrina, "compreender" é reapoderar-se da intenção total – não apenas aquilo que são para a representação as "propriedades" da coisa percebida, a poeira dos "fatos históricos", as "ideias" introduzidas pela doutrina –, mas a maneira única de existir que se exprime nas propriedades da pedra, do vidro ou do pedaço de cerca, em todos os fatos de uma revolução, em todos os pensamentos de um filósofo (MERLEAU-PONTY, 1994, p. 17).

Assim como a necessidade que a fenomenologia tem da alteridade, será muito interessante aqui completar os enfoques sobre o outro com a reflexão de E. Lévinas, que se situa na linha direta da fenomenologia husserliana. Trata-se de pensar a intersubjetividade como movimento do sujeito encarnado corporal para o encontro com o outro. Essas duas diretrizes, em meu entender, terão concretude no mundo-da-vida (*Lebenswelt*), que é comunitário, intersubjetivo e anterior a toda representação científica. Se para Descartes a fundamentação do conhecimento estava em deus (ideia inata), em Husserl a fundamentação enquanto universalidade está na intersubjetividade; em Lévinas está no rosto do outro, e que é a fonte absoluta em Merleau-Ponty (1994, p. 4).

Ressalto que isso não significa apenas colocar o ser humano no centro do pensamento filosófico/educacional (ou psicopedagógico) e fazer que disso dependa toda a filosofia/educação; significa sim afirmar o que é humano, o que é do ser humano, qualquer que seja a dimensão em que tratemos a educação. A educação especial numa perspectiva inclusiva, entre os vários fenômenos, é uma dimensão genética ativa, portanto tratável, da [con]vivência humana.

Quando em um processo de redução fenomenológica (*epoché*) eu coloco entre parênteses tudo o que me é estranho e deixo ao lado somente o eu humano reduzido — o eu psicofísico — sou constituído desse modo como sou membro do "mundo", uma pessoa com "exterioridade" múltipla; e eu carrego tudo isso dentro de mim como objeto de minhas intenções porque fui eu quem me constituí assim, em minha vida. Se tenho de mostrar o constituído como pertencente a mim — incluindo aí o mundo que coloquei entre parênteses — pertence também a exibição (ao *eidos* concreto) concreta da pessoa constituinte como inseparável determinação interna; ao buscar resposta em si mesmo, eu encontraria o "mundo" que lhe pertence como sendo subjetivo, o que o faz se confundir com o mundo muitas vezes, mas há o outro lado da moeda. No curso desse "mundo", a pessoa encontra a si própria como membro dessas "exterioridades", e distingue-se do "mundo exterior". A intersubjetividade é uma moeda de dois lados.

Cavalieri indaga:

> [...] como será possível atingir o ponto em que os outros para mim não fiquem isolados, mas que, ao contrário, constituam-se, na esfera que me pertence, uma comunidade de "eus" que existem uns com os outros e uns para os outros, e que engloba a mim mesmo? (CAVALIERI, 2005, p. 165).

> Está na essência dessa constituição que se ergue a partir dos outros "eus puros" de modo que aqueles que são outros para mim não fiquem isolados, mas que, ao contrário, se constituam, na esfera que me pertence (bem entendido), uma comunidade de "eus" que existem uns com os outros e uns para os outros, e que engloba a mim mesmo (HUSSERL, 2001, p. 121).

Essa constituição que se ergue a partir dos outros (esse chamado público alvo) é algo que me pertence, está em minha esfera, e que também se situa na esfera do outro. Por meio da experiência empática posso abrir-me ao caminho de encontro com o outro. Aqui se situa o sentido que Husserl atribui à empatia como relativa à investigação da experiência do outro como sujeito estranho. Este movimento abre outras possibilidades de investigação rumo às articulações das comunidades espirituais, científicas, culturais, éticas e outras que permitem o afastamento das idealizações e aproximação às culturas e grupos estranhos, numa experiência de compreensão na sua valência propriamente humana.

O que existe na literatura científica e artística de pessoas que já vivenciaram a educação especial?

Ressaltamos o estudo de Pinel ([2003a]) em "Fundamentos da psicopedagogia", apontando para a temática sobre exclusão/inclusão, que informa sobre sociedades que têm, ao longo da história, utilizado recursos punitivos para pessoas que "ousam" ou que são diferentes, bem como agridem simbólica ou concretamente pessoas que são público-alvo da educação especial (de saúde, de educação, de afeto, de alimentação etc.), o aluno público-alvo com necessidades educacionais especiais por deficiência e pessoas em geral com necessidades educacionais especiais.

Ser pessoa com deficiência nunca foi fácil. Não se aceita o diferente e suas diferenças: o si mesmo, o outro e o mundo. Se se pode esconder essa diferença, tanto melhor, pois a sociedade é e age com hipocrisia e finge que não vê a dor do outro que não "pode" (?) dizer a que veio!

Tudo é produzido — dentro de contextos sociais e históricos — com base nos padrões de normalidade estabelecidos por esse aí fora mesmo — o contexto sociocultural. A esse respeito, Foucault [12](1979, p. 121-122), no capítulo "A casa dos loucos", mostra que "a doença só tem realidade e valor de doença no interior da cultura que a reconhece como tal". É tudo aquilo que a cultura diz que o é, o que nesse contexto legitima a ideologia dominante. Assim, desde a antiguidade até os nossos dias, as sociedades demonstram dificuldade em lidar com o diferente, suas diferenças, aquilo que é novo e se destaca no cotidiano. Todos resistem ao que é ameaça[dor] à estrutura[13] ou invenção da personalidade, ao nosso pretenso e harmonioso ser (de fato, sendo, mas assim não capturado pelo dominador). Queremos assepsia, mas somos *ser sendo* inconclusos, finitos, efêmeros, [desen]raízados...

A humanidade tem toda uma história para comprovar como os caminhos das pessoas com deficiência têm sido permea[dores] de obstáculos, riscos e/ou limitações. O que observamos é quão difícil tem sido a sobrevivência do *ser sendo*, seu desenvolvimento e sua convivência (consigo mesmo e para com a sociedade). Pessoas nascem com deficiências em todas as culturas, etnias e níveis socioeconômicos e sociais, e de "perto são pessoas"[14].

Todos somos diferentes e temos o direito de expressar as nossas diferenças, sem que por isso soframos humilhações, rejeições e/ou impedimentos. Na nossa existência, que não podemos compartilhar com ninguém, encontramos a dor e o sofrimento, que se constitui um dos grandes desa-

---

[12] Veja também Foucault (1979, p. 125, 127).

[13] Estrutura, para nossa pesquisa, refere-se não a um metafórico alicerce, que a tudo segura e sedimenta. A estrutura aqui é compreendida como fluir, um *"devenir"*, um projeto que vai e vem, para e anda, [re]inventa-se.

[14] Pessoa é gente como a gente, parafraseando o título do filme de Redford (GENTE COMO A GENTE, 1980). O que é humano não nos pode ser estranho. Se olharmos bem, também portamos temporária ou definitivamente nossos déficits. Viver não é só azul, mas é de um vermelho intenso e vívido.

fios para o filósofo, o educador e o psicopedagogo. No momento em que a ciência proporciona técnicas de neutralização, o ser humano continua, no entanto, a sofrer. E esse sofrimento, decorrente de várias instâncias, interpela a metafísica, a ética, a epistemologia, a estética e a política, no âmbito de uma complexa relação interdisciplinar.

Na interpretação que faço dos sujeitos/colaboradores, uso o conceito de "otimismo trágico" (FRANKL, 1997), modos de *ser sendo* si mesmo no cotidiano do mundo, um jeito de ser otimista, que Colodete (2004) denomina "Guia de Sentido Enfrenta(dor)" (GSE); e Gomes (2004), "ser resiliente com humor". Frankl (1997) não se direciona especificamente para a questão da educação, mas é possível encontrar em seus textos referências relacionadas à sua forma de concebê-la. Sua visão a este respeito é também impregnada da sua "concepção humanista existencial", na que a pessoa é o centro do processo, estando a devir, por ter sido jogada no mundo, tendo agora o destino de se cuidar e cuidar do outro e dos objetos do mundo.

Tais conceitos me possibilitam metodologicamente propor [des]velar/revelar o que [co]move o ser do ser humano. O GSE — neste sentido — é de vital importância psicossocial e sócio-histórica, pois retomamos a questão fundante do sentido de nossa existência cotidiana no mundo. A maior parte das pessoas já interrogou ou interrogará a respeito do que é e de como é estar sendo cotidianamente no mundo e "o que a está" movendo a viver e a [sobre]viver. O Guia de Sentido é um estudo que enfoca a relação entre o afetivo e o cognitivo e quanto o afetivo [co]move o conhecimento.

Os modos de ser de um sujeito fenomenológico-existencial são singulares, mas podem nos provocar, bem como evocar mudanças quando você o encontra face a face, pois só se é singular na pluralidade de ser. Então o outro nos pode [co]mover no face-a-face de mim com o outro e os outros.

Pinel diz que "inter[in]venção [psico]pedagógica" — de tendência fenomenológica e humanista-existencial — associa, de modo inspirativo, as ideias da fenomenologia e humanista-existencial,

> [...] reconhecendo as contribuições dessas filosofias e ao mesmo tempo evitando algumas de suas perspectivas apenas pessimistas, o que não serviria, a priori, para uma intervenção – um ir por dentro da pessoa. Nesse sentido complexo e híbrido, o orienta(dor) está experienciando a finitude e o fato de não ter pedido para vir ao mesmo,

> e aí mesmo, ter de cuidar de ser, e ao mesmo tempo as possibilidades desse ser cuidar de si, auto-realizar-se, caso encontre pessoas significativas e se abra as experiências. Há pois um potencial de luta do ser sendo contra as obscuridades do mundo, ou então uma comum(união) entre seu potencial e o mundo mesmo – a sócio historicidade (PINEL, [2005], p. 292-297).

Frankl (1997), nesse sentido existencial, passa a compreender a educação como aquele movimento que não se deve limitar à função de transmitir conhecimentos (pedagogia tradicional), devendo, sobretudo, dedicar-se à finalidade de desenvolver na pessoa a capacidade de identificar os desafios valorativos presentes em cada situação vivenciada; e a habilidade de sentir o saber efetuando as escolhas de sentido (sentido[15] da vida) necessárias, associando situações vivenciadas e o sentir com a liberdade e a responsabilidade.

A educação há de ser educação para a responsabilidade. A responsabilidade é um por outrem. Desde que eu olho para o outro e sou olhado por ele, sou responsável por ele, sem mesmo ter de assumir responsabilidades a respeito dele; a sua responsabilidade incumbe-me. É uma responsabilidade que vai além do que eu faço (LÉVINAS, 1982, p. 88). Uma família poderá apreender a distinguir o que é essencial do que não é, o que tem sentido do que não tem, o de que possa alguém ser responsabilizado daquilo que escapa à liberdade de agir.

Em outras palavras, a educação deve se ocupar com o fato de desenvolver na pessoa a capacidade de agir com liberdade e responsabilidade diante das imposições da vida e de exercer com dignidade seu potencial para transformar as tragédias pessoais em um triunfo humano, consagrando[16] à vida um sentido próprio e pleno de valor.

No que se refere ao sentido, Frankl aponta sempre para a crença de que é possível encontrar — de forma otimista — um sentido, por meio do seu caminho, no ato sentido de realizar a sua vida. Mesmo na mais trágica situação vivida, há essa atitude "otimismo". A meta é manter uma postura otimista de investir na vida, enfrentando com coragem seus "dis[sabor]es".

---

[15] Sentido aqui é significado. A qualidade do norte/rumo/direção que toma o sujeito diante das interrogações da vida: Qual o sentido da sua vida? O sujeito de si no mundo tende a responder com o amor, o trabalho e o sofrimento inevitável.

[16] Consagração é tanto nomeação quanto denominação; é também entendimento e escuta absorvidos no dito: obediência no seio do querer.

Apesar de encontrar-se em situação de desvantagem em que os fatos insistem em oprimir, forçando a entregar-se e desistir da luta e da vida, há um GSE. Isso se chama, já dito, "otimismo trágico".

Em outras palavras, "otimismo trágico" vem a ser a capacidade de vencer a dor com esperança, [trans]formando o sofrimento e a tragédia pessoal em uma vitória humana, mesmo ante a ciência da finitude da vida. Portanto, isto significa dizer sim à vida, apesar das adversidades, das inevitáveis misérias (FRANKL, 1997, p. 102). E isso supõe o ser humano como *ser sendo* capaz de responder à vida utilizando-se da sua capacidade de transformar criativamente os aspectos negativos em algo positivo, construtivo. Retirar do caos o melhor que puder, esse é o dever. O pensamento de Frankl, dado seu reconhecido valor, teve diversos segui[dores], como Izar Aparecida de Moraes Xausa, profunda estudiosa de sua obra, além de outros, como: Eugênio Fizzotti, Vitor Gomes, Hiran Pinel. Este último será um dos seguidores que lançarei mão de suas interpretações e afirmações sobre as ideias de Frankl (1997).

Por vivermos em um grande grupo humano, separado por distâncias físicas, materiais, psicossociais e também espirituais, buscamos como "pessoas" ser aquilo que sempre fomos: "pessoas" — na sua virtual humanidade, e existência finita. Lutamos bravamente em nossos lugares comuns (casa, escola, trabalho, rua, família), para persuadir os "outros" sobre aquilo que queremos/desejamos que pensem de nós ou a nosso respeito.

Alguns indivíduos, com o tempo, ou valendo-se de uma experiência humana mais profunda, conseguem permitir que seu próprio "eu" apareça e seja reconhecido. Sentir, ouvir e aceitar aquilo que somos, quando dito pelos outros, nos parece um tanto doloroso. Viver intensamente a própria realidade, seja ela qual for, parece-me, à luz desta abordagem, o próprio caminho da libertação. O mais sublime é descobrir e entender que é o "outro" que faz essa mediação.

Por isso, renovamo-nos e [re]nascemos em grupos de [con]vivências, onde a experiência do humano ou do sujeito é valorizada. Por intermédio do outro, olhamos para nós mesmos, trazemos à tona o bem e o mal que nos sufoca, deixando cair as máscaras, e lançamo-nos em voos de liberdade em que o infinito é o limite. É olhar, tocar, sentir, cheirar, ouvir, degustar e estar completamente aberto a esta experiência. Estar e *ser sendo* si mesmo no cotidiano do mundo é querer saber mais, permitir-se mais, abrir-se mais às coisas que demandamos experienciar... É ampliar os horizontes, indo muito além do aqui-agora.

Entretanto, quando se lê a DECLARAÇÃO DE SALAMANCA, o que se revela é um discurso legal situado no plano ideal (estático), pois, entre outros, constatamos uns tipos de governos suficientemente cínicos, até mesmo para desviar verbas da própria educação, em uns mecanismos de implantação ideológica do Estado[17]. Na nossa experiência, o próprio Estado mente se "assustando-se" (?) com a descrença do povo nos políticos, mas não na política. Já na mídia, de modo perverso, esse tipo de Estado revela o interesse pelos "descamisados". Puro engodo! Assim é que, se a lei é para beneficiar os legitimadores do sistema, publica-se uma Medida Provisória (MP), uma determinação sem a apreciação da Justiça. Mas a própria Justiça, envolvida com os interesses dominantes — apesar do discurso asséptico do positivismo jurídico — tem se revelado morosa com os movimentos de inclusão e atos do bem para com o povo. Tudo no Brasil para beneficiar crianças e adolescentes é lento, sem amorosidade.

Entretanto, apesar da força da macroestrutura do país, devemos reconhecer as possibilidades desse mesmo Estado, as brechas que deixa, esquece (e deixa) ou planeja deixar para que subvertamos a ordem estabelecida. Com a democracia, é sempre adequado sentirmos diversas correntes de ideologia [con]vivendo, apesar de sentirmos que a mudança radical só virá com a radicalização do *ser sendo*.

O movimento de inclusão, entretanto, sempre existiu! Pinel ([2003a], p. 15) diz que o homem no poder revelou seu fracasso, pois seu símbolo, a JUSTIÇA, não conseguiu dar conta de "si-do-outro"; já a mulher, e aquilo que a melhor representa, no plano mitológico, a MISERICÓRDIA, mostra-se disponível a sê-lo.

O movimento inclusivista aconteceu — e acontece — na sociedade como se fosse em um todo, e acabou por contaminar a instituição escolar, por meio dos seus princípios: cidadania, justiça e respeito/permissão *à* DIVERSIDADE — entre outros.

---

[17] Numa perspectiva estruturalista de Louis Althusser: aparelho ideológico de Estado. Outros olhares apontam para o Estado numa relação com a sociedade e nessa relação o poder está por toda a parte, o que permite que "todos" consigam se governar e governar outrem; torna-se uma sociedade livre dos preceitos negativos imbricados nos interesses individuais colocados à frente dos coletivos, na sobreposição do espaço privado ao espaço público. Importante encontrar alternativas para inventar um Estado mais democrático e feliz. Para Pinel (2006), felicidade não é apenas inventar "coisas" para uma alegria individual, mas até abrir mão de "coisas" individuais (um ato sentido de egoísmo), [pro]curando constituir uma felicidade coletiva — uma felicidade inventada cotidianamente. Há conflitos, mas, se isso for vivido socialmente, com seus próprios conflitos, há alegria — ela se mostra daí, nessa [comum]união.

A inclusão de pessoas com necessidades especiais por deficiências no sistema escolar representa um processo de múltiplas exclusões. O próprio espaço escolar propicia a exclusão. Há interdições resultantes de preconceitos, ocorrendo também vigilância, cobranças, ritos de diminuição. A mais contraditória destas é a exclusão do próprio conhecimento sistematizado, pois as pessoas com necessidades especiais por deficiências concentradas na cidade reclamam por escolas, e sua inclusão nelas se *dá, simultaneamente, com processos* que excluem essas pessoas da aprendizagem reclamada.

Ressalto ainda a voz da Dr.ª Satow (1995, p. 7), que "enfrentou um obstáculo a mais no processo de constituir-se como sujeito emancipatório" por ser especificamente uma pessoa com Incapacidade Motora Cerebral (IMC). Uma das indagações existenciais do *ser sendo*: exclusão e inclusão subordinada são, na verdade, duas faces da mesma moeda, quando diz:

> Exclusão não é um estado que uns possuem, outros não. Não há exclusão em contraposição a inclusão. Ambos fazem parte de um mesmo processo – "o de inclusão pela exclusão" – face moderna do processo de exploração e dominação. O excluído não está à margem da sociedade, ele participa dela, e mais, a repõe e a sustenta, mas sofre muito, pois é incluído pela humilhação e pela negação de humanidade, mesmo que partilhe de direitos sociais no plano legal (SATOW, 1995, p. 9).

Freire (1977) e Oliveira (2004) estudam, relatam experiências e destacam valores e princípios que nos ajudam a ver/sentir que a discussão sobre educação (especial numa perspectiva inclusiva) só tem sentido articulada à concepção de emancipação/libertação. Ação transformadora e práticas inclusivas no campo dos direitos para impedir que a escola seja submetida *às* regras do mercado, cujos valores principais são competição, seletividade e individualismo, valores que tornam a exclusão natural e o outro lado da lógica do capital.

Nesse aspecto, a educação deve buscar compreender: quem é o "sujeito" que está sendo incluído na escola? Qual é a formação antropológica, isto é, qual a perspectiva sobre o ser humano de professores que acompanham esse discurso da sociedade inclusiva? Da escola para todos? Da escola inclusiva? Qual o "quefazer"[18] quanto *às* diferenças entre grupos sociais diferentes? Dentro dessa escola? Dentro dessa sociedade? Como

---

[18] Paulo Freire (1977, 1979b) trata de um *"quefazer-ação-reflexão"*, que sempre se dá no mundo e sobre ele. Ver item 5.2, p. 109.

*são as didáticas e as dinâmicas que permitem a entrada dos outros dentro de um sistema regular de ensino? Quais questões deveriam* ser [re]vistas e estudadas com profundidade: epistemológicas, políticas, problemas das didáticas, formação dos professores?

Compreendo que a ideia que as palavras "[in]clusão" e "[ex]clusão" tentam imprimir não abarca a discussão dos direitos de todos os sujeitos, pois, mesmo depois que tais sujeitos estiverem [in]cluídos na escola, o processo de libertação continuará. Os conceitos de tratamento sócio-histórico serão mais bem alocados na perspectiva freiriana e dusseliana (DUSSEL, 1995) da libertação.

A afirmação primitiva do "outro", em Dussel (1995, p. 23),

> [...] *é que afirmar o* "outro" enquanto outro, e afirmá-lo como possibilidade e ponto de partida para negar aquela negação que, dentro do sistema, pesava sobre o "outro" (não-ser) na qualidade de oprimido no sistema e sobre o nosso próprio "Eu" (o "eu-próprio") enquanto dominador.

O momento analético, que é a afirmação primitiva do outro, consiste, exatamente, na afirmação da pessoa do oprimido/deficiente na qualidade de pessoa, e, partindo dessa "afirmação", negar, por exemplo, sua negação enquanto oprimido/deficiente com incapacidade motora cerebral, Down ou autista. Afirmar para negar a negação.

Introduzir a pessoa com deficiência na totalidade do sistema via sistema escolar [pro]vocou reflexão sobre novos problemas, como os que coloquei anteriormente. Segundo Dussel (1995, p. 26), a filosofia da libertação na América Latina é referencial para entendermos mais além da polarização exclusão/inclusão por estarmos diante de três desafios: *primeiro*, a miséria crônica do continente, que é marcada pela exclusão; *segundo*, a crise do capitalismo e do neoliberalismo — 75% da humanidade, no plano econômico social, ideológico, ético-político e educacional; na África, na Ásia e na América Latina, o desafio em atender a defasagem social que é o grito do Outro.

Conforme Frigotto (2000), os conceitos de Estado mínimo, reengenharia, reestruturação produtiva, sociedade pós-industrial, sociedade pós-classista, pós-moderno, surgimento do capital cultural, qualidade total, empregabilidade dão a entender que a estrutura de exploração capitalista foi superada, sem que se tenham superado as relações capitalistas, cuja função é a de justificar a globalização do capitalismo, que atualmente "significa no plano histórico, uma exacerbação dos processos de exploração e alienação e de todas as formas de exclusão e violência, produção de desertos econômicos e humanos" (FRIGOTTO, 2000, p. 81).

*Terceiro*, segundo Dussel (1995, p. 26), "a necessidade de uma economia e uma política marxista na perspectiva do Marx – dos últimos anos – o das quatro redações de O Capital (1857-1882) mais antropológico, ético e antimaterialista".

Frigotto (2000, p. 81) entende que

> [...] a teoria marxista, que não é isenta de reducionismo, continua sendo a única teoria capaz de pensar adequadamente o capitalismo tardio dentro de uma perspectiva histórica e dialética, evitando celebrações e repúdios redutores.

O capitalismo em crise não desemboca nem na revolução social, nem na revolução nacional. No lugar disso, os povos em crise tornam-se meros pedintes do Fundo Monetário Internacional (FMI). Entramos em uma era de povos mendigos? Compreendo, sem mesmo saber explicar muito bem, que o olhar marxiano como uma leitura de mundo é pertinente.

> A diferença entre requisitos, os temperamentos e os talentos está expressamente gravada nesta concepção clássica de uma sociedade igualitária justa. O que isto significa hoje em dia é uma igualização das possibilidades reais de cada cidadão de viver uma vida plena, segundo o padrão que escolher, sem carências ou desvantagens devido ao privilégio de outros. Começando, bem entendido, com chances iguais de saúde, de educação, de vida e de trabalho. Em cada uma destas áreas não há nenhuma possibilidade que o mercado possa prover, nem sequer o mínimo requisito de acesso aos bens imprescindíveis em questão (ANDERSON, 1995, p. 87-88).

Segundo Frigotto (2000), o lema de Marx conserva hoje toda a suficiência pluralista: a sociedade proporcionar, possibilitar, favorecer a cada pessoa segundo suas necessidades; a cada pessoa segundo suas capacidades. Igualdade não significa uniformidade, como creem vários críticos (os não-críticos que falam movidos pelo medo gerado pela difusão do medo e da angustia em forma de discurso protetivo) do socialismo, mas, ao contrário, afirma Frigotto (2000, p. 86): "a autêntica pluralidade e diferença pressupõe a democratização e igualdade das condições".

# O [DES]VELAR DA TRAJETÓRIA PARA COMPREENDER OS SUJEITOS COLABORADORES

A seguir, descrevo como eu apreendo a minha trajetória teórico-fenomenológico-existencial, que possui características de inspiração fenomenológica. O texto procede dos muitos anos de trabalho como professor em três estados brasileiros, das aulas com os professores Pinel e Cavalieri, de incessante atenção à fenomenologia por meio de autores brasileiros como Martins, Peixoto, Carmo, Bueno e outros. O texto reivindica também, no pensamento contemporâneo, a busca do diálogo com Husserl, Merleau--Ponty e Lévinas.

Utilizamos a expressão "trajetória de inspiração fenomenológica", e não "método fenomenológico de pesquisa". Essa é a primeira questão que se observa em relação à palavra "**MÉTODO**". Dentro da minha caminhada inicial na fenomenologia como interroga[dor], ela tem sido usada evitando--se o sentido que tenho observado em alguns fenomenologistas. Martins, Boemer e Ferraz (1990), por exemplo, tem o cuidado para que os estudos fenomenológicos não sejam associados ao sentido cartesiano de método. Prefere-se, assim, o uso da palavra "**TRAJETÓRIA**", que dá maior liberdade para mim no percorrer a interrogação. Como pesquisa[dor], estou impregnado da modernidade, e essa opção terminológica produz defesas indispensáveis a uma significativa compreensão.

No que se refere a *epoché*, concordo com Merleau-Ponty: o uso desse conceito operatório envolve sempre a dinâmica da interrogação constante sobre a sua possibilidade. Não compactuamos que possa existir — de modo completo — o capturamento de um significado ou sentido ou significado sentido ou sentido-sentido. Assim sendo, Merleau-Ponty afirma que

> O maior ensinamento da redução é a impossibilidade de uma redução completa. Eis por que Husserl sempre volta a se interrogar sobre a possibilidade da redução. Se fôssemos o espírito absoluto, a redução não seria problemática. Mas porque, ao contrário, nós estamos no mundo, já que mesmo nossas reflexões têm lugar no fluxo temporal que elas procuram captar

(porque elas *sich einströmen*, como diz Husserl), não existe pensamento que abarque todo o nosso pensamento. O filósofo, dizem ainda os inéditos, é alguém que perpetuamente começa. Isso significa que ele não considera como adquirido nada do que os homens ou os cientistas acreditam saber. Isso também significa que a filosofia não deve considerar-se a si mesma como adquirida naquilo que ela pôde dizer de verdadeiro, que ela é uma experiência renovada de seu próprio começo, que toda ela consiste em descrever este começo e, enfim; que a reflexão radical é consciência de sua própria dependência em relação a uma vida irrefletida que é sua situação inicial, constante e final (MERLEAU-PONTY, 1994, p. 10-11).

Como tantos filósofos e tantas filosofias não concordam entre si a respeito de quase nada, como não existe uma tese a qual não se possa opor uma antítese, como não há argumento que não possa ser derrubado por argumento contrário, é preciso suspender todo juízo: colocar entre parênteses (*epoché*) as filosofias, pedagogias, [anti]teses e os argumentos.

A impossibilidade de uma redução em vista dos sujeitos colaboradores foi a de fazê-los, e a mim também, compreender que eu não queria entender qual era e o que era a [defi]ciência deles, mas de apreender os modos de *ser sendo* deficiente e suas experiências. Percebi que alguns lados da experiência de cada um não foram mais bem explorados devido a minha dificuldade de ver e captar um outro ângulo da vivência que me foram narradas.

Por meio da inspiração do método fenomenológico, busco compreender o que é ser sujeito fenomenológico constituído e/ou inventado na/da educação especial numa perspectiva inclusiva. Fenomenologicamente, "mergulhei" (envolvi-me) com pessoas público-alvo na educação especial e suas famílias. De modo didático, evidentemente, procuro apreender o sentido do que eu já tenho captado. Esse captar é o ato de [pré]reflexão. "Reflexão" é a palavra certa, pois, etimologicamente, significa "apreender o significado". Numa das variáveis, uso uma recriação de Pinel (1995, p. 133, 145, 148) dessa trajetória, que "fala" acerca do significado-sentido. Sentido quer dizer sentimento/afeto/emoção, mas também direção e rumo. Nesse estudo, em sua trajetória, procurei sentir o rumo/sentido que os colaboradores dão à própria vida com base nas interrogações de sentido advindas da vida (FRANKL, 1997; PINEL, [2003a]). Nesse processo, a aproximação deu-se com o outro [des]velando progressivamente o sentido de ser humano, na construção do *"ser-no-mundo"*[19] (alteridade do Ser em ser) do ofício.

---

[19] Marilena Chaui (1986), prefaciando obra de Heidegger, afirma — e com ela concordamos — que "mundo" é sócio-historicidade.

Na fenomenologia, o *ser sendo* (no cotidiano do mundo) de quem interroga é o maior instrumento para a "coleta" de descrições de experiências. Esse ser não procura a evidência como ela se dá em si mesma, enquanto originária, mas, em vez disso, abre horizontes pela descoberta das pressuposições a respeito do fenômeno. A nossa trajetória fenomenológica caracteriza-se pela ênfase no mundo-da-vida cotidiana, na experiência vivida pelo outro. Para Rogers (1978, 2002), é importante penetrar empaticamente no mundo subjetivo particular do outro, objetivando compreender o sentido da experiência do outro, tal como ele está para a experiência. A experiência — prossegue Rogers (1978, 2002) — é tudo o que está potencialmente disponível à atenção do organismo, e essa totalidade de experiências constitui o campo (experiencial) fenomenal da pessoa. As experiências do organismo são sempre válidas, e, enquanto agirmos de acordo com elas, a personalidade não será perturbada.

## 3.1 Análise fenomenológica: o porquê da fenomenologia

Valendo-me do quadro da Figura 1 (p. 41), inventado por mim, quero apresentar qual a minha compreensão e como desenvolvo a fenomenologia.

A *epoché*: a redução eidética, para Merleau-Ponty (1945, p. XVI), é "a fórmula de uma filosofia existencial de um sujeito voltado para o mundo". Para Meira (1983), devo colocar entre parênteses todos os invólucros que são [pré]reflexivos. A redução é uma atitude do interrogador para ter acesso ao ego transcendental, abrindo os meus horizontes de compreensão em relação ao mundo e sua presença inalienável. "Nós somos do começo ao fim relação ao mundo que a única maneira, para nós, de apercebermo-nos disso é suspender este movimento, recusar-lhe nossa cumplicidade, ou ainda colocá-lo fora de jogo" (MERLEAU-PONTY, 1994, p. 10).

Ao compreender que a deficiência, como fenômeno, está envolvida por invólucros ([pré]conceitos, estigmas, diagnósticos, normatizações, patologizações e medicalizações), abre-se um caminho que aponta para a compreensão da deficiência em seu *eidos*: suspender os invólucros e permanecer conscientemente direcionado para o fenômeno deficiência, em um processo de perceber o que se mostra quando cada invólucro é colocado entre parênteses, até chegar ao fenômeno mesmo. O objetivo foi uma mudança de olhar em relação à atitude natural para alcançar a transcendentalidade do *ser sendo*. Esse momento é chamado *epoché*, que é redução, uma suspensão de toda e qualquer crença, normatizações ou explicações existentes sobre o fenômeno, permitindo que você e eu possamos ter um encontro com o fenômeno.

**O sujeito e o outro sujeito**: outro aspecto importante do nosso estudo é o foco no imbricamento *"sujeito e objeto"*, estudando com atenção a superação da dicotomia sujeito – objeto. A razão moderna prevalece sobre o objeto e simultaneamente sobre as pessoas. O sujeito cartesiano (moderno), concebido à luz do *"cogito"*, é limitado como seu portador, como aquele que possui a consciência (definida historicamente como Razão). Esta é a concepção de sujeito na modernidade: a pessoa como portadora de um *"cogito"*; a humanidade de uma pessoa é definida por sua racionalidade. Racionalidade e humanidade tornam-se como se fossem conceitos sinônimos. Na fenomenologia, a realidade não é este mundo de matéria e atos que existem objetivamente. Há um sentido que permeia as ações, os objetos, o outro, o mundo; há um sujeito que dá sentido a tudo, pois ele é um ser-de-relações. Não é possível pensar no homem sem o mundo; nem no mundo sem o homem. Isso nos leva de volta à redução fenomenológica (*epoché*), pela limitação de esgotar o objeto em sua relação com o mundo e vice-versa. Nesse sentido, o sujeito/colabora[dor] age doando-se e interferindo. Não é um objeto que foi estudado por mim; essas pessoas deram sentido ao texto deste livro, e por meio dele se exprimiram. "A relação não é sujeito-objeto, mas sujeito-sujeito" (BOFF, 2004 p. 95). Experimentamos os sujeitos como sujeitos, como valores, como símbolos que remetem a uma fonte absoluta (MERLEAU-PONTY, 1994, p. 4).

Nesse contexto interrogativo, surge um significado importante, sujeito-mônada; o sujeito é uma "mônada". É uma unidade simples. Husserl volta-se para o próprio sujeito colocando entre parênteses o interior do sujeito transcendental, eliminando tudo o que é entranho ao meu ego, deixando apenas uma natureza reduzida à minha vinculação com o mundo que é o meu eu psicofísico, com o corpo, a alma e o eu pessoal integrados ao mundo, à natureza, graças ao meu corpo. Com tal *epoché*, estabelece-se o sujeito enquanto "mônada", que dá conta do Universo no seu mundo interior. É um sujeito absoluto, porque responde sempre por si mesmo. Esse sujeito não nega a existência de outrem, mas descreve uma existência que a princípio se considera sozinha (LÉVINAS, 1967, p. 60-61).

O que me é especificamente próprio, a mim, pessoa, é o meu ser concreto na qualidade de "mônada", que está além da esfera formada pela intencionalidade de meu ser-próprio (HUSSERL, 2001, p. 108). Como sujeito enquanto "mônada", estou aberto ao outro, mas ele não pode em mim penetrar, e vice-versa.

Apresento alguns pontos em Lévinas (1967, 58-63), no tema[20] intitulado "O espírito é uma 'mônada'", comentando sobre o significado de "mônada" nas *Meditações cartesianas* de Husserl, o que passo a destacar:

a. Nada pode entrar no sujeito, tudo vem dele. Nesse sentido, Husserl estabelece o sujeito enquanto "mônada". O sujeito pode dar conta do Universo no seu foro íntimo. Toda relação com outra coisa se estabelece na evidência e tem na pessoa, por conseguinte, a sua origem;

b. Dizer que o sujeito é uma "mônada" é negar a existência do irracional;

c. O sujeito é absoluto. É incontestável, porque responde sempre por si mesmo e a si mesmo. Essa autossuficiência caracteriza o seu absoluto. Portanto, é o sujeito enquanto origem, enquanto lugar, onde cada coisa responde por si mesma;

d. A intersubjetividade é também constituída com base no solipsismo da "mônada". Não nega a existência do outro, mas descreve uma existência que, em princípio, pode considerar-se como que se existisse sozinha;

e. As análises de Husserl têm-lhe permitido seguir a constituição da relação social enquanto sentido de "mônada"; a constituição da relação complexa da presença do outro para mim; o sentido da minha presença para outro que ela implica;

f. O pensamento é uma autonomia absoluta. Não existe, para Husserl, antes do exercício do pensamento, nenhuma força suprema que o domine;

g. Eu próprio, enquanto homem concreto, histórico, sou personagem de um drama que se constitui para um pensamento;

h. Há em mim uma possibilidade de solidão, apesar da minha sensibilidade efetiva e da presença do mundo em mim;

---

[20] Artigo "A obra de Edmund Husserl", publicado em 1940 na *Revue Philosophique*, jan./fev. 1940.

i. Precisamente enquanto pensamento, eu sou uma "mônada" e como tal sempre possível em um distanciamento sempre possível relativamente aos meus compromissos. Estou sempre prestes a ir em direção (intencionalidade) do todo em que existo, pois estou sempre de fora entrincheirado no meu pensamento; e

j. A fenomenologia de Husserl é uma filosofia da liberdade que se cumpre como consciência e se define por ela. A liberdade não está em fazer coisas, na atividade de um ser. Antes de ser, a liberdade está localizada na pessoa concreta, e também a pessoa constitui o ser com a liberdade.

No contexto deste livro, surge um segundo significado importante:

**O sujeitosujeito**: é uma expressão radical que afirma o outro sujeito como diferente de mim, e paradoxalmente também me compreendo nele e me vejo nele. **Sujeito e o outro sujeito**. Tal afirmação me faz compreender que o outro e eu não somos objetos, mas pessoas que se "[re]iluminarão" e que imprimirão suas marcas entre si (BOFF, 2004, p. 95; COLODETE, 2004, p. 30). Estar com outra pessoa e ver como ela desvela sua subjetividade e como se esconde na irrevelação. Estou diante de conteúdos experienciais concretos. Descrever e perceber como o sujeito atribui sentido a si, ao outro e ao mundo — trinômio que evita o perigo do cartesianismo.

O sujeito transcendental constituído e/ou inventado na/da educação especial — numa perspectiva inclusiva — não será uma coisa em si mesma. Nessa relação **sujeitosujeito**, interroguei pedindo [des]velamento nos aspectos em que essa pessoa se constitui comunitariamente comigo, os outros e com o mundo. É a constituição originária (*Urstiftung*) de que fala Husserl e sua fenomenologia: o mundo é mundo para mim e para os outros, antes, agora e será generativamente sempre e na constituição dos objetos existentes para o eu relacionados às atividades intersubjetivas (como as da educação).

**A descrição**: aqui eu sou aquele que pede, o *"percipere"*, aquele que busca perceber. Como sou aquele que pede pelo perceber? Como um caminho de aproximação do que se dá, da maneira que se dá e tal como se dá. Quero referir-me ao que é percebido do que se mostra (fenômeno), não me limitando à enumeração dos fenômenos em uma perspectiva do tipo

AUTONOMIA, INCLUSÃO E EMANCIPAÇÃO: VIDAS EM CONSTRUÇÃO PARA ALÉM DOS LIMITES

positivista[21], mas pressupor percorrer a interrogação para [des]cobrir o *eidos* (sentido) do fenômeno. O *eidos*, segundo Sartre (1997, p. 15), é "o que a mim aparece não serão interiores nem exteriores: equivalem-se entre si, remetem todas as outras aparições e nenhuma é privilegiada". O ser de um existente é exatamente o que o existente aparenta. A essência é o fenômeno, pois é o que se [des]vela como é; e é absolutamente referente de si mesmo. O *eidos* de um existente já não é mais uma virtude encravada no seio desse existente: é a lei manifesta que preside a sucessão de suas aparições, é a razão da série.

**A interpretação**: aqui continua em cena o *"percipere"*. O trabalho intelectual que consiste em decifrar o sentido aparente, em desdobrar os sinais de significação implicados na significação literal. Há interpretação onde houver sentido múltiplo, e é na interpretação que a pluralidade dos sentidos se torna manifesta. É necessário o reconhecimento e a valorização do papel da intuição e da subjetividade no processo de selecionar, categorizar e interpretar as informações.

Ao longo de nosso estudo, apresenta-se a questão da subjetividade. Contudo, tanto o sujeito quanto o fenômeno estão no mundo-da-vida com outros sujeitos, que também percebem fenômenos. Os sujeitos que participam em experiências vividas em comum partilham compreensões, interpretações, questões, intuições, estabelecendo-se a esfera da intersubjetividade. Para a fenomenologia, o "objetivo" está profundamente interpenetrado, imbricado[22] e entrelaçado com o subjetivo, ou seja, é a subjetividade que permite alcançar graus de objetividade, e vice-versa.

Portanto, a reflexão hermenêutica que procurei resgatar consiste na dialética da interpretação do significado das experiências relatadas, descritas como um movimento dinâmico para compreensões mais profundas. Dessa maneira, a apropriação do conhecimento dá-se por meio do círculo hermenêutico:

---

[21] Afirmar a diferença metodológica entre as pesquisas do tipo positivista e as qualitativas, do tipo fenomenológica, não é a mesma coisa que afirmar que uma seja superior à outra, mas sim que a pesquisa do tipo positivista é essencialmente quantitativa e normalmente se mostra apropriada quando existe a possibilidade de medidas quantificáveis de variáveis e inferências conforme amostras, por exemplo, de uma população. Esse tipo de pesquisa usa medidas numéricas para testar abstrações teóricas e hipóteses, ou busca padrões numéricos relacionados a conceitos cotidianos. A pesquisa qualitativa caracteriza-se, principalmente, pela ausência de medidas numéricas e análises estatísticas, examinando aspectos mais profundos e subjetivos do tema em estudo. Em contrapartida, a pesquisa positivista assume que existe no mundo uma verdade objetiva que pode ser revelada por método científico e cujo enfoque é a mensuração sistemática e estatística de relacionamentos entre variáveis.

[22] Como na morfologia botânica, em que uma peça é totalmente externa, a imediata é externa e as demais têm uma margem recoberta e outra que recobre (diz-se de prefloração, conjunto ou disposição das sépalas e pétalas, ou tépalas, no botão floral) (HOUAISS, [2007?]).

49

a. O sujeito pesquisador e o sujeito colaborador vivem no mundo (*Lebenswelt*) e envolvem-se existencialmente. Para que o interrogador possa ampliar suas relações com o colaborador, é necessário realizar o movimento da *epoché* e buscar perceber o outro como um fenômeno que se desvela. Na perspectiva deste livro, o desvelar emergiu das relações com o colaborador e sua história de vida. O interrogador interpreta o que lhe foi desvelado buscando os sentidos do vivido do outro e os seus modos de *ser sendo* no mundo. Todo esse processo é um movimento dinâmico que permite aos sujeitos compreender o sentido (*eidos*) do vivido. Nessas relações entre sujeitos mediatizados pelo mundo, a revelação emerge podendo produzir novos sentidos;

b. O sujeito é aquele que, no movimento dinâmico no mundo-da-vida (*Lebenswelt*), envolve-se existencialmente com o outro, pois o sujeito é intersubjetivo. No mundo-da-vida, os sujeitos encontram-se, sujeitosujeito. É o movimento ético do sujeito lançar para dentro de si o outro. Sujeito e sujeito lançam-se, o movimento produz o encontro, a existência é o trajeto em que o movimento de um para o outro é percebido. Cada um *"per se"* se torna sujeito para o outro. Não há como separá-los, pois os dois estão situados no mundo-da-vida. Lançam-se no tempo e, quando se encontram, ambos são sujeitos um para o outro.

Nesse encontro no mundo-da-vida, que é pleno de diversidade, o sujeito colaborador com a sua história de vida descreve-se e, ao descrever-se, revela-se. O sujeito interrogador percebe/compreende com uma atitude fenomenológica, com a qual foi ao encontro do sujeito colaborador, em que mergulhou nas relações com ele e estabeleceu uma inter[in]venção com as marcas sócio-históricas próprias dos sujeitos. O sujeito colaborador, no que vai se revelando, permitiu que o sentido (*eidos*) de sua existência fosse desvelado/revelado no que foi possível compreender. Neste livro, os relatos escritos, as entrevistas e os outros meios permitiram o envolvimento existencial entre os sujeitos, permitiram a interpretação com um olhar fenomenológico dos sentidos percebidos na relação intersubjetiva. Os Guias de Sentidos que emergiram dos sujeitos não são rótulos fixos ou estigmas, mas o que foi revelado no face-a-face, no mergulho das relações.

Figura 1 – Círculo fenomenológico-existencial

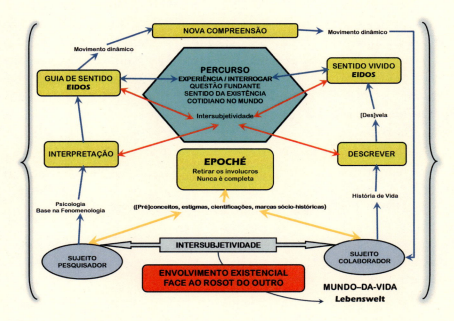

Fonte: o autor, 2006

É esse movimento que estrutura a análise fenomenológica dos relatos em que se busca o significado manifesto de cada situação, sem a utilização de nenhum quadro categorial apriorístico. De modo simplificado, pode-se dizer que essa análise se desenvolve de acordo com etapas discutidas nos tópicos seguintes.

## 3.2 Características da análise fenomenológica

### 3.2.1 O envolvimento existencial, vivências e experienciamentos

O **ENVOLVIMENTO EXISTENCIAL** é de suma importância no imbricamento do pesquisador/colaboradores (sujeitosujeito). Martins, Boemer e Ferraz (1990, p. 37) afirmam que é preciso que se volte às coisas mesmas e se apreenda o *"eidos"* do fenômeno. Há uma correlatividade inseparável entre sujeito e mundo, entre a estrutura fundamental da intencionalidade e o mundo das coisas experienciadas, e o conhecimento-sentido só será alcançado no próprio existir de quem interroga. O "objeto do conhecimento" não é o "pensado", nem a realidade em si, mas a realidade enquanto vivida pelo pesquisador/colaborador. É o despertar do sono dogmático (Husserl), o desembriagamento (LÉVINAS, 2005, p. 124) em que o eu face a face ao outro se liberta a si, desperta-se da egologia (LÉVINAS, 2005, p. 124; redução egológica). Aqui é introduzido um conceito importante na fenomenologia — o da intencionalidade da consciência, ou seja, a sua direção. Consciência é sempre consciência de alguma coisa. Fenômeno, consciência de... pessoa, perfazendo a totalidade da existência, constituindo o que se chama mundo-da-vida. A existência sobrepuja a Razão: a existência é que se oferece como o horizonte da consciência. Não podem ser concebidas umas sem as outras. Seu comprometimento é intrínseco e constitutivo.

A fenomenologia valoriza — e muito — a **EXPERIÊNCIA** do sujeito e o modo como ele a compreende. Conforme descrevem Martins, Boemer e Ferraz (1990), a valorização da experiência do sujeito dá-se porque "quem interroga não sabe o que se passa com o sujeito é preciso que este sujeito descreva o que se passa com ele". É sujeito que está experienciando aquela situação que descreverá as suas vivências. Assim, o fenômeno situado mostra-se e [re]vela-se para quem interroga.

É possível obter descrições feitas pelo sujeito a respeito do fenômeno que se deseja estudar. Nas descrições feitas pelo sujeito, o interesse não está em saber o que o sujeito pensa, qual é sua opinião, mas aquilo que o sujeito está experienciando. A descrição constitui-se, portanto, em importância significativa no desenvolvimento do olhar da fenomenologia, ela não comporta um estilo literário, normas, regras, listas de palavras ou sentenças que devem ser usadas.

Bicudo (1990) afirma que a fenomenologia começa com o cotidiano, com a situação vivida, e o seu movimento inicial de abordar o fenômeno é sempre uma "descrição". São descrições que utilizam palavras do cotidiano, e não a da ciência, quer seja da psicologia, quer seja da filosofia ou de outra qualquer. A explicação é o modo pelo qual a ciência fala e apresenta articuladamente suas ideias sobre o estudado; já a construção é o modo de falar da filosofia; porém a fenomenologia, estando preocupada com a origem do significado da ação humana, sempre começa com uma posição anterior àquela do pensamento reflexivo, tal como ele aparece no discurso articulado da ciência ao explicar ou ao demonstrar suas concepções conhecedoras muito sofisticadas.

Do trabalho com **VIVÊNCIAS** e **EXPERIENCIAMENTOS**, podemos examinar todas as vivências nossas e dos outros como fenômenos, como aspectos da realidade que vêm ao nosso encontro, segundo observa Bello (2004, p. 162) — este é o sentido do termo "fenômeno". Qual é o sentido desse encontro? O que descubro nesse encontro? Eis aqui a minha função: "compreender o que está acontecendo, mas ao mesmo tempo deixar viver tudo aquilo que acontece na sua dimensão" sem pretender substituir a vida pelas suas análises. É possível compreender, com as categorias das ciências, inclusive das ciências positivas, o que chamamos de "realidade", porém é saber da possibilidade da existência de mais sentidos, que o seu sentido é o sentido do ser inacabado, saber que o sentido pleno jamais será encontrado, e jamais renunciar a busca.

Na atitude fenomenológica em relação ao mundo, busco o sentido que transparece na intersecção das minhas vivências (experiências) com as experiências dos outros; por isso, ganham muita importância as questões relativas à subjetividade e à [inter]subjetividade.

Peixoto (2003a, p. 21) observa que na fenomenologia, enquanto conhecimento eidético que se ocupa da descrição das vivências, dos atos correlatos da consciência, porque é inexata, tal inexatidão é proveniente da própria natureza do objetivo da filosofia — o mundo – humano — que é complexo, plural e inconcluso. Em função disso, não pode ser tratado em termos de causa e efeito. O rigor exige que o que nos circunda seja apreendido de forma crítica, superando as conclusões sem fundamentos, sem radicalidade e universalidade.

É impossível alguém ter uma ideia de outro que não envolva o mundo. A esse respeito comenta Dartigues:

> A tarefa efetiva da fenomenologia será, pois, analisar as vivências intencionais da consciência para perceber como aí se produz o sentido dos fenômenos, o sentido desse fenômeno global que se chama mundo. Trata-se, para empregar uma metáfora aproximativa, de distender o tecido da consciência e do mundo para fazer aparecer os seus fios, que são de uma extraordinária complexidade e de uma arânea fineza (DARTIGUES, 1973, p. 29).

Possuímos, de certo modo, uma "comunalidade", pois todos nós vivemos no mundo e existimos uns com os outros, com a capacidade de nos aproximarmos e de compreendermos mutuamente as nossas vivências. "A partir da intersubjetividade constituída em mim, constitui-se um mundo objetivo comum a todos" (DARTIGUES, 1973, p. 102).

Cavalieri (2005, p. 67) observa que,

> [...] com a fenomenologia, o fenômeno coloca-se como imanente à consciência; esta não produz o ente, o objeto, mas é intenção voltada para o objeto. Não se trata de um estudo

do ser ou da representação do ser, mas do sentido do ser, da significação das vivências da consciência.

Ressalta ainda Cavalieri (2005, p. 68) que "Husserl pergunta como as coisas se dão e em que limites se dão". Assim ele se expressa em *Ideia da fenomenologia*: O princípio dos princípios é que toda intuição primordial é uma fonte legítima de conhecimento, que tudo o que se apresenta por si mesmo na intuição como o que se oferece e tal como se oferece, ainda que somente dentro dos limites nos quais se dá (HUSSERL, 1986, p. 58).

Com o objetivo de combater esse processo de naturalização da subjetividade, Husserl focaliza a reflexão na dimensão do humano, que é a sua capacidade perceptiva. A relação que ocorre entre o ato de perceber e a coisa percebida depende da estrutura transcendental da subjetividade (as vivências é uma delas, além da sensibilidade que decorre da corporeidade, a reflexão, a fantasia, a memória, a lembrança, a imaginação) e não deriva da coisa externa. Perceber não é receber sensações na psique, e sim, é aquilo que estou vivendo neste momento através de uma sensação, é o registro da sensação, sensação essa que eu tenho consciência.

### 3.2.2 O Conceito temático intencionalidade

Em busca dos elementos que dão suporte para a compreensão da fenomenologia, esta como a ciência que se "volta às coisas mesmas", e percorrendo interrogações que auxiliem a encontrar o *eidos* da vida, do mundo e da consciência para o sujeito, é imprescindível o entendimento do conceito temático "intencionalidade" — apresentada por Husserl como fundamental para a superação da atitude natural.

O termo *"intencionalidade"* tem uma longa tradição filosófica. Conforme Bueno (2003, p. 30), "em Husserl, a intencionalidade é usada para derrubar um princípio básico da psicologia clássica: o de que a consciência abriga imagens ou representações dos objetos que afetam nossos sentidos, nela se depositando como uma espécie de conteúdo". Se considerarmos correta tal suposição, estaríamos condenando a consciência à mera passividade, quando, na verdade, ela é ativa, libertadora, doadora de sentido às coisas, para si, aos outros e ao mundo-da-vida.

Entendemos que a **consciência** é **intencionalidade**, o que significa: toda consciência é "consciência de". Portanto, a consciência não é uma substância (alma), mas uma atividade constituída por atos (percepção, imaginação, especulação, avaliação, paixão e outros), com os quais se move na direção de algo.

A consciência é voltada para os objetos, dirigida para alguma coisa. Podemos dizer de outra maneira: intencionalidade é o mesmo que se dirigir a algo. No entender de Husserl, não há fase ou aspecto da consciência humana que surja de si e por si próprio; consciência é sempre consciência de alguma coisa, não havendo fenômeno que não seja fenômeno para uma consciência. Todas as ações humanas são intencionalidades. A consciência tem essa capacidade, e o sujeito que vive essa experiência está fazendo isso.

Bueno (2003, p. 30) usa o exemplo de uma peça de pano: em um momento qualquer, em que a pessoa se levante em casa e vê o pano sobre um objeto qualquer da casa, isto a leva a considerar a figura de um fantasma. O objeto intencional dessa pessoa é um fantasma, a despeito de o objeto material ser um pedaço de pano. Husserl entende que, para a consciência, o dado é essencialmente uma coisa igual ao objeto apresentado, mesmo que ele não exista, ou seja, seja imaginado ou mesmo um absurdo. Husserl concebe que,

> [...] qualquer que seja a pretensão existencial real inerente a esse fenômeno, e qualquer que seja, em relação a isso, a minha decisão crítica – que eu opte pelo ser ou pela aparência – esse fenômeno, como meu, não é um puro nada. Ele é, ao contrário, justamente o que me torna possível uma tal decisão; é também, portanto, o que torna possível que haja para mim uma crítica do ser "verdadeiro", que determina o próprio sentido da validade de uma tal asserção.

> [...] admite a presença do "próprio objeto", o que se dá pela percepção externa, que não é apodíctica, mas é sem dúvida a experiência do objeto em si – o objeto está ali, diante de mim, porém, nesta presença o objeto possui, para o ser que percebe, um conjunto aberto e infinito de possibilidades indeterminadas que não são elas próprias, atualmente percebidas (HUSSERL, 2001, p. 36-37, 40).

Enquanto o intelectualismo acentua o valor da razão no processo de conhecimento e acredita que a consciência é dinâmica e rica o suficiente para elucidar as ambiguidades originadas da percepção, dando conta da realidade, apresentando certezas (uma pessoa com deficiência entende o que a escola lhe ensina? Possui essa consciência dinâmica o suficiente para esclarecer as ambiguidades de suas percepções?), o empirismo enfatiza a importância da experiência por meio dos sentidos do objeto conhecido, sendo a consciência como um vaso vazio que será preenchido pela experiência do sentido (uma pessoa com deficiência tem todos os seus sentidos "normais" para experienciar os objetos do mundo e preenchê-la?); em outra direção, um fenomenólogo compreende a intencionalidade do outro, e busca superar as tendências racionalistas e empiristas — essa pessoa que apresenta, em uma dado momento, necessidades educacionais tem quais possibilidades abertas em sua consciência intencional?

A fenomenologia está na direção da superação dessa dicotomia, afirmando que toda consciência é intencional, e isto significa que não há pura consciência, separada do mundo; toda consciência se realiza e está envolvida no e para o mundo-da-vida, toda consciência é consciência de algo. Ela não é espectadora ou legisladora. A pessoa, tenha ela uma [defi]ciência ou não, é uma consciência atada a um corpo, que a liga inexoravelmente ao mundo. O aprendizado da consciência dá-se no dia a dia, na dinâmica da vida chamada existência (Merleau-Ponty). Significa a particularidade fundamental e geral que a consciência tem de ser consciência de alguma coisa, de conter, em qualidade do *"cogito"* (eu sou), seu *"cogitatum"* (o ser de si mesma). Essa afirmação é confirmada por Husserl, quando diz que:

> [...] todo o estado de consciência em geral é, em si mesmo, consciência de alguma coisa, qualquer que seja a existência real deste objeto e seja qual for a abstenção que eu faça, na atitude transcendental que é minha da posição dessa existência e de todos os atos da atitude natural. [...]. A palavra intencionalidade não significa nada mais que essa particularidade fundamental e geral que a consciência tem de ser consciência de alguma coisa, de conter, na sua qualidade de *cogito*, seu *cogitatum* em si mesma (HUSSERL, 2001, p. 50-51).

A intencionalidade estabelece uma nova relação entre o sujeito e o objeto, o homem e o mundo, o pensamento e o ser, mostrando que todos os atos psíquicos, tudo que se passa na mente, não ocorrem no vazio. A consciência é entendida como fonte de sentido, fonte de significado. A consciência que o homem tem do mundo é mais ampla do que o mero conhecimento intelectual (racional) ou empírico, porque ela é fonte de intencionalidades não apenas cognitivas, como também afetivas e práticas, é o quefazer (FREIRE, 1979, 2005). O olhar do homem sobre o mundo-da--vida é um ato pelo qual ele vivencia o mundo, em sua inesgotabilidade.

Para estar consciente de algo, é preciso redescobrir a intencionalidade da relação sujeito-mundo. A consciência é intencional, ela não é [pré]feita, [pré]fabricada, não está pronta. "Ao interrogar o mundo a sua maneira, cada pessoa acaba exprimindo para além de si mesmo" (CARMO, 2004, p. 143). As ideias só existem porque são ideias sobre as coisas. Consciência e fenômeno não existem separados um do outro. É impossível alguém ter uma ideia de outro que não envolva o mundo (horizonte – sócio-historicidade). A esse respeito comenta Husserl (2001, p. 49):

> Enfim, o próprio mundo, que é numa primeira aproximação a totalidade das coisas perceptíveis e a coisa de todas as coisas, deve ser compreendido não como um objeto no sentido que o matemático ou o físico poderiam dar a essa palavra, isto é, como uma lei única que cobriria todos os fenômenos parciais, ou como uma relação fundamental verificada em todos, mas como o estilo universal de toda percepção possível.

A tarefa efetiva da fenomenologia será, pois, analisar as vivências intencionais da consciência para perceber como aí se produz o sentido dos fenômenos, o sentido desse fenômeno global que se chama mundo. Como em Descartes, o caminho não está completo, pois esse eu é assim denominado por "um equívoco". Ainda está situado numa "existência natural". Cavalieri afirma que

> [...] pode ser chamado de um ego transcendental entre outros egos também transcendentais, porém o "salto na intersubjetividade transcendental" nos mostra que há uma esfera primordial, um ego único, "absolutamente único", não separado do ego encarnado e enraizado no mundo, condição fundamental de toda ação e princípio da comunidade egológica (CAVALIERI, 2005, p. 169).

Na relação ser humano-mundo, a fenomenologia propõe-se a fazer antropologicamente, atenta em não reduzir essa relação a nenhum dos seus aspectos, mas dinamicamente relacionar-se com o movimento existencial dialético dessa relação. Logo, o mundo passa a ser o conteúdo do meu saber, o conteúdo da minha experiência, o conteúdo do meu pensar e o conteúdo da minha consciência. A fenomenologia husserliana parte, pois, da vivência imediata da consciência para chegar a pressupostos do nosso conhecimento.

A fenomenologia proposta por Husserl (2001) é uma volta ao mundo da experiência, porquanto este é o fundamento de todas as ciências. A tarefa da fenomenologia é revelar esse mundo-da-vida antes de ser significado, mundo onde estamos, solo de nossos encontros com o outro, onde se descortinam nossa história, nossas ações, nosso engajamento, nossas decisões. Essa volta ao "mundo-da-vida", termo introduzido por Husserl, rompe definitivamente com a pretensão de uma epistemologia das ciências humanas fundada do modelo das ciências naturais: antes da realidade objetiva, há um sujeito conhecedor; antes da objetividade, há o horizonte do mundo; e, antes do sujeito, da teoria do conhecimento, há uma vida que "[re]inventa-se". Como afirma Pinel ([2005], p. 289), "uma autopoiésis: um [re]inventar e [re]criar si mesmo no mundo".

> [...] a fenomenologia veio romper o paradigma de verdade universal tão presente nos métodos experimentais/quantitativos. A proposta com a qual trabalho objetiva romper esse pensar-sentir-agir a pesquisa, indo fundo na existência do sentido da vida profissional do educador de rua. Sentir o sentido de vida. Descrevendo a partir da fala do outro. Sentimento-sentido da vida. Investigação acerca da direção que a pessoa pode dar à sua vida pela descoberta do significado-sentido que ela possui, a partir de sua liberdade consciente e livre (PINEL, [2003b], p. 156).

Nesse sentido, quando conseguimos partir de uma situação sem pressupostos — (*epoché*) — descritiva (redução eidética), e orientada pela intencionalidade, apreendemos o *eidos*, e, nesse sentido, teremos realizado a análise fenomenológica, o que nos permite passar da atitude natural para a atitude transcendental ou fenomenológica.

### 3.2.3 Destacando a subjetividade afetivo-cognitiva

A subjetividade é um conceito temático essencial da fenomenologia. Como escrevem Martins, Boemer e Ferraz (1990, p. 19), "a subjetividade é que permite alcançar objetividade, assim quando uma trajetória é percorrida em busca do fenômeno graus de objetividade serão alcançados". Essa objetividade não é pura, mas está em progresso, porque quem busca sempre fará interrogações. O sujeito está sempre sendo interrogado devido ao movimento. A consciência, a percepção, a imaginação e as outras faces da existência no sujeito são relativas e temporais, portanto haverá sempre múltiplas faces que só podem subsistir se quem busca se percebe como ego intersubjetivo (Husserl) ou se espantar no traumatismo (LÉVINAS, 2005, p. 123, 126).

Pinel ([2005], p. 276) destaca a importância de uma descrição afetiva como [co]movedora da cognição. Descrever sensivelmente o vivido, de modo poético, pois o outro é artista. Produzir uma das possíveis interpretações — hermenêuticas ou outras quaisquer — [des]velando aquilo que já estava a brilhar e a se mostrar, mas que clamava para que alguém o descrevesse.

Merleau-Ponty (1994, p. 84) sugere um "mergulho no sensível". O corpo é a figura visível de nossas intenções (MERLEAU-PONTY, 1962, p. 403 *apud* CARMO, 2004, p. 35). Merleau-Ponty radicaliza, insiste na reabilitação do sensível, da que, ao contrário da cognição, a tradição filosófica e a educação sempre desconfiaram. Seu esforço é para recolocar o pensamento numa existência [pré]reflexiva, introduzindo como alicerce o mundo sensível, tal como ele existe para o nosso corpo. Nesse sentido, Merleau-Ponty afirma:

> O sentir, ao contrário, investe a qualidade de um valor vital, primeiramente a apreende em sua significação para nós, para esta massa pesada que é o nosso corpo, e daí provém que ele sempre comporte uma referência ao corpo. O problema é compreender estas relações singulares que se tecem entre as partes da paisagem ou entre a paisagem e mim enquanto **sujeito encarnado**, e pelas quais um objeto percebido pode concentrar em si toda uma cena, ou torna-se a imago de todo o um segmento de vida. O sentir é esta comunicação vital com o mundo que o torna presente para nós como lugar familiar de nossa vida (MERLEAU-PONTY, 1994, p. 84, grifo nosso).

Merleau-Ponty afirma que, na nossa ação cotidiana, os atos não conscientes predominam sobre os conscientes, e toda atividade, reflexiva ou não, tem como fundamento a percepção do mundo. Os nossos estudos acadêmicos de questionamento do mundo são um dos pontos da vida, apenas momentâneos e artificiais, pois a todo momento realizamos movimentos, gestos, firmados numa crença perceptiva do mundo e das coisas que nos cercam, sem que a consciência tenha de refletir a todo o momento sobre o mundo.

A esse respeito, Christy é um exemplo. Personagem do filme *Meu Pé Esquerdo* (1989)[23], baseado em uma história de vida real, direção de Sheridan, foi uma pessoa que educou os seus sentidos e, com eles, aprendeu a ouvir, a ler — leu e entendeu Hamlet — a ver, a cheirar, a degustar (bebia muito vinho e vodca), a sentir — seus sofrimentos eram intensos e densos — assim como aprendeu a lidar com a imaginação criando os seus quadros e escre-

---

[23] Roteiro de Shane Connaughton e Jim Sheridan, baseado em livro de Christy Brown.

vendo sua história de vida. É um exemplo da crença perceptiva no mundo. A subjetividade afetivo-cognitiva está presente fortemente nessa película.

Pinel ([2005], p. 273) percebe/sente/entende isso em sua vida vivida como alguém que interroga, busca e orienta. Na relação de ajuda, o orienta[dor] fala ou deixa o outro falar o que escutou de "si mesmo", e, em uma processo de perceber, provoca em si mesmo mudanças positivas e sombreadas do mundo-da-vida e subjetividade (sentida). Viver é tomar decisões e sentir a dor pelas escolhas — enquanto outras são deixadas de lado. Ao escolher, sempre algo se perde. Eu aqui escrevi o que oralizou "idealmente", mas que naqueles "instantes-luzes" não seria escutado. Isso conduz a uma proposta, também na ordem do [im]possível, a de integrar algo humano que está sendo desintegrado e caótico; além do mais, esses lugares/tempos são propícios, invoca[dores] e estimulantes. Concordamos com Pinel ([2005], p. 273) quando afirma que

> [...] essas experiências caóticas, justo elas, têm se mostrado – nas nossas investigações – como um algo vivido tão intenso que evoca ao ser uma ordem qualquer, uma organização que por si mesma se [des]organiza: "subjetividade inclusiva" autopoiética.

"Essa subjetividade inclusiva é apenas um mosaico dos modos de ser", para Pinel ([2005], p. 295). Essa captação integrativa ocorre por meio de um cuidadoso e humilde exercício de ser no mundo, o que de alguma forma [im] possibilita compor esse todo. Pinel aqui não diz outra coisa a não ser o que estamos refletindo: os nossos atos (cognitivos e sentidos) sobre o mundo em que vivemos; a realidade mundana é aceita ingênua e simplesmente, como ocorre com a criança, que percebe antes de pensar. Esse modo de ser de uma criança denuncia a presença de um mundo anterior ao pensamento reflexivo, um mundo conhecido e sentido que permite a mim e a cada um de nós entender o "ser sendo" no mundo.

Uma devolução das descrições das experiências pode soar "primitiva", mas cabe àquele que interroga (interroga[dor]) compreender eticamente o que ocorre na existência, no vivido — de que "lado está" — [im]pondo [re] velar seu compromisso político junto aos sujeitos existenciais: neste livro, esse exercício tem exigido de mim uma total disposição para sentir-me, emocionar-me e desejar-me.

Descrevemos uma dinâmica [in]terminável e rica de figura/fundo (Fi/Fu), que ora fazem os sentidos da existência aparecerem, ora [des]aparecerem, ora apenas parecerem. Então se foca um todo percebido, formado, e que deve ser descrito cientificamente.

Toda essa nossa proposta é um exercício desejoso de "escuta refinada e sensível" — um *"quefazer"* — para o sujeito social, inserindo-o cidadão, pessoa de direito. Com isso, um levantamento de [su]posições junto ao vivido aqui-agora — e indo além disso — numa ampliação do vincular experienciado. Uma penetração no mais profundo do ser humano. Um capturar dos efêmeros e inconstantes *modos de ser sendo*. A sensibilidade também, por que não?!

### 3.2.4 A hipervalorização da vida afetiva

Em nossa trajetória fenomenológica, valorizamos a **vida afetiva** — sentimentos, emoções, desejos, fantasias e outros aspectos indissociáveis da pessoa. Ressalto a dimensão da experiência vivida de Christy (MEU PÉ ESQUERDO, 1989). Algo ele percebeu — percebeu que podia ler e escrever. Algo ele imaginou — como conseguir carvão. Anunciava para a sua família os seus sentimentos e anunciou a queda de sua mãe com o seu **pé esquerdo**; amou e odiou, desejou e [re]velou os seus desejos. E, na sua busca por educar-se, foi educado e educou-se mediatizado pelo mundo-da-vida, pelo que estava-ali-diante-dele. Aprendeu a educação informal da casa e a educação escolar que os seus irmãos aprendiam. Seus sentimentos sempre à "flor da pele": "exploda o cérebro do bárbaro" (MEU PÉ..., 1989, s/p). Tinha uma relação de profundo amor e obediência por sua mãe; e amor e ódio pelo seu pai. Numa época em que a comida estava escassa em sua casa e Paddy, seu pai, obrigava um dos seus irmãos, o Tom, a comer um mingau horrível, ele age de forma sarcástica, levando todos a rirem; e, quando o pai está bem irritado, diz a frase *supra*.

Bello (2004, p. 115, 116) afirma que é importante, do ponto de vista educativo, elaborar um projeto existencial que responda à pergunta: o que eu quero da minha vida? Como uma pessoa público alvo da educação especial por deficiência (física, visual, surdez) responde a essa pergunta? O dinamismo humano é muito grande. Cada ser humano deve ser ajudado a possuir um projeto existencial em diversos níveis (na atividade de trabalho, na atividade em conjunto com os outros, no nível da qualidade, no nível da afetividade e do valor da vida). Há uma bela definição de "valor" dada por E. Stein e que Bello (2004, p. 115) apresenta: "nós sentimos as coisas como positivas e negativas". A expressão usada está relacionada com o verbo sentir — campo da vida afetiva. As coisas positivas são as que fazem crescer a nós mesmos e aos outros: nós sabemos reconhecê-las imediatamente, sem precisar raciocinar.

Lembro-me de Christy. No primeiro encontro com a médica-pesquisadora Eileen, Christy, diante da decisão de ir ou não para o tratamento em hospital que lhe é oferecido, diz: "a esperança adiada... endurece o coração" (MEU PÉ..., 1989, s/p) Claramente, depois, pelo raciocínio, temos de atuar segundo este valor. Nós sentimos imediatamente se algo faz bem para nós e para os outros.

Na "escola da vida" e nas escolas mesmas, a "vida afetiva" é pautada de "existência de [des]cuidado", no caso de Christy, a mãe, o pai, os irmãos e a médica. O aparecer [des]vela-se no cuidar: eis a vida afetiva, origem de tudo, o mergulho no sensível! Aparece alegria, tristeza, amor, ódio, carinho, dor, histrionismo, disforia, euforia, prezar, desprezar, [pré]ferir, ignorar, e assim por diante, ou tudo a um só tempo, algo que provoca alegria e dor. É preciso viver com os [des]toamentos, os conflitos, as frustrações e os demais movimentos da vida afetiva, pois ela é composta de todas essas subjetividades do ser humano.

### 3.2.5 O valor e o sentido da sócio-historicidade do ser humano

"Porque estamos no mundo, estamos condenados ao sentido, e não podemos fazer nada nem dizer nada que não adquira um nome na história" — com essa expressão de Merleau-Ponty (1945, p. XVI), ressaltamos o valor e o sentido da **sócio-historicidade** do ser humano, com a dimensão de passado e futuro.

> Cidadão Pleno[24]: Num país como o nosso, você ter um plano de sua saúde, você ter como cuidar de sua saúde, ter como vestir, morar, se locomover, se alimentar, eu acho que é um privilégio. Ontem a Heloisa Helena, sendo entrevistada no Jornal Nacional, ela dizendo que 47% da riqueza produzida no Brasil fica com 0,005% da população. Toda esta riqueza circulando por aí, [e] vai ver na mão de quem está isso. Para o deficiente, é suado (MACIEL JÚNIOR, 2006, apêndice V, p. 273).

Essa sócio-historicidade é marcada com as características socioantropológicas dos povos latino-americanos. Não como xenofobia ou solipsismo,

---

[24] Veja o item 6.3 Cidadão Pleno nesse livro, p. 207.

mas como o outro que é Outro com os outros e que tem como seu *eidos*[25] que se presentifica no rosto, em que ele é infinitamente e autenticamente outro. O outro que, como outro, se [re]vela pela palavra, pela emoção e pelo corpo. Diante deste, devo guardar o devido respeito e cumprir a justiça que me interpela no seu rosto. O outro, como outro livre e que exige justiça, inaugura e instaura uma história imprevisível. A relação entre os seres separados não se totaliza jamais, relação sem relação, que ninguém pode englobar nem tematizar.

Desde o *"ego cogito"* cartesiano, que não se levantou, no dizer de Dussel (1995), em nome do "conquistado", do "pensado" como ideia ou da "vontade impotente" (porque dominada), um pensar crítico metafísico. A filosofia da libertação latino-americana pretende repensar toda a filosofia (desde a lógica ou a ontologia, até a estética ou a política) com base no outro, no oprimido, no pobre: o não ser, o bárbaro, o nada de sentido. Não por ser latino-americana (que lugar é esse?), mas porque aqui também é um lugar como os outros, o lugar onde eu vivo.

O corpo da obra de Dussel está dividido entre uma dialética marxista e uma afirmação fenomenológica do Eu e do Outro. Dussel explora a extremidade desses modos de pensamento: seu marxismo devolve a esperança à história; sua evocação existencial-fenomenológica do Eu restaura a presença do marginalizado, do pobre; além disso, da mulher que foi deixada com vida para se apoderarem dela (dominação erótica); e as crianças, que recebem uma educação com modelos europeus exaustivamente copiados (dominação pedagógica), e a pessoa com deficiência que é tratada como não-ser, como incapaz, capacitismo, tratada com o paternalismo, e o clientelismo como capa de uma violência invisível e subjugadora que são extremamente mais castradoras do que a própria patologia médica (dominação patológica). Tal dominação que eu chamo de "patológica" impede que a deficiência possa ser compreendida em um contexto temporal, espacial e socialmente determinado impossibilitando a apreensão do fenômeno físico, intelectual/cognitivo e psicossocial de forma mais completa. Aquilo que é aqui dito em algumas palavras deve ser compreendido ao nível da vida cotidiana da América Latina: este é o desafio que Dussel nos propõe. De que forma seremos nós, todos os dias, opressores dos outros? De que forma se exerce sobre nós a dominação de uma ordem estabelecida? Dussel (1977) recusa a ambição de qualquer teoria total da opressão europeia (colonialista).

---

[25] *Eidos* – o que se apresenta por si mesmo

Qual é a força específica da visão de Dussel? Ela vem, creio, da tradição do oprimido, da linguagem de uma consciência revolucionária de que temos como regra o estado de emergência em que vivemos. Dussel propõe-se a discursar como o Outro também, que possui sua própria e legítima razão; mais do que isso, possui uma razão ética. O pensamento de Dussel apresenta a filosofia produzida na América Latina como processo de anunciação como conhecível, legítima, adequada à construção de sistema de identificação cultural. O seu pensamento é parte do processo de significação por meio dos quais afirmações da cultura ou sobre a cultura diferenciam, discriminam e autorizam a produção de campos de força, referenciam aplicabilidade e capacidade.

Sem perder o conteúdo que é o mundo-da-vida, Dussel pergunta: como nos situamos em face do outro enquanto outro? Aquilo que ultrapassa o que se vê, aquilo que vai para além daquilo que se vê, quem é e o que é? Eu também pergunto: como ele é? Quais são seus modos de *ser sendo*?

### 3.2.6 A importância do aqui-agora

*Aqui e agora*

*O melhor lugar do mundo é aqui*
*E agora*
*O melhor lugar do mundo é aqui*
*E agora*

*Aqui, onde indefinido*
*Agora, que é quase quando*
*Quando ser leve ou pesado*
*Deixa de fazer sentido*

*Aqui, onde o olho mira*
*Agora, que o ouvido escuta*
*O tempo, que a voz não fala*
*Mas que o coração tributa*

*O melhor lugar do mundo é aqui*
*E agora*
*O melhor lugar do mundo é aqui*
*E agora*

*Aqui, onde a cor é clara*
*Agora, que é tudo escuro*
*Viver em Guadalajara*
*Dentro de um figo maduro*

*Aqui, longe, em Nova Deli*
*Agora, sete, oito ou nove*
*Sentir é questão de pele*
*Amor é tudo que move*
*O melhor lugar do mundo é aqui*
*E agora*
*O melhor lugar do mundo é aqui*
*E agora*

*Aqui perto passa um rio*
*Agora eu vi um lagarto*
*Morrer deve ser tão frio*
*Quanto na hora do parto*
*Aqui, fora de perigo*
*Agora, dentro de instantes*
*Depois de tudo que eu digo*
*Muito embora muito antes*

*O melhor lugar do mundo é aqui*
*E agora*
*O melhor lugar do mundo é aqui*
*E agora.*
*(AQUI, 1999).*

Importantizar o **AQUI-AGORA**: aqui é o espaço do ser; agora é o tempo vivido (καιρος) ou cronometrado (χρονος) deste mesmo ser humano. Assumir sua existência pode significar catar pedaços de si que comporão o mosaico do seu *ser sendo* da autonomia — "sujeito autor de si mesmo no mundo" (PINEL, 2005a, p. 272). Para os gregos, o tempo era como um poder que inescapavelmente determinava sua vida ao mesmo tempo que estava dolorosamente cônscio de que o tempo alocado a cada pessoa era curto demais. O tempo não pode salvar a pessoa da morte, mas pode curar as feridas. Esse movimento que dinamiza o aqui-agora de cada pessoa. Esse processo foge à medicalização, aos rótulos, às arrogâncias de quem se propõe a educar. Começa por indicar profunda, sensível e humilde escuta.

O drama de Christy (MEU PÉ..., 1989) é lembrado novamente. No aqui-agora, Christy não perdeu nem evitou seu *"kairos"*: "pode haver qualquer dúvida de que uma obra é destruída quando não é feita na hora certa"?[26] (PLATÃO, 370b, p. 111). Christy joga "todas as suas fichas" para ganhar

---

[26] No texto literalmente: "todo o trabalho que não é feito no tempo certo acaba por perder-se".

Mary. Ela tinha compromisso com outra pessoa. Ele consegue, ela muda os seus planos e fica com ele.

Mary diz: "acho que você é um homem adorável e nem um pouco sentimentaloide" (MEU PÉ..., 1989, s/p), após toda a conversa e a leitura do livro. Foi o *kairos* de Christy e Mary, no momento *chronos* de um encontro beneficente para Christy e o cumprimento de um trabalho para Mary. Ali se deu o aqui-agora para ambos.

A palavra grega *"chronos"* denota principalmente a expansão quantitativa e linear do tempo, um espaço, ou período de tempo, e, portanto, um termo para o conceito formal, científico e positivista do tempo. Há vários termos que abrangem um período específico do tempo: ενιαντος– ano; μην – mês; ημερα – dia e ωρα – hora. Já a palavra grega καιρος (*kairos*) chama-nos atenção para o conteúdo do tempo como crise e oportunidade. Pode ser traduzida por ter oportunidade, oportunidade favorável, momento certo. Ela qualifica o conteúdo do tempo. Empregado no sentido temporal, *kairos* caracteriza uma situação crítica que exige uma decisão para a qual a pessoa é levada por suas circunstâncias. Descreve um tempo apropriado, um momento favorável (HAHN, 1983, p. 566).

A presença dos dois grupos etimológicos associados respectivamente com καιρος (*kairos*) e χρονος (*chronos*) para o conceito do tempo sugere que os gregos distinguiam períodos ou pontos de tempo individuais que podem ser efetuados por decisões humanas (*kairos*), tirados do decurso do tempo, cujo progresso independe de qualquer possível influência humana (*chronos*). O *kairos* é o espaço de tempo cheio de sentido-significado em que as decisões são feitas e a pessoa deve ter a ousadia de explorar. "Hoje (*semeron*) ou é teu dia de glória [...] ou perdes tua vida, traspassado pela minha lança"[27] (HAHN, 1983, p. 567). Aquilo que foi recebido para *kairon* — "de modo inoportuno" — também tem consequências infelizes no fim (HAHN, 1983, p. 567)[28]. É, portanto, importante levar a sério a chamada: *kairon gnōthi*, "reconhece o momento" (HAHN, 1983, p. 567), e, em toda a atividade da pessoa, achar o "momento oportuno" (DEMÓCRITO, *frag.* 226, p. 340; HAHN, 1983, p. 567), "pequenos favores prestados **no momento oportuno** são os maiores para quem os recebe" (DEMÓCRITO, *frag. 94*, p. 328, grifo nosso).

---

[27] Veja; HOMERO, Ilíada Canto 11, linha. 431

[28] Hahn utiliza de TEOGNIS em *Griechsehe Lyrik*, p. 108/115.

As expressões hoje: [in]oportuno, feito na hora certa, [re]conhecer o momento e achar o momento oportuno marca o sentido de *kairos*, que, por sua vez, está no sentido de *chronos*. Em outras palavras, o sentido do aqui-agora é profundamente marcado pela relação *chronoskairos*, que, usando uma expressão de Lévinas (2002, p. 81), ouso conceituar como "o pertencer à própria significação do infinito". Nesse sentido, Husserl (2001, p. 91-92) analisa o tempo como forma universal de toda gênese egológica. O universo do vivido dá-se na forma universal do transcorrer (passado, presente e futuro). O tempo, a coisa, o número e a representação do espaço são antigos problemas da origem psicológica, e tais problemas [re]aparecem na fenomenologia na qualidade transcendental, com o sentido intencional, e notadamente como integrados à gênese universal. E completa Husserl:

> [...] no interior dessa forma, a vida desenrola-se como um encadeamento de atividades constituintes particulares, determinado por uma multiplicidade de motivos e de sistemas de motivos particulares que, conforme as leis gerais da gênese, formam a unidade da gênese universal do ego. O ego constitui-se para si mesmo em algum tipo de unidade de uma história (HUSSERL, 2001, p. 91).

A importância do conceito existencial do "aqui-agora" leva-nos a refletir sobre a questão da relação entre a temporalidade e a consciência. A experiência de tempo elaborada pela consciência situa-se na dimensão do *kairos*, ou seja, força-nos a pensar um tempo original com um conteúdo de sentido-significado que não pode ser vivido-sentido fora do tempo *chronos*. Segundo Husserl (2002, p. 31), "o que nos interessa são as vivências em seu sentido objetivo e em seu conteúdo descritivo [...], interessam-nos as vivências de tempo". Ao visar à "consciência interna do tempo", buscamos encontrar sua constituição eidética. É neste percurso que Husserl elabora toda uma teoria sobre a "gênese (constituição) passiva e ativa".

> O presente está indissoluvelmente implicado com o passado e o futuro. O tempo da consciência forma uma unidade de implicação entre estes três momentos. Isso nos leva a estabelecer uma suspensão da concepção de tempo advinda do *cogito* cartesiano que nos dava apenas uma experiência momentânea do tempo, somente superada na esfera divina. A consciência interna do tempo em Husserl alcança a posição de ser uma estrutura da própria vida da consciência enquanto intencionalidade e movimento teleológico. Os objetos e os

> fatos históricos não se apresentam à consciência segundo um percurso linear e cronológico. São vivenciados como temporalidade, como a duração de uma melodia ou a contemplação de uma obra de arte. A consciência estende-se numa sucessão vivida de fases, que Husserl denomina de modos intencionais, como a experiência do agora, a experiência de retenção que é a do passado, e a abertura para a experiência do futuro. A consciência imanente do tempo é a base fundamental de toda síntese, pois se circunscreve num horizonte infinito de tempo (CAVALIERI, 2005, p. 293).

O tempo, para Sangue Bom, Audaciosa Espevitada e Cidadão Pleno, é uma experiência elaborada pela consciência localizada na dimensão das vivências, um tempo original com um conteúdo de sentido-significado que não poderia ser vivido fora do tempo cronológico. O sentido objetivo e o conteúdo descritivo dessas vivências fazem-me encontrar a constituição eidética dos meus colaboradores. Em Sangue Bom, o sentido é de mudança sentida-significativa no tempo cronológico:

> Sangue Bom: [...] a minha vida foi mudando com o passar dos anos, com a ajuda dos psicólogos, psicoterapeutas, psicomotoras. Eu era bastante envergonhado, e agora já sou um homem, [...] já está na hora de me virar sozinho (MACIEL JÚNIOR, 2006, p. 57ss).

É no tempo cronológico de Audaciosa Espevitada que surge o sentido da esperança, da imaginação e do querer. É o tempo que traz uma possibilidade. Ela afirma:

> Audaciosa Espevitada: [...] procurei visualizar algo posterior, ou seja, essa cirurgia viria no tempo certo [chronos] e agora teria o acompanhamento certo depois de anos sem ela. Estava no melhor hospital do Brasil, então iria melhorar. Aos 23 anos, fiz a primeira cirurgia de prótese e me preparei para a próxima, que aconteceu em outubro de 2005 (MACIEL JÚNIOR, 2006, p. 58).

Mas o tempo, para Audaciosa Espevitada, acontece na sua consciência estendida, não linear, seus modos intencionais, como a experiência do agora, a experiência de retenção que é a do passado, e é a abertura para a experiência do futuro. O tempo é vivido como a duração de uma melodia. Assim, Audaciosa Espevitada expressa:

> [...] possibilidades são diferentes de limites — algum dia, os limites serão superados — é aquela coisa de viver uma coisa de cada vez — visualizar longe. Vai haver um dia [...] que isso vai ser superado, como já tem sido, tanto que eu que já terminei a minha graduação. Já é um limite que foi deixado para trás (MACIEL JÚNIOR, 2006, p. 58).

Nesse mesmo sentido se dá a relação entre a temporalidade e a consciência em Cidadão Pleno:

> Meus pais eram pessoas sem muita informação e sem recursos suficientes para terem tomado, logo após a minha poliomielite, a iniciativa de levar-me para um tratamento em uma grande cidade, e, por falta de exercícios, tive distrofia muscular nas pernas, o que limitou meus movimentos (MACIEL JÚNIOR, 2006, p. 58).

Portanto, o surto de poliomielite no Brasil em 1967, que também aconteceu numa cidade do interior de Minas Gerais, abriu outras possibilidades para a experiência do futuro do Cidadão Pleno. Ele prevê a possibilidade de ter tido um futuro diferente, pois a lesão que teve, "se tivesse acesso a uma fisioterapia, com certeza hoje andaria com aparelho" (MACIEL JÚNIOR, 2006, p. 58). Se tivesse os recursos que hoje o país possui, Cidadão Pleno tomaria outra decisão.

### 3.2.7 Os juízos morais e dos valores

Ao buscar compreender os sujeitos, não se escamoteiam os **juízos morais** que nos marcam, e muito menos não se [des]**VALORIZAM** (valores): coragem, amizade, amor, enfrentamento, entre outros.

Juízos morais e valores no sentido de um lugar transitório, mas provocador. Estudos realizados por Pinel ([2005], p. 285-6) têm compreendido que devemos mudar nossas subjetividades de exclusão para as de inclusão, por meio de atitudes e ações mais valoradas socialmente, como a solidariedade, o cuidado, a coragem, a ousadia, o conhecer, o solucionar problemas, a humildade, entre outras. Acrescento que podemos ir mais além das subjetividades inclusivas. Podemos compreender e vivenciar subjetividades libertadoras que envolvem tais atitudes e uma ética que permita o sonho e a utopia, assim como colocar entre parênteses as nossas próprias ações exclusivas e opressoras. Uma ética que parta de uma libertação de nós mesmos. Reconhecemos, entretanto, que tais valores são construídos cotidianamente, e que a inter[in]venção [psico]pedagógica é apenas mais um recurso instrumental. Seus efeitos dependerão da ética do educador, da qualidade dos seus currículos (prescritos; reais; ocultos) e dos modos didáticos como trabalha com eles. Daí o meu [des]interesse, como diz Freire,

> [...] de, não importa que ordem, assumir um ar de observador imparcial, objetivo, seguro, dos fatos e dos acontecimentos. Em tempo algum pude ser um observador "acidentadamente" imparcial, o que, porém, jamais me afastou de uma posição rigorosamente ética. Quem observa o faz de um certo ponto de vista, o que não situa o observador em erro. O erro na verdade não é ter um certo ponto de vista, mas absolutizá--lo e desconhecer que, mesmo do acerto de seu ponto de vista é possível que a razão ética nem sempre esteja com ele (FREIRE, 1996, p. 14).

Parafraseando Freire (1996, p. 15-16), digo que os valores de que falo são os que se sabem traídos e negados nos comportamentos grosseiramente imorais, como no corromper hipócrita da pureza em puritanismo. Os valores de que falo são os que se sabem afrontados na manifestação discriminatória de raça, de gênero, de classe. São por esses valores, inseparáveis da prática educativa, não importa se trabalhamos com crianças, jovens, adultos ou com "pessoas com necessidades especiais", que devemos lutar. E a melhor maneira de por eles lutar é vivê-los em nosso quefazer, é expressá-los, de forma vivaz, aos educandos nos horizontes das nossas relações com eles.

Freire (1996, p. 17-18) alerta que não é possível viver juízos e valores sem estar permanentemente exposto à transgressão da ética, e o educador tem exatamente a seguinte tarefa: "fazer tudo [...] em favor da eticidade, sem cair no moralismo hipócrita, ao gosto reconhecidamente farisaico" (FREIRE, 1996, p. 17). É parte, de igual modo, desta luta pelos valores éticos recusar, com segurança, as críticas que vêm na defesa da ética, precisamente a expressão daquele moralismo criticado. O educador faz parte do cuidado da defesa de valores éticos, sem que jamais venham a significar sua distorção ou negação.

### 3.2.8 A escritura — produção de texto — literária e artística

Para apresentar uma **escritura** — produção de texto — **literária**, artística, e outros possíveis, é preciso compreender que uma escritura fenomenológico-existencial pode, dependendo do praticante, ser "apenas" um conjunto instrumental (recursos, técnicas, objetivos, conteúdos). A fim de que essas "inter[in]venções" produzam sentido, insistimos não apenas nos procedimentos, mas naquilo que se mostra nas performances/mediações dos sujeitos colaboradores. Por isso, a sua produção é rica e aberta aos mais diversos saberes, como a filosofia (fenomenológica e humanista-existencial), a psicologia sócio-histórica, e outros saberes invocados, tais quais a "ética como filosofia primeira", em Emmanuel Lévinas; a política da libertação em Enrique Dussel e Paulo Freire; a estética em Maurice Merleau-Ponty, e outros. Valorizamos a literaturalização do texto como revolução dos modos de construir o conhecimento, segundo os modelos propostos pelo paradigma emergente, ao narrar a vida e literaturalizar as ciências.

O ser — cuja etimologia é algo que é afixado solidamente — é, por ora, por nós compreendido como incerto, aberto, desenraizado, finito, à deriva, incompleto. O ser é pleno demais e vive em divergentes significados: abertofechado, finitoinfinito, à deriva e atracado em porto seguro.

No contexto do caminho selecionado por mim, eu recorro aos **mais diversos e aparentemente antagônicos** autores que possam iluminar[29] o **sentido** (rumo/direção) ou **significado**, inclusive buscas instantes na literatura, na pintura, na música e outras formas do humano se expressar. Recorro também aos próprios sujeitos da experiência que se expressem com pintura, música ou poesia ou qualquer outra expressão significativa.

### 3.2.9 A produção de significados: Guia de Significado-Sentido

O Guia de Sentido — Guia de Significado-Sentido ou ainda Guia de Sentido-Sentido —Pinel (2002, [2003b], [2005]) inventou/[des]cobriu/ construiu quando propôs estudar o sentido de um ofício — profissionais não remunerados — na vida de educadores sociais de rua que trabalhavam junto a rapazes que se prostituíam. É uma construção de um "quefazer" sempre aberta ao devir — como instrumento do vivido, do fenômeno situado. O GS procura **produzir significados** de determinada experiência, escutando do outro ou captando no outro a justificação do seu ser — sempre de si mesmo, como em um espelho — o significado que ele mesmo fornece ao que experiência. "Cada um se vê e passa a construir o seu caminho" (PINEL, [2003b], p. 192).

---

[29] O verbo "iluminar" não é usado com o significado iluminista. Na fenomenologia, é o mundo e o outro da experiência que me ilumina.

O GS refere-se à subjetividade afetiva (amizade; coragem; companheirismo; amor; compaixão, ser amoroso etc.) que, se vivida (experienciada) metaforicamente, acopla-se — mesmo de modo efêmero — ao Guia, fornecendo sentido à vida, e é apreendida e descrita por mim, que interrogo, no modo que apreende, procurando fazê-lo o mais próximo às experiências do outro (colaboradores). Pode referir-se a uma atitude ou um valor. Trata-se de "algo interno", sendo um metafórico "imã" a atrair *os modos de ser sendo si mesmo no cotidiano do mundo.*

Você já interrogou a respeito de que é e de como é estar sendo cotidianamente no mundo e "o que lhe está" movendo a viver e a [sobre]viver? Portanto, estudar o GS é propor [des]velar o que [co]move o ser humano. Como diz Lévinas (2005, p. 61 - grifo meu), "somente a glória *numenal*[30] do outro torna possível o face-a-face". O face-a-face afirma a pessoa humana impedindo qualquer negação. O ser humano é o não dito, o não nomeável e o não tematizável. "O testemunho ético é uma revelação que não é um conhecimento" (LÉVINAS, 1982, p. 99). Com base nessa compreensão, é de vital importância psicossocial e sócio-histórica o porquê não se reduz ao fato de eu conhecer o outro (LÉVINAS, 1982, p. 88), que me leva a retomar a questão fundante do sentido de nossa existência cotidiana no mundo. Nesse sentido, Lévinas afirma que

> [...] é próprio da relação com o Infinito é que ela não é desvelamento. No "Eis-me aqui!" da aproximação a outrem, o Infinito não se mostra. Como adquire, então, sentido? Direi do sujeito que diz "Eis-me aqui!" dá testemunho do Infinito. É por este testemunho, cuja verdade não é verdade de representação ou de percepção, que se produz a revelação do Infinito. É por este testemunho que a própria glória do Infinito se glorifica. O termo "glória" não à linguagem da contemplação (LÉVINAS, 1982, p. 98).

A glória do testemunho em Lévinas está na subjetividade responsável pelo Outro; o Infinito significa o transpor as barreiras da imanência, o para além da adequação, além mesmo do próprio desvelar da fenomenologia. Afastar-se como os dois homens da parábola do samaritano é o aumentar das exigências incumbidas à subjetividade; o que em *Totalidade e infinito* foi descrito como a "infinição do Infinito". Há uma palavra clara de Lévinas a

---

[30] É a subjetividade se aproximando do Outro, que não pode ser tematizada ou contida. O que vai além da substância.

respeito disso já no prefácio da *Totalidade e infinito*, em que fala da produção do ser como sua realização e sua revelação:

> A idéia do infinito é o modo de ser – a infinição do infinito. O infinito não existe antes para se revelar depois. A sua infinição produz-se como revelação, como uma colocação em mim da sua idéia. Produz-se no fato inverossímil em que um ser separado fixado na sua identidade, o Mesmo, o Eu contém, no entanto, em si – o que não pode nem conter, nem receber apenas por força da sua identidade. A subjetividade realiza essas exigências impossíveis: o fato surpreendente de conter mais do que é possível conter (LÉVINAS, 1980, p. 14).

Então, ao longo dessa caminhada, quando as dúvidas são interrogadas, no mover-se em direção ao outro, os horizontes estavam abertos para o [des]velar como também para o [re]velar do outro, que é, acima de tudo, o "deixar ser" (LÉVINAS, 1980, p. 16), aprofundamento esse que poderá ficar para estudos posteriores.

Os modos de ser de alguém são singulares, mas podem nos provocar, bem como evocar mudanças, pois só se é singular na pluralidade de ser, são relações entre liberdades que não se limitam nem se negam. Então o outro pode nos [co]mover no imbricamento de mim com o outro e os outros, fusão de parceiros na alteridade, que se afirmam reciprocamente. Elas são transcendentes uma em relação à outra. Há respeito no lugar de pura amizade ou inimizade, o que alteraria o puro cara a cara com o colaborador. O respeito não será uma relação indiferente, mas a condição da ética, como afirma Lévinas (2005, p. 61).

O Guia de Sentido é um estudo que enfoca a relação entre o afetivo e o cognitivo e quanto o afetivo [co]move o conhecimento e me torna responsável por aquilo que não fui (LÉVINAS, 1982, p. 87). "Olhou-se no espelho e se viu nu, como de fato é. Mergulhou na dor e se questionou partindo ao encontro do outro conhecer a partir do outro" (PINEL, [2003b], p. 210).

Podemos chamar o Guia de Sentido de conceito operatório — ainda é, segundo o autor Hiran Pinel (2003), um modo de capturar um termo-guia, o sentido para o outro de si — o colaborador, aquele que está sendo interrogado. Tratando-se, entretanto, mais de dirigir-se

> [...] para a experiência a fenomenologia emprega, necessariamente, uma forma de reflexão que deve incluir a possibilidade

> de olhar as coisas como elas se manifestam. É a volta as coisas mesmas, uma terceira via, uma alternativa proposta por Husserl entre o discurso especulativo da metafísica e o raciocínio das ciências positivas. É a busca da essência, o invariante do fenômeno, pois, se é verdade que o fenômeno se doa ao sujeito que o interroga por intermédio dos sentidos, ele se doa como dotado de um sentido, de uma essência. Se todo fenômeno tem uma essência isto significa que não se pode reduzi-lo a sua única dimensão de fato; se a essência permite identificar um fenômeno é porque ela é sempre idêntica a si própria não importando as circunstâncias contingentes da sua realização (MARTINS; BOEMER; FERRAZ, 1990, p. 37).

O sentido é aquilo que é significativo para os sujeitos que estamos estudando ou abordando em programas de intervenção ou "inter[in]venções" (PINEL, 2002; [2003b]), aquilo que [co]move o sujeito produzindo rumo/direção ao *ser sendo si mesmo no cotidiano do mundo*. Sangue Bom, Audaciosa Espevitada e Cidadão Pleno são [co]movidos, um de forma mais intensa que o outro, pelo desejo, pelo enfrentamento e pela busca dos direitos.

> Sangue Bom: E gosto de ficar na minha e tenho poucos amigos, ainda não casei, mas acho que sou feliz assim, sozinho, mas um dia, se Deus quiser, ele vai mandar uma pessoa certa na minha vida; é difícil de arranjar uma pessoa boa, só que não é difícil de arrumar namorada; eu acho que eu não arrumo porque eu não quero, não vale a pena esperar elas se encantarem por mim, e não é muito bom ficar sozinho; quando a gente estiver em qualquer lugar, é bom mesmo arrumar alguém para conversar e ter amigos. E ser uma pessoa sozinha é isso que estou falando, é ficar só na dele, em casa, numa boa, onde não se sinta incomodado, e morar só (MACIEL JÚNIOR, 2006, p. 63).

> Audaciosa Espevitada: Não percebi, ao longo dos meus estudos, as escolas mais preparadas para me receber. Não, até hoje, muito difícil. Sempre estudei em escolas com escadas, sempre precisei ser carregada. Elas não estão preparadas para me receber. Fiz o meu pré-vestibular todo tendo que ser carregada quatro andares. Os alunos do cursinho, funcionários. Já pensei em estudar nessa mesma instituição, fazer um outro curso, e desisti por causa disso (MACIEL JÚNIOR, 2006, p. 63).

> Cidadão Pleno: Sou extremamente crítico quanto à relação da sociedade com os portadores de [as pessoas com] deficiência. A questão não é apenas o preconceito, que, pela própria acepção, denota quanto equívoco é capaz de veicular. Critico que se deve oportunizar o exercício de direitos e deveres, o acesso à formação profissional, à inserção no mercado de trabalho, ingredientes indispensáveis para uma vivência social salutar que englobe, inclusive, a experiência afetiva, erótica e emocional do deficiente (MACIEL JÚNIOR, 2006, p. 63).

Assim, um Guia de Sentido, um modo de capturar o sentido para o outro de si, é quase sempre um algo de complexamente interno-externo, já os modos de ser sendo são quase sempre "um algo de complexamente externo-interno, apreendido deste mundo mesmo, complexamente social e histórico, hibridamente individual. "Um GS tende, de modo geral, a resgatar as inventividades humanas afirmativas, saudáveis, contrapondo-se a uma tradição psicopedagógica de mostrar as doenças" (COLODETE, 2004, p. 32). Um GS interessa — e muito — à psicopedagogia, pois cabe a essa psicopedagogia interrogar os modos de ser como se apresenta às claras na existência manifesta. O ser é existência mundana — ser incompleto, finito, efêmero ele mesmo, híbrido, complexo, sempre em transição.

A subjetividade está presente nos *modos de ser sendo si mesmo no mundo* e no Guia de Sentido. Entretanto, enquanto a subjetividade se abre para aspectos cognitivo-afetivos, eu, como pesquisa[dor], uso os conceitos operatórios modos de ser e o GS para encaminhar interessadamente pelos impulsos e movimentos da vida afetiva, pois o ser humano não vem dotado de comportamentos [pré]estabelecidos e criativos, vai além do mundo físico, concebendo uma multiplicidade de possíveis, e o seu corpo é visto como expressão e realização de intenção, sentimentos, desejos e projetos.

A pessoa é animada pelas relações imaginárias com o mundo em que o seu organismo se encontra, engajado por um sentido e por um propósito para a vida, criando e descobrindo sentido, exigindo. Nesse contexto complexo, o GS individual — eu — pode se expandir — via interexperiências do eu e o outro para a construção/invenção de um GS mais coletivo mostrado pelo *"nós"*. Isso amplia uma inclusão maior (emancipadora), segundo os modos de *ser sendo* acoplados ao GS, propiciadores de produção/invenção de inter[in]venções de inclusão escolar e social.

O ser de alguém se encontra no cotidiano, que é um espaço propício para o aprendizado. Para Carmo (2004, p. 37), o cotidiano é: "[...] a realidade mundana que é aceita ingênua e simplesmente, como ocorre com a criança [que segundo Merleau-Ponty] percebe antes pensar". Carmo (2004, p. 37) afirma que "[...] a experiência infantil nos oferece uma visão de certo modo exemplar", porque a todo momento realizamos movimentos, gestos, ancorados numa crença perceptiva do mundo e das coisas que nos cercam, sem que a consciência tenha de refletir a todo o momento sobre eles.

Nesse sentido as histórias de vidas dos sujeitos/colaboradores encontrou fundamento anterior ao mundo pensado, possibilitando evitar a divisão sujeito-objeto. Busquei capturar um ou mais sentidos dos meus colaboradores que poderiam — de modo intuitivo, afetivo e racional, com eles compreender um Guia de Sentido — de ser do ser (humano). Pinel afirma que é mister destacar que o GS emerge como numa Figura-Fundo-Figura-Fundo, "uma dinâmica (in)terminável e rica de Fi/Fu, que ora aparecem, ora (des)aparem, ora apenas parecem" (PINEL, 2005a, p. 296).

Colodete (2004, p. 57) entende que um Guia de Sentido mostra "o que" — extraído da experiência vivida do sujeito — fornece sentido a uma existência, quais as atitudes e os valores psicológicos que [co]movem o ser, dão-lhe sentido ou um rumo, uma orientação, uma direção, um significado sentido — que na contemporaneidade é sempre aberto, incompleto, indefinido.

Um GS é captado/capturado, explica Pinel (2003b, 2005b) — como uma Figura que emerge do Fundo — pelo pesquisador, por meio de uma inspiração em trajetória fenomenológica existencial de busca de compreensão. A percepção e o "enunciamento" descritivo do GS impõem ao interrogador que ele se utilize dos envolvimentos existenciais e reflexões distanciadas, sabendo de sua imbricação inevitável, um "misturamento" indispensável, um traumatismo, para Lévinas (2005, p. 123, 126). Esse exercício, por si mesmo — temos de reconhecer sentindo — é prenhe de [im]possibilidades — "suspensão total" [im]possível. Exige também que se compreenda o ser como indeterminado, complexo, sendo seus modos de ser efêmeros. Assim, o GS mostrado/aparecido passa a ser Fundo para outras Figuras, e assim em diante.

O sentido está aí no mundo mesmo, numa imbricada produção. Dartigues (1973, p. 13), entende que a fenomenologia husserliana "se propõe como fazendo ela própria, às vezes, de ontologia [...], o sentido do ser e o do fenómeno não podem ser dissociados", essa não dissociação se constitui na base fundamental em que se assenta a fenomenologia. A complexidade, que daí se compreende, está sempre disponível a nos penetrar e nos marcar,

> [...] mesmo que seja sempre incompleto, pois penetra preferencialmente o ser, e o ser sendo no mundo é o que é: inconcluso, aberto, estranho! Doméstico, [in]seguro, homem! Mulher, provisório, problemático, louco! *São...* Ser sendo híbrido, complexo, complicado (informação verbal)[31].

Didaticamente — pois, nas nossas vivências, todo esse exercício é complexamente híbrido — posso dizer que não é possível não me envolver existencialmente e ao mesmo tempo me distanciar reflexivamente da escritura propriamente dita do documento, e depois na análise disso aí mesmo. Para Colodete (2004, p. 59), aquele que interroga ocupa um duplo lugar, o lugar das experiências anteriores e do cientista influenciando na análise do texto e o [des]velamento do GS. Com as compreensões de Lévinas (2005, p. 101), que destaca no pensamento husserliano que "toda a experiência de objeto deixa o eu atrás não o tem diante dela", eu posso lidar com os meus colaboradores como pessoas falantes, e não "sujeitos mudos", pessoas sem direitos. Toda a obra husserliana aponta para um sujeito que vive tem os objetos idealmente presentes em suas vivências, em suas histórias de vida. Por exemplo: as medicações, a cadeira e as bengalas para os sujeitos que interroguei.

Lévinas (1967, p. 20), compreende que a fenomenologia husserliana ao dirigir sua crítica ao psicologismo, distingue aquilo que é vivido e aquilo que é pensado, o que permite supor a consciência enquanto pensamento. Por esse prisma, a fenomenologia considera a vida do espírito como dotada de pensamento, o que me leva a afirmar que o relacionamento com os colaboradores nessa relação é o de estar face-a-face — é caminhar com eles. Não tem sido um estudo abstrato sobre essas pessoas, mas "junto com". O respeito e a liberdade da pessoa humana são direitos fundamentais, tanto como alguém que quer aprender quanto na ação.

Assim, a "interexperiência" também é duplamente impregnada pela Ética: ética nas inter[in]venções psicopedagógicas e ética na pesquisa. De acordo com Lévinas (2005, p. 269),

> [...] a ética, o cuidado reservado ao ser do outro-que-si-mesmo, [...] seria o abrandamento dessa contração ontológica que o verbo ser diz, o [des]inter[essamento] rompendo a obstinação em ser, abrindo a ordem do humano, da graça e do sacrifício.

---

[31] Anotações do Seminário Avançado Cinema, Fenomenologia Existencial e Educação Escolar e Não-Escolar, professor doutor Hiran Pinel, PPGE/UFES, janeiro de 2006.

É na relação pessoal, do eu ao outro, que o "acontecimento" ético, assim chama Lévinas, caridade e misericórdia, generosidade e obediência, conduz além ou eleva acima do ser.

Um ou mais Guias de Sentido não aparecem como cristais definitivos, pois o ser (humano) e seus modos de ser não são definitivos, nem sólidos cristalizados, nem uma região que configura um mapa imutável. "A percepção da coisa [objeto sensível] é um processo infinito", diz Lévinas (1967, p. 37). Nós só temos acesso ao que se [des]vela por meio dos infinitos lados, aspecto e faces que ela nos oferece. Nada garante que os aspectos dos sujeitos que se [des]velam, que vão se realizar ulteriormente, não venham a contradizer o que aqui se constitui até então. Um GS acompanha o ser e seus modos de *ser sendo* — um sempre algo que impõe alternativos modos de existir, nunca completos — cotidianamente vividos no mundo.

Primeiro descrevemos um GS, depois apreendemos diversas subjetividades-objetividades mostradas pelos colaboradores; numa descrição interdinâmica de Figuras e de Fundos, o que poderá possibilitar a construção **modos de ser sendo si mesma no cotidiano do mundo**, consideradas, entretanto, como modos de ser efêmeros e complexos.

A proposta de Pinel é marcada por uma percepção gestáltica de retirar-se do Fundo uma Figura; das imagens difusas, uma [im]possibilidade; repentinamente emerge um sentido diante de nosso olhar que revela fragilidades/fortalezas, belezas/feiuras. Ressalto que o sentido pode ser localizado entre uma experiência-surpresa, uma percepção gestáltica. Para Frankl (1997, p. 123), a percepção gestáltica é o sentido pessoal em uma situação concreta, em um ponto intermediário entre uma experiência de percepção imediata (ah!), uma percepção-surpresa. No que se refere à *Gestalt*, Frankl entende que

> A percepção do sentido difere do conceito clássico de percepção de Gestalt na medida em que esta última implica a súbita consciência de uma "figura" num "fundo", enquanto a percepção do sentido, como eu vejo se reduz mais especificamente a tomar consciência de uma possibilidade contra o pano de fundo da realidade ou, para expressá-lo de modo mais simples, perceber o que pode ser feito em determinada situação (FRANKL, 1997, p. 123).

O GS é algo (valor, atitude, energia etc.) que move o ser a ser si mesmo no mundo. Também pode ser um instrumento de coleta e análise das descrições obtidas nessa relação, em que se descrevem esse algo ou outros valores, atitudes, energias. Pode também ser [des]velador de modos de ser no encontro face-a-face com o outro para o qual o eu é eleito, ou condenado, chamado a responder pelo outro, uma responsabilidade infinita.

### 3.2.10 A questão da "trajetória de interrogação": um caminho para o *eidos* do fenômeno

Uma "trajetória de interrogação" trata de um caminho selecionado por mim e que tem significado e sentido para mim. É um caminho que eu preciso percorrer bem e que atenda às propostas de postura do interroga[-dor], com sua visão de mundo, com o seu eu situado no mundo.

A outra observação que se apresenta para o interrogador de inspiração fenomenológica é em geral a proposição do problema. Martins, Boemer e Ferraz (1990) afirmam que, em um percurso fenomenológico, você não tem um problema, o professor, o pesquisador, o interrogador não tem um problema para oferecer ou encontrar respostas definitivas, para consertar ou para reparar. Por exemplo: os professores de Sangue Bom não tinham a tarefa de consertá-lo como algo defeituoso. Esse interrogador tem suas dúvidas sobre alguma coisa e, quando há dúvidas, ele **INTERROGA**. Enquanto interroga, terá uma **trajetória**, estará caminhando em direção ao fenômeno, naquilo que se manifesta por si por meio dos sujeitos que experienciam a situação.

Nessa postura, não fala, por exemplo, em isolamento (Sangue Bom), beleza (Audaciosa), e direito e trabalho (Cidadão); mas sim fala de estar vivendo a experiência de alguém que cuida dos seus modos de ser isolado, dos modos de ser bela de viver subindo escadas (as lutas para estudar) e viver compreendendo direitos, aprendendo e trabalhando. Aí está, portanto, o fenômeno situado. Assim, quando interroga, fala em aprender a conviver, em aprender a cuidar do corpo, em aprender a acessar a formação, a profissão, a aprendizagem, está satisfazendo um conjunto de conceitos que foram transmitidos e avaliados em termos de saber ou não saber, mas a experiência do conceito não está sendo avaliada ou medida. É preciso situar o fenômeno e ter então fenômenos situados, e não soltos; assim se estará interrogando o fenômeno, e não procurando solução para um problema.

Martins, Boemer e Ferraz (1990) afirmam que o que está em foco para aquele que faz o trajeto é o fenômeno, e não o fato. O fato é, de certa forma, controlado após haver sido definido. A ideia de fato como é concebida tem os seus fundamentos na lógica e no positivismo clássico, que veem o fato como tudo aquilo que pode se tornar objetivo e rigoroso como objeto da ciência. Na vida de Sangue Bom, a questão do autismo tem sido objeto da ciência durante a vida dele e da família. Na vida de Audaciosa, ela mesma se autodefine se subirá as escadas, ou fazer suas cirurgias. E o Cidadão Pleno decidiu não submeter-se a clínica, mas perseguir os seus desejos.

Quando há fatos, há causalidade, repetitividade, controle. Sempre que houver uma teoria positivista, haverá relação causal de um acontecimento que foi segmentado, que foi posto ou em um laboratório ou sob a visão de profissional ou pesquisador empírico-lógico.

Quando você se inspira na fenomenologia, buscará suspender princípios explicativos, abstrações ou qualquer indicação definidora do fenômeno a priori; você iniciará o seu movimento interrogando o fenômeno apenas. Isto não exclui o seu pensar, ou as ideias e opiniões que você de imediato tenta explicar sobre o fenômeno que se apresenta a você. Quando você está frente a frente com uma "pessoa chamada deficiente", para compreendê-la como pessoa, será preciso suspender suas explicações de cunho psicológico, e/ou médicas, e/ou tentativas de entender o que ela tem (o funcionamento do corpo dela; qual seria o defeito de Sangue Bom?) e fazer o seu movimento para entendê-la como ser sendo no mundo que ela manifesta para você. A pergunta é: **quem é o cego que está diante de mim**? E não: o que é a cegueira? Ou o que a ciência diz sobre a cegueira? Como podemos ajudar para que ele deixe de ser cego?

Ao recusar os conceitos prévios, os teorismos e as explicações a priori, já existentes, busquei uma atitude fenomenológica diante desses conceitos, normativismos e explicações construídos sócio-historicamente, busquei não partir nessa trajetória de um marco zero ou de um vazio, pois não há como não viver impregnado por minha sócio-historicidade. Vive-se em um pré-reflexivo, e, enquanto esse pré-reflexivo não se torna reflexivo no sentido de "tomar consciência de", ainda não se tem uma compreensão do fenômeno.

Busquei uma atitude fenomenológica diante das abstrações (as explicações da medicina, por exemplo) sobre a deficiência que os meus colaboradores tinham; é certo que as abstrações estão presentes, mas o que se precisa evitar é que ela influencie o meu interrogar, porque, se isto ocorrer, já terá obtido respostas — o como consertar. A trajetória de inspiração fenomenológica, portanto, diz respeito a um interrogar não fatos, mas fenômenos, e envolve um pensar a priori aquilo que está sendo interrogado.

Ao evidenciar as atitudes naturais em Sangue Bom, como ter aulas e um bom treinamento, percebo que significam eficiência e superação das dificuldades; e que, quanto mais medicações usar, maior controle e supõe-se que melhores resultados terá, pois as consequências das medicações certas e precisas serão inevitavelmente resultados precisos, porquanto todos esses esforços de profissionais deram como resultado uma recuperação de dificuldades que passou em sua vida. Um tratamento psicológico de 22 anos é mais do que prova de que Sangue Bom, como ele disse "estava curado de todas as dificuldades que tinha" (MACIEL JÚNIOR, 2006, p. 69). São as ciências naturais a serviço do tratamento das causas das enfermidades e deficiências. Em Sangue Bom, e de certa forma em Audaciosa Espevitada, basta tratar as causas, que os efeitos serão outros — o pensamento cartesiano. Portanto, Sangue Bom e Audaciosa Espevitada têm explicações corretas sobre o que lhes acontece e sobre quem são. O fato está bem dominado por eles, mas, quando partem para o relacionamento com outro, surge, por parte da sociedade, toda uma quantidade de preconceitos e negações. Situações sobre as quais Sangue Bom não tem controle, e que Audaciosa Espevitada percebe e sublima, pois, para Sangue Bom, as suas definições não dão conta do jogo, das brincadeiras e das nuances dos relacionamentos; e, para Audaciosa Espevitada, a sua comunicabilidade e sua eficiência não lhe atendem.

Cidadão Pleno e Audaciosa Espevitada veem-se presos às relações de causa e efeito quando lidam com diagnósticos que determinam seus modos de ser e seu tempo de vida. Quando cirurgias são malfeitas, causam [dis] sabores que reforçam as relações de causa e efeito com a vida. As cirurgias no melhor hospital seriam a eliminação da [defi]ciência.

Sangue Bom, Audaciosa Espevitada e Cidadão Pleno têm dimensões de uma consciência ampliada, pois eles relacionam-se com outras pessoas e percebem a necessidade do outro. Superam dificuldades, desenvolvem sentimentos religiosos, têm gosto pelo belo por meio de suas experiências e lembranças, irritam-se quando sacaneados, gostam de brincar, percebem-se iguais a todos, assim como suas diferenças e diversidades, possuem muitas lembranças "boas e fantásticas", vivem uma relação significativa com o tempo, há otimismo neles, deparam-se com o dolorido e o provisório, com a fantasia, com a esperança, projetam o futuro, antecipam, buscam realizações, têm afeto e gostam de ficar sozinhos em alguns momentos.

4

# INTERROGANDO E DESCREVENDO A TRAJETÓRIA INTERROGATIVA

## 4.1 Interrogando os sujeitos

Quero conversar com você neste tópico sobre as diversas interrogações que tive e continuo tendo ao longo da minha experiência de *ser sendo* cientista da educação. Uma interrogação fenomenológica existencial vai se ampliando — ou não — de acordo com isso aí mesmo.

No meu caminhar interrogativo, produzi e/ou inventei diversas perguntas, as que iam me provocando e evocando possibilidades de investigação. Ao fim, fiz opção por duas que estão destacadas (negrito) e formam os itens 4.1.1 e 4.1.2 a seguir. Entre elas, as interrogações que me instigaram, que são análises em formas de questões.

### 4.1.1 A primeira questão: qual a experiência de ter sido — e estar sendo — aluno?

Fui instigado pela questão: quem é a pessoa que precisa de "*saber-prática*" ou "*quefazer*" denominado de educação especial numa perspectiva inclusiva? Como, conforme a perspectiva do "*ter sido*"[32] frankliano, posso ver/desvelar a verdade (aquilo que me revelado pelo outro) do ser?

Devo realmente dizer que alguém tem necessidades educacionais especiais? Esse sujeito se apropria da sua existência, ele é uma pessoa? Ele — por meio de suas narrativas — se apropriou dela, isto é, da sua existência?

---

[32] Frankl (1997) diz que a forma mais segura de ser do ser (humano) é o de ter sido (passado).

### 4.1.2 A segunda questão: como a filosofia fenomenológica e a psicologia fenomenológica existencial podem contribuir na apreensão, descrição e compreensão desse sujeito da experiência?

Um "olhar/sentido"[33] antropológico-existencial possibilitará compreender esse ser que precisa de educação especial numa perspectiva inclusiva? Analisando a base teórica fenomenológica existencial, que pistas o "olhar sentido", pelo ângulo da antropologia filosófica existencial e fenomenológica, oferece de como devo chamar essa pessoa com quem eu me importo? Devo denominá-la? O nome "educação especial", mediante uma perspectiva antropológico-fenomenológico-existencial do ser humano, é o melhor?

Será o sujeito incluído? Será o sujeito idealizado da inclusão? Será o sujeito medicalizado? Será o sujeito que carece de escuta[34]? Será o sujeito atendido por clínicas? Será o sujeito atendido pela escola e/ou classe especial? Será o sujeito de "profissionais de saúde"? Será o sujeito da "falta"? — falta-lhe algo, por isso carece de cuidados especiais?

Será o sujeito da "demanda"? — cuja presença exige do professor planejamento/execução e avaliação de programas educativos especialmente para o discípulo. Será um sujeito da rejeição? Da piedade? Da compaixão? Do estranhamento?

Ou será o sujeito: da coragem? Do enfrentamento? Da provocação? Da evocação? Da resistência? Da resiliência? Ou será o sujeito de mim mesmo, por isso o temo ou o aceito? Será o sujeito desapropriado de si mesmo no mundo e do outro — sempre de si? Será um sujeito oprimido? Será o sujeito das experiências positivas e/ou negativas? Será o sujeito herói? Será um herói cotidiano? Suas histórias orais são de embates heroicos? Será sujeito comum que merece aulas iguais a qualquer um?

### 4.2 Contextualizando as questões

Nos últimos seis anos, tenho tido uma vivência intensa com pessoas com necessidades educacionais especiais. Foi impossível não vê-las, impossível não amá-las, impossível não cuidar delas e dos meus modos de cuidar e saber viver. Por isso, escolhi a perspectiva fenomenológica exis-

---

[33] Olhar sentido = olhos (olhar) orgânico e perceptivo; sentido = direção/rumo/norte; sentido = sensações psicofisiológicas.

[34] Se, para ser, necessito do outro (sempre de mim, no sentido de alteridade), ser escutado é vital na pontu[ação] do existir do ser do sujeito ou do sujeito do ser, um sujeito entre sujeitos.

tencial como lentes poderosas (bases teóricas) para conhecer como é ser e sentir-se uma pessoa excluída, deficiente e latino-americana. As pessoas colaboradoras que são apresentadas neste livro são parte dessa perspectiva; e, em suas vivências e seus modos de ser, experimentam a exclusão, o *ser sendo* deficiente e sua sócio-historicidade latino-americana.

> Audaciosa Espevitada: Fiz uma cirurgia no Rio de Janeiro, mas foi muito malfeita. Ao longo da minha vida, tomei todos os remédios possíveis e anualmente voltava ao Rio de Janeiro para continuar o tratamento. [...] Aos 17 anos, fui ao Hospital Sara Kubitschek em Belo Horizonte e os médicos diziam que o meu caso só se resolvia com cirurgia de prótese em todas as juntas (MACIEL JÚNIOR, 2006, p. 72).

> Cidadão Pleno: Eu me chamo Cidadão Pleno e tenho oito irmãos. Em 1967 tivemos um surto de poliomielite no Brasil. Vivia no interior de Minas Gerais, em uma cidade de aproximadamente 15 mil habitantes, com uma economia baseada na agricultura de subsistência, localizada na divisa entre os estados de Minas Gerais e Bahia (MACIEL JÚNIOR, 2006, p. 72).

### 4.2.1 Ouço algo. Que é — quem é?

A revelação do outro por seu grito desesperado em busca de justiça, depois por sua palavra que parte de si, e não de um ser alheio, é o momento em que sou despertado para a existência desse outro, que é outro, e não o mesmo. Justamente por ser uma palavra por meio da qual o outro se diz, partindo de si mesmo, ela é uma [pro]vocação a mim, que ouve. Impossibilitado de justificar tal palavra de outrem e no interior de minha totalidade, busco superar esta última rumo ao emissor da palavra. Nessa minha busca, que é uma resposta à [pro]vocação sofrida, o ser é obrigado a transcender sua totalidade a fim de encontrar o que é que grita de mais-além. E encontra, ao transcender, não o **QUE**, mas **QUEM GRITA**. Encontra uma pessoa, um outro como sujeito com [de]ficiência, com/sem autonomia, com/sem liberdade, igual e diferente.

Esse quem que grita é um ser vivo e está próximo de mim. Ele não é uma mera categorização vazia. O outro, em Paiva (2006), por exemplo, é a criança e o adolescente em situação de rua, uma experiência que os expõe aos diversos riscos (fome e frio, uso e tráfico de drogas, ausência da família e da escola, que a sociedade inventou como benéfica).

Na mesma situação — guardando as diferenças na pluralidade de *ser sendo* — pode-se incluir o autista, o deficiente mental, o cadeirante, e assim por diante. O outro (alteridade) está ali, e eu me posiciono diante dele. Esse outro tem uma demanda que eu criei na medida em que me pus a escutar as histórias de seu sentido de *ser sendo* dele aqui (lugar) e agora (tempo) do mundo-da-vida.

Quando fala de outro, Dussel não categoriza, mas refere-se a homens e mulheres que vivem ao nosso lado. Trata-se em Dussel do outro mesmo, assim como do sujeito que também metaforicamente se enxerga no outro como em um espelho[35] cristalino e translucido, que alimenta aquela relação de ajuda que é o cuidar (PINEL, 2005b, 55-56). Refere-se "à mulher camponesa e proletária que suporta o uxoricídio[36]. À juventude do mundo inteiro que se rebela contra o filicídio[37]. Aos anciãos sepultados vivos nos asilos pela sociedade de consumo" (DUSSEL, 1977, p. 5).

Tamanha sensibilidade de Dussel, que parece falar de si conforme os sentimentos de sentido do outro, o faz [pre]sentificar-se existencialmente como intelectual a favor dos abandonados e rejeitados. Podemos, a partir daí, inferir que a pessoa com deficiência, dentro de uma sociedade e cultura que a patologiza por meio de diagnósticos sumarizados (barreiras cientificistas) — com um único termo, que substitui o humano por uma palavra denunciadora da falha — e hiperclinicadas (as-sujeitada da clínica), torna-se um outro sem reflexos, assim como a beleza de sua alteridade é empalhada e ofuscada. Ficamos indiferentes a ela como se outro-não-fosse, mas que é nossa responsabilidade ética (LÉVINAS, 1982, p. 87 *et seq.*) no mundo.

O "deficiente", olhando-o bem no "nosso" espelho, só é assim rotulado pois a cultura e a sociedade não se abrem a ele (outro) com suas diferenças. Não o acolhe de fato, com estratégias exequíveis para suas expressões nessa relação de si com o outro. Nesse contexto, emergem pessoas que se exprimem, no dizer de Pinel (2005a), no Guia de Sentido, [pro]curando, eles mesmos na relação com o outro da solidariedade, tornar-se supera[dores]. Pinel (2005b, p. 48-56) descreve esse outro de nós como pessoas interessadas nos aspectos inclusivos, com mais atitudes que facilitam o crescimento

---

[35] "Olhou-se no espelho e viu-se nu, como de fato é. Mergulhou na dor e questionou-se partindo ao encontro do outro conhecer com base no outro" (PINEL, 2003, p. 209). O espelho é sempre um objeto exterior a mim ao olhar o espelho, e não estou justaposto ao outro, "pois então não seria a mim que o outro veria e não seria a ele que eu veria" (MERLEAU-PONTY, 1994, p. 8).

[36] Assassínio de mulher cometido por quem era seu marido.

[37] Homicídio do próprio filho.

e aprendizagens de quem clama por superação, revelando-se nas relações interpessoais oferecidas, impregnadas de escuta, de empatia, de aceitação incondicional, de honestidade. Posso afirmar que para além da formação acadêmica, do domínio das linhas de teorias do seu campo profissional que sozinhas contribuem no crescimento do outro, mas suas atitudes advindas de sua humanidade no mundo, da sua percepção do contexto e da situação vivida, e da eliminação das práticas da dominação e do ensino bancário (FREIRE, 2005, p. 70-74). "Não se trata de pensar conjuntamente o eu e o outro, mas de estar diante. [...] não é uma junção de síntese, mas uma junção do frente a frente" (LÉVINAS, 1982, p. 69).

Mas na existência não existem apenas as pessoas significativas, pois uma relação pode ser para pior ou para melhor. Barreiras existem! Uma dessas barreiras, **em alguns casos**, pode ser a escola e seus agentes legitima[dores]. A pessoa reconhecida e enunciada com "deficiência" explícita — numa sociedade que não responde às suas demandas de aprender conteúdos escolares — torna-se um outro que grita para ver e sentir se nossos ouvidos estão abertos a escutar. Ele deseja autonomia e libertação por meio das propostas pedagógicas, e a escola "discursa" que esse é um dos seus objetivos.

Na escola, junto a pessoa "deficiente", podemos descrever que a **emancipação é excluída** do seu "sentir-pensar-agir" (PINEL, 2003b, p. 23). A pessoa com deficiência, algumas vezes, quando lhe é permitido denunciar, descreve a não aceitação da escola de sua pessoa-aprendiz, e, se não fala, podemos observar quando estamos numa escuta empática.

A escola — como agência que controla corpos e legitima o poder dominante e outros poderes — atua prendendo o sujeito que é da libertação — movimento e vida (LÉVINAS, 1980, p. 284). Na ação cotidiana, há coisas belas e inventivas, mas tendemos a sugerir que são fortes ainda as coisas da opressão e alienação. Não é nada explícito, pois, se o fosse, o inimigo estava declarado oficialmente, e à democracia caberia metaforicamente "impor a espada".

O movimento inclusivo, por exemplo, é uma das tentativas intencionais de marcar o cotidiano com mais tolerância e sensibilidade para com o outro (sempre algo de nós mesmos). Mas ainda predominam linguagens de oposição; que são constituidoras das subjetividades; que conduzem as ações, que deveriam ser inclusivas. Pinel ([2005], p. 295, 2005a, p. 304) descreve a importância de se fazer emergir uma ou mais "subjetividades inclusivas", disposições afetivas e cognitivas (aspectos indissociados) em conduzir um processo psicopedagógico e psicossocial.

As subjetividades dos "artesãos" escolares ainda estão presas e armadas contra o estabelecido, ou seja, de que o outro muito diferente de mim só aprende se tiver apoio hiperclínico, em salas especiais, com professores formados e especializados para cada deficiência. O humano perde-se nesse mosaico de *ser sendo*, tornando-se coisificado. Por isso, recusamos nos ver no espelho do outro, que, para nós, não é bem polido, deformado que é por natureza (PINEL, [2003b], p. 165-174). Caetano Veloso (SAMPA, 1978), na sua poética, diz que "Narciso acha feio aquilo que não é espelho", e aqui a arte popular aparece para pontuar essa verdade.

"Aqui há um jogo de empurra-empurra quando se fala da inclusão de um deficiente na sala de aula, especialmente o mental, que ameaça mais a professora, que acha que não cumprirá seu papel de ensinar e dar nota 10 a quem aprendeu", disse-me uma pedagoga (informação verbal). O discurso dela parece pontuar que o outro ameaça a arrogância do ensinante que deseja ensinar de modo homogêneo. Esse professor não enxerga possibilidade de atender aos estilos individuais de aprendizagem; que, antes de saber utilizar de métodos e técnicas de ensino-aprendizagem, carece de uma subjetividade, bem definida por Pinel de "subjetividade inclusiva"[38].

O [des]cuidado que aparece no cuidado, caracterizado por subjetividades como compaixão e descrença na autonomia do ser humano, mostra-se em ações de rejeição, desprezo, sentimento que incapacidade de ajuda, descrença no crescimento do outro e o impacto da proposta educativa.

Esse tipo de conduta expressa que "cercar" o deficiente e não deixá-lo "**ser sendo** si mesmo no cotidiano do mundo da libertação" acaba por produzir no outro (tornamos a repetir que esse outro é nossa imagem, o de si, mas também é assimétrico) subjetividades danosas e que se incrustam no **ser sendo** mais profundo da pessoa com deficiência, que passa a desvalorizar-se, menosprezar-se. Passam tais pessoas a depender do outro, e esse outro rígido e do excessivo cuidado patológico não é referência de mudança nem de si nem de ninguém.

---

[38] A formação é fundamental para construir a profissionalidade docente, e não só para preparar os professores do ponto de vista técnico, científico ou pedagógico. A formação de professores e a profissão cresce construindo vigor, força, valorização e atuação para além do domínio das disciplinas ensinadas ou das didáticas. A formação de professores depende da profissão docente. E vice-versa. Os profissionais não são como uma "variável de distúrbio" de incompreensão, mas sim como sujeitos da experiência no processo da aprendizagem. O meu percurso busca compreender o fenômeno, o que está longe de apontar para qualquer segmento da escola com discurso que produza responsabilização ou culpabilização do profissional de forma individualista e caricaturesca.

Professores não inclusivos (subjetividade de exclusão) não atuam evocando *ser sendo* um outro que permite ao outro **ser sendo** o que ele deseja *ser sendo*, e *ser sendo* mais, isto é, um apropria[dor] dos conteúdos que a escola ensina.

Entretanto, quando essas pessoas irrompem na sua totalidade humana (pessoa total), não mais podem ser objetivadas. Elas mostram essa subversão, oposição ao que é esquizoide. Ela deseja e mostra-nos "modos de *ser sendo* si mesma no cotidiano do mundo" e impõe sua subjetividade que se mostra nas suas ações no mundo. Nesse sentido-sentido, a pessoa com deficiência que é sujeito da autonomia abre-se às possibilidades de novos e alternativos relacionamentos com este outro que não precisa necessariamente ter diplomas/práticas dominadoras-bancárias, mas atitudes e posturas de aceitação, permissão e de ensino.

Vê-se logo, diante desse **ser sendo** que impõe sua libertação pelo outro significativo, que suas ações rompem a bolsa de nascituras, "sujeito nascido" (PINEL, 2005a, 274), exige nascimentos e fá-lo com indisfarçável liberdade, numa liberdade que, ainda bem, nos perturba e nos estranha. Pessoas nascidas assim são os "protagonistas estrelares" (PINEL, 2005a, p. 278) de uma luta que insiste em vir à tona, de um sentido que mostra o papel do outro significativo nessa restauração do que traz dentro de si no mundo, sua autonomia e liberdade!

### 4.2.2 Vejo-as face-a-face?

Vou contar algumas dessas minhas "experiências" marcadas pelas impossibilidades de não me entregar ao outro — sempre algo de mim.

Eis o drama de uma menina que dizem ser "autista". Ser um rótulo, mesmo em doenças orgânicas, é algo muito complexo de se fazer (o que faz as ciências médicas), pois é uma tentativa de aprisionar a loucura, o anormal, padronização de condutas e classificação. A menina parece sentir isso na pele: "o que eu tenho?" - ela parece interrogar. Ela me tem, nas minhas impossibilidades de deixar de *ser sendo* cuida[dor]. Bem, eu sei — já me contaram — que ela teve uma convulsão cerebral ao nascer. Entretanto, no início foi diagnosticada nela paralisia cerebral. Depois se diagnosticou deficiência mental. Outra vez um tumor no cérebro. Tudo muito rápido e ao mesmo tempo. Como ela deve viver isso? É uma pessoa que vive dentro de casa. Pinel (2002, p. 59-61), recordo-me, diz que o lar é o porto-seguro, o refúgio do *ser sendo* filha, um canto de aconchego, e lá fora é insegurança. Para essa menina, será isso? Que desejos ela esconde por não poder revelar como impomos uma revel[ação]? Suas oportunidades de experimentar o mundo fora do lar são poucas; falta-lhe a mediação de sua família mais dinâmica com as vivências do mundo — mundanidade de estar absorvida no mundo.

Outra pessoa que muito me evoca a cuidar! Trata-se da vida de um jovem com o transtorno de Asperger[39]. É uma pessoa autista cuja família, por meio de grande esforço e dedicação, procura envolvê-lo naquilo que chamam vida. Ele participa da igreja com os pais, estuda e já concluiu o ensino médio, sabe usar um computador. E sua família indaga quanto ao futuro, demonstrando [pré]ocupação: como será ser e sentir o futuro após a morte dos pais? Quanto ao trabalho: que ocupação (trabalho) pode ter? Ocupação que dê dignidade, aumente a autoestima e cumpra papel socioeducativo? Quanto à sexualidade: como vivenciará sua sexualidade, seus relacionamentos amorosos e afetivos? "O sentido-sentido de ser sexual" do filho. Como é *ser sendo* sujeito com necessidades especiais por deficiências na sua expressão sexual? Um dos modos de cuidar é [pré]ocupar-se com o outro, destaca Pinel ([2003b], p. 161).

Outra história é de um jovem paraplégico. Seus membros inferiores — desde os 3 anos de idade — apresentam lesões em consequência de poliomielite. Ele é formado, estudou Letras numa universidade. Luta[dor], parece ser autor de sua própria vida — ou, no dizer de Pinel (2005a), "nascido estrela protagônico". O que é e como é ser pessoa com necessidades especiais por deficiências na sua existência de aprendiz em contextos escolares e não escolares? Estudar, namorar, praticar esporte, trabalhar, "transar"[40], viver em família e as demais dimensões humanas?

Ou ainda: uma jovem muito alegre com artrite reumatoide juvenil. Adoeceu aos 5 anos de idade e vivenciou três erros médicos. Com apenas 6 meses de vida, suas juntas atrofiaram repentinamente e foi diagnosticada com "distrofia muscular progressiva". Ela conhece os rótulos que lhe são atribuídos. Sua expectativa de vida na época com esta doença era de dez anos. Hoje, depois de várias cirurgias, ela está disposta a contar a sua história.

Todas essas pessoas me instigam. Minha escolha recai, entre as quatro, sobre as três últimas para uma narrativa escrita, história oral de vida, do conjunto de sua experiência de vida.

---

[39] Caracterizado por uma alteração qualitativa das interações sociais recíprocas, com um repertório de interesses e atividades restrito, estereotipado e repetitivo. Não se acompanha de retardo ou deficiência de linguagem ou do desenvolvimento cognitivo. A ausência de atrasos de linguagem significativos não implica que esses indivíduos não tenham problemas de comunicação.

[40] Manter relação sexual. Optamos — intencionalmente — pelo discurso do sujeito.

## 4.3 Descrevendo a trajetória

> *Quando um cientista não sabe a resposta para um problema, ele é ignorante. Quando ele tem um palpite sobre qual é o resultado, ele não tem certeza. E quando ele tem certeza absoluta de qual será o resultado, ele fica com alguma dúvida. Achamos de suma importância que, para progredir, devemos reconhecer a ignorância e deixar espaço para a dúvida. O conhecimento científico é um corpo de declarações de vários graus de certeza – algumas muito incertas, algumas quase certas, nenhuma absolutamente certa*
> *(Richard Feynman)*

Ao analisar o que coletei, a primeira questão que se apresenta a mim é: o que eu busco nas descrições? Eu busco o invariante, o que permanece, aquilo que aponta para o que o fenômeno é, o *eidos* — o sentido.

Em geral, eu me propus uma questão orientadora para essa descrição. A análise dessa coleta vai ocorrendo de forma simultânea, em um constante processo de descobertas. O **interrogar** envolve necessariamente um pensar sobre aquilo que estou interrogando. O meu pré-reflexivo é o meu pensar.

Você perceberá sempre uma lacuna que pode ser preenchida quando ler este livro ou cada vez que encontrar uma pessoa público-alvo da educação especial: é isso mesmo que a fenomenologia compreende, o estudo não para, é dinâmico, generativo e nunca estará concluído, pois haverá sempre novos sentidos/compreensões que serão percebidos.

Por isso, acredito firmemente que fomentar atritos e conflitos metodológicos nada acrescenta ao avanço de qualquer saber como um todo; e significa, no mínimo, retrocesso e um desgaste desnecessários. O que considero extremamente relevante entender é que cada método dá conta de uma parte desse todo; e nenhuma metodologia, por si, traz respostas finais a toda complexidade do ser humano. São caminhos diferentes e que precisam ser bem percorridos por qualquer um com sua abordagem metodológica. É o caminho que faz sentido para mim e você e que lhe dá a grata satisfação de contribuir para o avanço do conhecimento.

### 4.3.1 Quem são os sujeitos que estão diante de mim?

A minha interrogação surge nos encontros que tenho como estudante e como professor. Nesses encontros, esses interlocutores interrogam e são interrogados quando apreendem e me desafiam a compreender sobre o "sujeito público-alvo da educação especial". Por outro lado, durante todo o percurso, inquietava-me a questão instigada por eles, mas que já me pertencia — tendo eles trazido tal tema a lume de mim e compatível aos modos de pressupor uma expectativa de resposta.

Mas a interrogação proposta foi se ampliando, pois uma interrogação em fenomenologia nunca é estática, porque está aberta ao campo onde se coletam os dados. Então ela, a interrogação, foi se mostrando da seguinte maneira:

- Quem é, o que é e como é *ser sendo* com necessidades educacionais inclusivas em contextos escolares e não escolares?

Esse novo e amplo ato sentido de interrogar gerou em mim expectativas de respostas, lembranças e imaginações sobre pessoas concretas que conheço. Entre elas, estavam pessoas muito próximas de mim. Eu e você queremos também compreender as pessoas de quem gostamos. Escutar adultos sobre como é ser aluno sendo uma pessoa assim inventada como "deficiente" foi o caminho que escolhi para esse exercício de compreensão.

Conversei sobre o meu interrogar com várias pessoas que, em minha opinião, poderiam ser colaboradores significativos dando seus depoimentos. Na maioria dos casos, obtinha por parte de várias delas uma negação educada e polida. Várias vezes fui orientado a remeter-me a outras pessoas com histórias de vida instigantes.

Agora apresento a você os três sujeitos ou colaboradores (chamarei assim doravante) que enchem de sentido e significado a este livro: "Doidão Maluco Sangue Bom", que doravante passo a chamar de "Sangue Bom"; "Cidadão Pleno"; e "Audaciosa Espevitada". Como se pode notar, todos eles têm apelido e "sobreapelido"[41].

O Sangue Bom não se importou em denominar-se "Doidão Maluco Sangue Bom", não se preocupando com o estereótipo de "dono de comportamentos excessivos e incomodativos". Ele foi escolhido por mim por ser pessoa de meu conhecimento há cerca de 27 anos, então. Ele é uma pessoa que, na dimensão social e histórica, apresenta na sua existência uma história de sucesso em várias áreas, além de se destacar o bom relacionamento de amizade, convívio e consideração que tenho com a sua família. Dos três colaboradores, Sangue Bom é a pessoa que conheço há mais tempo. Ele tem o ensino médio completo, e completou o curso de Técnico em Laboratório, trabalhou em laboratório de um hospital da cidade, primeiramente como

---

[41] Apelido e sobreapelido é uma analogia que faço com as palavras nome e sobrenome, pois um apelido não deixa de ser um nome sobre o outro, escondendo o nome de registro da pessoa. Muitas vezes, vale muito mais o apelido, e há pessoas que não gostam do nome de nascimento.

voluntário e depois como contratado por empresa responsável pelo laboratório, por cinco anos, logo após obteve contrato de uma prefeitura por um ano executando todas as tarefas próprias de um laboratorista.

O segundo sujeito ou colaborador é denominado de "Cidadão Pleno". Eu o conheci na UFES, onde estudava. No período em que eu trabalhei como professor substituto, no Departamento de Didática e Prática de Ensino, do Centro de Educação, eu sempre o encontrava. Por várias vezes, conversávamos nos corredores da universidade, e numa dessas conversas pedi a sua participação no projeto, e a possibilidade ficou em aberto. Trocamos telefone para contatos futuros. Isto me deixou muito animado: encontrar gente disposta a dividir suas histórias comigo e com você, leitor deste livro. Ele é formado em Letras, trabalhou como bancário, ocupou um dos cargos de gerência na agência, aposentou-se e vive com a família.

E, por último, apareceu na minha frente a jovem que se denominou "Audaciosa Espevitada". Eu a encontrei descendo as escadas de uma faculdade particular da capital Vitória, nos braços de um dos funcionários dessa instituição, descendo as escadas porque o elevador estava quebrado. Todo esse quadro me chamou atenção, e fui conversar com ela. Obtive de pronto um "sim" — uma audaciosa, portanto! Bela espevitada! Senti que ocorreu uma boa identificação entre mim e ela. Conversamos animadamente sobre conhecer e compreender as experiências educacionais de pessoas como ela e também acerca de seus estudos ali naquela escola superior. Conheci o pai dela, que chegou para buscá-la, mostrando *ser sendo* Pai-Cuida[dor]. De forma cuidadosa, também abri a porta do automóvel dela para que fosse adaptada ao interior do veículo — trata-se aqui de uma ação-sentida que faço com frequência com mulheres, crianças e idosos; mostrando ser um hábito interiorizado em mim, que já faz parte da minha subjetividade de *ser sendo* pessoa. Eu buscava uma mulher[42] — em um sentido de escutar algo de que ela deseja — para participar, e encontrei-me com a Audaciosa Espevitada.

---

[42] Para os psicanalistas, hoje e sempre persiste um mistério total para o homem saber-sentir: "O que deseja uma mulher?" Freud e Lacan tentaram responder. Uma mulher, em sua dimensão feminina, quer ser contada como única, escapar a toda representação que tente apreendê-la – e isso vale para Audaciosa Espevitada, já que o pseudônimo implica essa luta feminina para ser si mesma no mundo. Questões como: o que deseja uma mulher? O que é uma mulher? Quais são as escolhas feitas pela mulher? Qual é o lugar da mulher? O que se espera de uma mulher? Sempre acabam por surgir quando a mulher começa a conscientizar-se de seu papel sócio-econômico-cultural, quando ela se depara com a quantidade de modelos e referenciais já pré-estabelecidos, que apontam para caminhos previamente traçados pelo "mundo dos homens", com a intenção, declarada abertamente ou de forma mais sutil, de dar contorno ou controlar aquilo que aponta para a diversidade, para o outro, para a diferença, para o desconhecido, segundo o referencial masculino. Não que essas questões não se encontrem presentes também nos homens, mas parece que cabe à mulher uma "dupla" tarefa: achar seu caminho, seu sentido, além de desarmar as várias arapucas desses modelos estabelecidos e reconfortantes (para quem?) já indicados.

É formada em Letras – Português e Inglês, cursava uma especialização em Leitura e Produção de Texto e trabalhava como professora numa escola estadual.

Como bem você pode apreender, os nomes-apelidos que aqui utilizo foram denominados pelos próprios sujeitos depois de suas narrativas e contatos comigo. Minha intenção era de, nos modos de cuidar dos meus modos de *ser sendo* cientista, inventar um cuidado ético — uma bela estética da ética. O objetivo mais imediato foi o de preservar a vida particular de cada um, pois são pessoas que vivem na chamada Grande Vitória e estudam em instituições locais — naquilo que os nomes reais possam iluminá-las mais para gerar valores negativos (como a piedade) do outro. Os três sujeitos são pessoas que têm um longo caminho de formação escolar e não escolar que deixaram marcas na vida deles, e eles também deixaram marcas em outras vidas e nas instituições por onde passaram e passam. Os três fazem parte de constelações familiares, e delas receberam/recebem suporte para seus estudos, trabalho e outras e diferenciadas aprendizagens e atividades.

A opção por pessoas adultas deu-se devido a minha empatia e competência em trabalhar com adultos, que a pedagogia anuncia como uma outra parte sua, a andragogia (a arte de orientar adultos a aprender). Na minha prática de ensino escolar com adultos, compreendo-me recompensado com o ato-sentido denominado "labor do ensino".

Contou também, para a minha escolha, a capacidade de expressão com propriedade verbal, bem como de apreender com refinamento as expressões da vida afetiva (sentimentos, emoções e desejos) indissociável à vida cognitiva (modos de tomar decisões dos sujeitos; modos de resolver os problemas cotidianos; modos de pensar e raciocinar etc.).

### 4.3.2 Nosso "quefazer" (posicionamento/ações)

Ao longo do caminho, percorremos a interrogação escutando compreensivamente, intervindo o mínimo possível, e, tendo como fundamento Rogers (1978, 2002), acreditei numa abordagem centrada na pessoa e no seu poder pessoal. Concordei com ele (ROGERS, 1978, p. 271) quando afirma que é impreciso e ineficaz controlar as pessoas, pois, "quando o poder é deixado às pessoas e quando somos verdadeiros, compreensivos e interessados por elas, ocorrem mudanças construtivas no comportamento, e elas manifestam mais força, poder e responsabilidade".

É relevante, na caminhada pela região do inquérito, o aprendizado contínuo do escutar compreensivamente e o apresentar dos dados de forma descritiva. Ao longo da caminhada, convivi com os meus colaboradores visitando-os em suas respectivas residências, na faculdade e visitando a igreja da Audaciosa Espevitada. Quando ela passou por uma cirurgia em novembro de 2005, fui visitá-la, e reunimo-nos numa conversa informal e descontraída, pois sua recuperação estava sendo muito boa. Estive junto no convívio familiar daquela casa.

Abri três pastas nos meus arquivos de estudos do computador com os respectivos nomes das pessoas colaboradoras para armazenar os textos escritos por elas, os relatórios das entrevistas feitas, os dados pessoais, o andamento das etapas e o preparo do documento final, a carta de cessão de direitos e o envio de correspondências enviadas por correio eletrônico e salas virtuais de "bate-papo" (MSN – Messenger). Com este recurso, anotei minhas ideias à medida que coletava os dados e reunia os sentidos [des]velados/[re]velados a mim, por meio da linguagem escrita e das outras formas de discursos (não verbal, gestual, do silêncio). Criei um método de registrar meus dados para articular meu próprio estilo de organizá-los.

Os contatos iniciais com os colaboradores foram presenciais, troca-mos pela internet os relatos escritos. Assim que lia os textos, reenviava-os, marcava um novo encontro para novas conversas e escutas sobre suas histórias de vida. Esses relatos foram frequentemente revistos, reformulados, questionados à medida que eu percorria a interrogação com eles, tendo em vista os princípios teóricos e os pressupostos da investigação. Os relatos foram reformulados pelo menos três vezes pelos próprios autores, eles escreveram a primeira vez, eu lia, fazia novas perguntas, enviava para os colaboradores, recebia de volta, tornava a ler, enviava-os novamente com novas perguntas, nos encontros presenciais ou usando como meios o correio eletrônico. Aos encontros, levava o que escreviam de forma impressa, fazia mais perguntas, gravava, anotava, a partir daí um novo texto era produzido por eles, novamente se pedindo que fizessem novas leituras e acréscimos e retirassem o que entendessem que deveriam retirar.

O Cidadão Pleno conheci na universidade em 2002, uma amizade que cresceu com a [con]vivência com início nesse espaço. Sua casa foi aberta para me receber. Ligava para o seu serviço para falarmos rapidamente, tirando alguma dúvida ou para marcar horário para as entrevistas. A única coisa que o Cidadão Pleno não me permitiu fazer foi fotografá-lo em seu local de trabalho, por questões de segurança da instituição bancária onde trabalhava.

Em relação aos meus colaboradores, eu não fui um espectador, mas sujeito com eles, isto é, procurei colocar-me como alguém ao lado deles.

Com a Audaciosa Espevitada, chegamos a negociar interesses mútuos. Sua mãe precisava de um palestrante para um determinado tema, eu fiz a palestra; ela precisou de pessoas para falar a grupo de jovens, eu indiquei as pessoas que poderiam ajudar.

Emerge novamente um aspecto fundamental, que é: a integração minha como sujeito com os sujeitos/colaboradores se tornou algo único nesse estudo de natureza fenomenológica. É preciso, então, levar em conta que o processo de categorização do material qualitativo envolve não só o meu conhecimento lógico, intelectual, objetivo, mas também conhecimento pessoal, intuitivo, subjetivo e experimental.

A esse respeito, reuni outros para compreensões de sentido e significado nas descrições de outras pessoas que veem o fenômeno e compartilham o olhar compreensivamente. A intersubjetividade que estou buscando é vivida na ação colaborativa que encontro nessas ajudas, pois o sentido do meu quefazer não era estranho a elas. Por lidar com o humano, dele me aproximei de uma forma ímpar, e a proposta de fenomenologia é muito pertinente ao cotidiano vivencial.

### 4.3.3 Instrumentos para compreensão das descrições

Trabalhei essencialmente com descrições, e delas emergiu a demanda de conversar e entrevistar, emergiram fotografias, por exemplo. Finalmente, "Histórias de Vida" de pessoas com necessidade explícitas de educação (especial, numa perspectiva inclusiva) foram confirmando-se, talvez ou pelo menos por ora, enquanto a educação não seja toda ela especialmente planejada, executada e avaliada para o discente.

Primeiramente darei destaque ao instrumento "descrição" para a fenomenologia existencial, depois discorro sobre os instrumentos outros que daí ganharam algum sentido de utilização para mim.

O mais importante: a fenomenologia neste enfoque, seja qual for o instrumento utilizado, será a priorização da experiência por meio dos vários modos de sua "descrição". Uma descrição é um instrumento de coleta de dados fundamental para quem busca compreender (pesquisando ou não), assim como para o trabalho profissional do educador, especialmente a fenomenologia existencial. Uma descrição consiste em uma enumeração de aspectos observados-sentidos nas dimensões qualitativas (e até, eventualmente, quantidades, quando elas realmente fizerem diferença no contexto), estando você envolvido existencialmente com a experiência vivida de pessoa público-alvo na educação especial. A descrição pode ser efetuada caminhando-se na direção dela. Essa descrição é um ponto de partida, mas permanece como uma abordagem do fenômeno, pois são analisadas do ponto de vista do significado. Uma descrição procura apresentar, de modo mais detalhado possível — e de modo poético também, pois todas as pessoas estão impregnadas dele — a gênese de algo ou de alguma coisa.

Obtêm-se descrições ingênuas dos sujeitos que estão em atitude natural, e tomam para seus relatos o que consideram significativos em sua vida. Os sujeitos acreditam em suas descrições, porém eu e/ou você tomam-nas como presença. Entretanto, eu e você não afirmamos que o fenômeno relatado seja tal como o sujeito o está descrevendo. É necessário percorrer a interrogação refletindo e compreendendo o que foi relatado. É o começo da crítica reflexiva. Isso significa que eu estou numa postura reducionista: a atitude fenomenológica distancia-se da natural com a finalidade de entendê-la melhor e a ela voltar, agora com consciência mais abrangente. Uma descrição completa e detalhada deve fazer distinções até sutis e úteis entre uma coisa e outra coisa, diferenciando, comparando, mostrando os sentidos das coisas descritas, mostrando que nessa proposta é vital descrever como a pessoa se sente, como se emociona, deseja, raciocina, pensa, toma decisões etc., que, a análise das descrições realizadas por eles, por mim e outros, esses sujeitos corroboraram para a compreensão do trabalho colaborativo em que Sangue Bom, Audaciosa Espevitada e Cidadão Pleno se puseram em situação de, intencionalmente, focarem um tema, exporem suas compreensões de modo responsável e responsavelmente.

Na psicopedagogia existencial, as descrições ampliam-se enquanto instrumentos comovidos pelo método fenomenológico, por isso, nas descrições, prioriza-se o vivido, e o vivido vem impregnado daquilo que você conhece como "real" mais as imaginações de quem se autodescreve (uma descrição é sempre aberta a regiões de inquérito; coloca a interrogação sob foco e busca esclarecer, para si mesmo, o que quer saber, o que busca, mas aqui ele é o primeiro e central) associado com as minhas e as suas impressões. Por isso, nas descrições aparecem muitos termos "subjetivos" — dentro do mundo-da-vida —ditos pelo sujeitos meus colaboradores. Na descrição, eu escolhi um algo, um sentido, uma coisa, um lugar, um tempo, um personagem etc., e então me detive e detalhei sobre ele. Eu me fixei em algo chamando atenção do leitor (testemunha das descrições e reflexões acerca da experiência vivida pelo outro, mas que você também vive quando é descrita ou mesmo vivida in loco). Essa parada e escolha de algo ou alguém que será/foi detalhada mais e mais, produzindo mais significados sentidos do seu estudo, considerando principalmente o que eu busco compreender no encontro, no convívio.

> Descrever sensivelmente o vivido", de modo poético, pois o outro é (ar)tista. Produzir uma das possíveis interpretações – hermenêuticas ou outras quaisquer – (des)velando aquilo que já estava a brilhar e a se mostrar, mas que clamava para que alguém descrevesse [...] Na pesquisa, eu escrevo o que oralizaria "idealmente", mas que naqueles instantes-luzes não seria escutado. Posso correr o risco de produzir fiapos e firulas de "análises selvagens". Isso conduz a uma proposta, também na ordem do (im)possível, a de integrar algo humano que está sendo desintegrado e caótico, além do mais esses lugares/tempos são propícios, invoca(dores), estimulantes etc. Essas experiências caóticas, justas elas, tem se mostrado – nas nossas investigações – como um algo vivido tão intenso que evoca ao ser uma ordem qualquer, uma organização que se por si mesma se (des)organiza: "subjetividade inclusiva" autopoiética (PINEL, 2005a, p. 295).

Nesse sentido, partimos do pressuposto metodológico de que o sujeito/ colaborador sabe da experiência escolar e não escolar, já que a vivenciou e nos entrega para ser descrita. Como sujeito, propus, portanto, aprender com quem já viveu ou vive a experiência com a qual o colaborador, de um modo ou de outro, "deseja" aprimorar seus conhecimentos- sentidos, bem como me enredar nas suas "narrativas descritas".

Este é um instrumento que eu priorizei é a experiência vivida. O agir e o fazer dos sujeitos com seus modos de ser criativos e analíticos. O meu pensar fenomenológico caminha par e passo com a experiência vivida no mundo-da-vida. Esse conhecimento prévio, enquanto histórico – pois é datado sócio historicamente, dos sujeitos, onde o fenômeno foi interrogado é o início da trajetória que foi na direção do conhecimento pré-reflexivo para o reflexivo.

O instrumento é aqui-agora o artifício utilizado para colher dados sobre o fenômeno que estou buscando compreender. Dado que o caminho que se pretende seguir é, basicamente, a descrição da experiência e do horizonte aberto da humanidade, também tenho um "vínculo generativo"

(CAVALIERI, 2005, p. 106), que permite nessa interrogação percorrida alcançar graus superiores dos sentidos fundamentais da existência das pessoas, como problemas com o nascimento, a constituição transcendental do sentido e até da sexualidade, e procuro investigar como as estruturas das histórias e a intersubjetividade dessas vidas se tornam cheias de significado para mim, como essas estruturas são e podem ser produzidas.

Uso esse instrumento na trajetória de inspiração fenomenológica, com suas características específicas: um a entrevista semiestruturada, pautada em uma pergunta disparadora. Essa pergunta foi se subdividindo conforme percorria a minha interrogação e visando essencialmente compreender o significado da experiência vivida a ser interrogada.

Por meio das descrições, criei "Histórias de Vidas" dos três sujeitos com necessidades educacionais especiais de características variadas conforme as necessidades dos estudos, tal como o trajeto fenomenológico de buscar o [des]velar/[re]velar o sujeito da educação (especial, numa perspectiva inclusiva). Histórias foram contadas pelos sujeitos, e eles falavam acerca de si mesmos no mundo — descreviam narrando a própria vida. O texto escrito por eles é trazido em sua totalidade, na própria linguagem deles. Não foi nosso interesse procurar verdades e mentiras, mas sim considerar o que foi dito, escrito, falado, silenciado como a priori uma verdade. Uma "História de Vida", destaca Meihy (1998, p. 132), é mostrada na oralidade, revelada como um retrato da pessoa da experiência, envolvida existencialmente com aquele fenômeno da experiência que eu estudei.

# 5

# O SUJEITO: UM OLHAR FENOMENOLÓGICO-EXISTENCIAL

Estou partindo inicialmente de um discurso antropológico-existencial de nível fenomenológico sobre o homem, e para isso recorro a autores fenomenológicos e existencialistas para dialogar sobre as questões que estão diante de mim. Fui instigado pela interrogação: qual a experiência de ter sido — e estar sendo — aluno especial? Para responder, tenho o objetivo de buscar um olhar antropológico-existencial de modo a compreender esse ser que demanda, dentro dos contextos sócio-históricos atuais. É olhar pelo ângulo da antropologia existencial e daí oferecer pistas de como devo compreender essa pessoa por quem eu me importo. O compreender é uma dimensão importante na fenomenologia, porque não visa a explicações e/ou causas, mas perceber o todo. A fenomenologia deu um impulso notável para a compreensão do sujeito como totalidade.

Diante da experiência de ter sido aluno diante de contingências próprias da vida humana que limitavam algumas possibilidades como andar, ouvir, subir, descer, escrever, sair do meu mundo interior, Frankl (1997, p. 106) compreende, primeiro, que do passado tudo está irremediavelmente guardado; segundo, que a transitoriedade de nossa vida não lhe tira o sentido; terceiro, que tudo depende da consciência de que as possibilidades são transitórias. Para Frankl (1997, p. 106), "o ser humano está sempre fazendo uma opção diante da massa de possibilidades presentes [...], a todo o momento a pessoa precisa decidir, para o bem ou para o mal, qual será o monumento de sua existência".

Frankl compreende que esse existir é viver, viver é ser. Ser é "estar aí" vivendo no mundo e não ter pedido para que se fizesse isso. "Ter sido" é a forma de nós vermos a verdade do ser, e ademais ter sido é a única certeza que fui, e então eu sinto o sentido de ser: é o que desvela o ser.

## 5.1 O *"cogito"*[43] cartesiano

> Ora, eu sou uma coisa verdadeira e verdadeiramente existente; mas que coisa? Já o disse: **uma coisa que pensa**. E que mais? Excitarei ainda minha imaginação, para verificar ainda se não sou algo mais. Eu não sou essa reunião de membros que se chama corpo humano; não sou um ar tênue e penetrante, disseminado por todos esses membros; não sou um vento, um sopro, um vapor nem nada que possa fingir e imaginar, uma vez que supus que tudo isso não era nada e que, sem modificar tal suposição, constato que não deixo de estar certo de que **sou alguma coisa** (DESCARTES, 1979, p. 94, grifo nosso)

Quais foram as vivências de Descartes que o levaram ao espanto filosófico? Qual era o seu mundo-da-vida? Como buscar certeza absoluta para a sua própria existência? Onde encontrá-la? Qual a dimensão existencial do seu espanto? Foi por meio de sua vida que inaugurou "um novo tipo de filosofia. Com ele a filosofia muda totalmente de estilo e passa radicalmente do objetivismo ingênuo ao subjetivismo transcendental", afirma Husserl (2001, p. 22). O espanto de Descartes é evidenciado em virtude da sua dúvida metódica, do retorno ao *ego cogito* puro[44] como expresso pela composição do *Discurso do método* e *Meditações* acerca da natureza do conhecer e do sujeito que conhece. Portanto, entendo ser importante caracterizar o *cogito* adentrando as vivências de Descartes, e como chegou a ter essa consciência.

### O espanto de Descartes

A história de René Descartes apresenta-se para mim como o filósofo que abriu o portal da subjetividade, chegou perto de uma compreensão, mas não o adentrou. Como pode um homem duvidar de sua própria existência? Para René Descartes (1596-1650), era uma questão que lhe produziu espanto, isto é, ele viu o mundo como se nunca tivesse visto antes. Começou a sua filosofia construindo e desenvolvendo a árvore da sabedoria. Na vida de Descartes, o cotidiano assumiu vários outros aspectos de enorme diversidade

---

[43] *Cogito* (verbo): pensar, meditar, considerar, refletir, cogitar, pensar em, cuidar em, conceber, preparar, predispor; ter um sentimento ou pensamento qualquer; formar uma ideia de, entender, conceber, compreender (COGITO, 2000).

[44] Segundo Bello (2004, p. 167), os alemães utilizavam a palavra "pura", termo não muito usado na língua latina que, quando traduzido diretamente do alemão, tem o significado: em si mesmo, somente aquele, sem outra coisa. Como exemplo, o título da obra de Kant **Crítica da razão pura**. No texto, o *ego cogito* puro, isto é, o *ego cogito* tomado sem outra coisa.

e que lhe permitiu, como diz Pessanha (1979, p. VII), "inaugurar, desde os fundamentos, o luminoso reino da certeza". É do cotidiano que decorre a filosofia, porém esta não foi, na vida e obra de Descartes, uma redução ao seu cotidiano. Sua vida desvela os seus modos de *ser sendo* e como tais modos marcaram a sua filosofia: duvidar, pensar, isolar-se, viajar e o conhecer para destacar alguns dos seus modos de ser.

A vida de Descartes foi marcada por um tempo de profundas transformações para a visão do homem ocidental. Sua época foi assinalada pela perspectiva do futuro, isto é, os tempos vindouros seriam melhores que o presente, pelo intercurso humano, pela ideia de progresso, e pela verdadeira paixão pelas inovações[45].

Os seus estudos na adolescência não corresponderam à evidente dimensão utópica destacada por Duarte Junior (2002, p. 24), como "arraigado utopismo, de crença em um futuro melhor". Descartes tinha esperanças de conviver com homens sábios que correspondessem às suas expectativas, porém o período em que estudou na escola dos jesuítas de La Flèche lhe suscitou decepções com o conteúdo que recebeu. Foram "conteúdos que expressam uma cultura sem fundamentos racionalmente satisfatórios e vazia de interesse pela vida" (PESSANHA, 1979, p. X). Para Descartes, as humanidades não serviam verdadeiramente ao ser humano, pois era o olhar para história e para deus[46]. A certeza matemática, para questões de toda ordem, tornou-se o ideal a Descartes e aos pensadores da época em que ele viveu, pois Descartes em sua vida começava a olhar para si mesmo e para o futuro; Descartes adotou em principio a sugestão de Montaigne: "o decisivo campo de batalha entre a dúvida e a certeza é o próprio eu" (PESSANHA, 1979, p. XVI). A forma como a sociedade vê o mundo está sofrendo mudanças, e isso não é diferente na vida de Descartes.

Descartes, em seu percurso existencial, procura apenas a ciência que poderia ser encontrada nele mesmo, ou antes, como ele dizia, "no grande livro do mundo". Portanto, ele propôs-se à [re]construção de um edifício (novo) para as ciências:

> Aqui está por que, apenas a idade me possibilitou sair da submissão aos meus preceptores, abandonei totalmente o estudo das letras. E, decidindo-me a não mais procurar outra

---

[45] Ver a introdução de Pessanha (1979), que apresenta uma biografia de sua vida e obra, e o segundo capítulo de Duarte Junior (2002) com um panorama da modernidade.

[46] A palavra "deus" é usada por mim para exemplificar como sócio-historicamente a religião e os fundamentos da fé são vividos concretamente pelos homens com toda a carga eclesial e teológica da época, que marcava os modos de ser da pessoa na Idade Média e no decorrer dos séculos seguintes.

**ciência além daquela que poderia encontrar em mim mesmo, ou então no grande livro do mundo**, aproveitei o resto de minha juventude para viajar, para ver cortes e exércitos, para frequentar pessoas de diferentes humores e condições, para fazer variadas experiências, para pôr a mim mesmo à prova nos reencontros que o destino me propunha e, por toda parte, para refletir a respeito das coisas que se me apresentavam, a fim de que eu pudesse tirar algum proveito delas. Pois acreditava poder encontrar muito mais verdade nos raciocínios que cada um forma no que se refere aos negócios que lhe interessam, e cujo desfecho, se julgou mal, deve penalizá-lo logo em seguida, do que naqueles que um homem de letras forma em seu gabinete a respeito de especulações que não produzem efeito algum e que não lhe acarretam outra consequência salvo, talvez, a de lhe proporcionarem tanto mais vaidade quanto mais afastadas do senso comum, por causa do outro tanto de espírito e artimanha que necessitou empregar no esforço de torná-las prováveis. E eu sempre tive um enorme desejo de aprender a diferenciar o verdadeiro do falso, para ver claramente minhas ações e caminhar com segurança nesta vida (DESCARTES, 1979, p. 33 – grifo nosso).

Husserl (2001, p. 20) afirma que "quem quiser realmente tornar-se filósofo deverá 'uma vez na vida' voltar-se para si mesmo e, dentro de si, procurar inverter todas as ciências admitidas até aqui e tentar reconstruí-las".

Descartes busca com seu novo método reconstruir um (novo) edifício para a ciência: "Deste modo, nota-se que os edifícios projetados e concluídos por um só arquiteto costumam ser mais belos e mais bem estruturados do que aqueles que muitos quiseram reformar, utilizando-se de velhas paredes construídas para outras finalidades" (DESCARTES, 1979, p. 34). Duvidar de tudo, reduzir os problemas complexos a seus elementos mais simples, resolvê-los um após o outro — podemos dizer sem medo: o método é admirável. Funcionou magnificamente com milhares de gênios científicos. Podemos dizer que se tornou o espanto filosófico para Descartes!

Como foi o seu percurso existencial? Da infância de Descartes conhecemos poucos detalhes. Ingressou em 1604, aos 8 anos, em um colégio que os jesuítas acabavam de fundar (1603) em La Flèche. Ali completou o curso médio em 1612, com seus 16 anos. Descartes afirmou mais tarde: "desde a infância fui nutrido nas letras" (DESCARTES, 1979, p. 30). Segundo Russell (1967, p. 82), La Flèche "parece ter-lhe proporcionado uma base de matemática moderna muito melhor do que a que poderia ter recebido na maioria das universidades da época".

Como avaliar, do ponto de vista da experiência do jovem Descartes, o tempo que passou pelo colégio jesuítico? Foi ali que nasceu, todavia uma série de circunstâncias teve efeitos no seu pensamento, visto que o período em que estudou até aos 20 anos formou vivências profundas, oferecendo material para suas investigações posteriores. Ao fazer o percurso histórico e filosófico do *cogito* cartesiano, tenho a possibilidade de compreender o modo de orientação teleológica em perspectiva histórica de Descartes.

Em La Flèche, os jesuítas tinham como diretriz predominante o pensamento aristotélico e tomista, sendo seduzidos à ordem e à sistematicidade do estagirita[47]. Essa diretriz corporificou um movimento filosófico de largas repercussões europeias. Pelo exposto, Descartes situou-se, desde a mocidade, em um clima de tendências um tanto novas, ainda que, para seu estado de espírito, elas devessem ser conduzidas bem mais longe. A partir de La Flèche, transpôs-se, paulatinamente, para o campo platônico-agostiniano. Herdou da escolástica a tendência metafísica e sistematizante. Considere-se que, na época, a corrente verdadeiramente inovadora, contra o aristotelismo escolástico, se encontrava no campo neoplatônico, representado por Bruno, Campanella e outros filósofos da Renascença. Na área dos problemas da certeza, ocorria a diretiva agostiniana do apego ao eu pensante, ao mesmo tempo que à iluminação divino-natural[48] das ideias[49].

---

[47] A partir de 1592, os professores de filosofia jesuítas do Colégio das Artes de Coimbra começaram a publicar os Commentarii Collegii Conimbricensis Societatis Iesu, os famosos Conimbricenses: comentários que serviam ao ensino da filosofia de Aristóteles nos colégios da Companhia de Jesus da Europa e do mundo. A obra consistia na reedição latina dos textos aristotélicos [a Física, o Tratado do Céu, Dos Meteoros, os Pequenos Tratados sobre a Natureza, a Ética, Da Geração e Corrupção, Da Alma e o Órganon] – cabe dizer, baseados em traduções mais detalhadas e críticas, oriundas daquelas feitas pelos filólogos humanistas – e nos comentários de diversos autores, antigos, medievais e modernos, aos textos em questão, com especial destaque para os comentários escolásticos. Esta série de manuais, talvez os primeiros manuais escolares de filosofia impressos na Europa, serviu de texto escolar em todos os colégios jesuítas espalhados pelo mundo (LEITE, 215, p. 100).

[48] Muito pouco se sabe sobre os anos 1620 a 1625. Numa de suas viagens, passou pela cidade de Loreto, da província de Ancona, a fim de cumprir um voto que fizera à Virgem Maria para vencer suas dúvidas. Essa cidade se havia tornado célebre por suas a uma casa da colina de Tersalta, que a tradição dizia que os anjos trouxeram a casa em que haviam vivido Jesus, Maria e José. Baillet um dos biógrafos de Descartes, afirmou que ele cumpriu o voto e M. Leroy afirmou que foi algo que ele não cumpriu (TEIXEIRA, 1995, p. 192). O procedimento de Descartes pagando promessas por haver resolvido suas dúvidas, ao mesmo tempo que descobria o cogito, (as vésperas de São Martinho, quando Descartes descobre os fundamentos de uma maravilhosa ciência e na noite seguintes tem três sonhos vividos) tem que ver com sua tendência agostiniana de entender o conhecimento como uma iluminação divino-natural. A sua filosofia poderia ser usada como fundamento racional da fé, mesmo que não concebida para tanto, com isso ele alinha-se há uma longa tradição de filósofos cristãos, de Santo Agostinho em diante (GOMBAY, 2009). Ele optou pela tradição, sem criticá-la, ainda que oferecendo a teologia um fundamento filosófico diverso do aristotelismo. O que foi a aceitação da religião para Descartes: antes de tudo um ato de vontade, mais que o resultado da busca de razões para crer (TEIXEIRA, 1995, p. 201).

[49] A palavra "ideia", tal como Descartes a emprega, inclui as percepções sensoriais. As ideias são de três classes: 1) as que são inatas; 2) as que são estranhas e vêm de fora; e 3) as que são inventadas pela própria pessoa.

O pensamento cartesiano foi consolidado somente em 1637, com a publicação do *Discurso do método* (1637). Essa obra e as *Meditações* (1642) são os dois livros mais importantes de Descartes quanto à filosofia pura. Essas duas obras se sobrepõem, devem ser analisadas englobadamente.

Neste estudo apresentamos uma interpretação sobre o *cogito* pelas análises empreendidas por René Descartes, João-Francisco Duarte Junior, Gilles-Gaston Granger, Evaldo Pauli, José Américo Motta Pessanha, Bertrand Russell e Urbano Zilles. É importante caracterizarmos três argumentos postos por Descartes. O processo pelo qual Descartes chegou ao *cogito*, que é chamado de "dúvida metódica". O *cogito ergo sum* ("penso, logo existo"), que é conhecido como "o *cogito*"; e o modelo mecanicista — segundo Granger (1979), Descartes acreditava que, em qualquer sistema complexo, a dinâmica do todo, no pensamento cartesiano, pode ser entendida da compreensão das propriedades das suas partes componentes.

A fim de ter uma base firme e inabalável para a sua filosofia, toma como método o duvidar: de tudo o que lhe seja possível. Como prevê que o processo possa levar algum tempo, decide, entrementes, regular sua conduta segundo as normas comumente admitidas. Suas observações nessa época de sua vida desvelam o seu estado de espírito imerso em sua busca existencial. Descartes, sempre que possível, isola-se em seus pensamentos e observações para dedicar-se ao seu propósito.

## Dúvida como caminho para o conhecimento claro e seguro

Aos 20 anos, em novembro de 1616, formou-se em Direito em Poitiers. Escreveu a respeito de seu estado de espírito e sua admiração diante das filosofias do seu tempo:

> Desde a infância, fui nutrido nas letras, e como me persuadissem, que mediante elas podia-se adquirir um conhecimento claro e seguro de tudo o que é útil à vida, tinha eu sumo desejo de as aprender. Mas logo que terminei todo esse curso de estudos, no fim do qual costumamos ser aceitos no número dos doutos, mudei inteiramente de opinião. Porquanto achei-me embaraçado por tantas dúvidas e erros, que me pareceu não ter eu tirado outro proveito, **procurando instruir-me, senão de ter descoberto cada vez mais minha ignorância.** E no entanto, estava eu numa das mais célebres escolas da Europa; e se nalgum lugar havia homens sábios, pensava eu que era lá que os devia haver. Aí, aprendera eu tudo o que os

> outros aprendiam; e mesmo não me tendo contentado com as ciências, que nos eram ensinadas, percorrera todos os livros que tratam das que são tidas por mais curiosas e mais raras, e que puderam cair em minhas mãos (DESCARTES, 1979, p. 23, grifo nosso).

Uma maneira de lidar com sua dúvida foi viver isolado. Suas viagens foram meios de encontrar o isolamento necessário. Gostava de ficar a manhã toda em seu quarto, na cama estudando. Quando estava engajado nas tropas bávaras, aproveitou o frio para se isolar em um quarto de estalagem nas cercanias de Ulm, Alemanha, e — como era de seu gosto — passar dias mergulhado em isolamento existencial. Segundo Cavalieri (2005, p. 85-86),

> [...] a subjetividade para Descartes não tem outra forma senão em sentido parcial, pois é uma forma que isola o homem e o empurra para a absoluta solidão. Os seus modos de *ser sendo* viver isolado o empurraram para pensar de forma solipsista.

Tendo atingido a maioridade, Descartes entregou-se a um período de viagens intervaladas, que vão de 1617 a 1629, com o intuito de conhecer "o grande livro do mundo". Conheceu Holanda, Alemanha, Roma, esteve em Paris em 1625, para finalmente retornar, em 1629, ao ponto de sua preferência, a Holanda. Não precisava trabalhar, porém teve empregos eventuais e serviu em grupamentos militares.

Escreveu ele mesmo, fazendo como que uma introdução filosófica sobre seu proceder:

> Logo que a idade me permitiu sair da sujeição de meus preceptores, abandonei inteiramente o estudo das letras, e resolvendo-me a não buscar **outra ciência que não fosse a que se poderia encontrar em mim mesmo ou então no grande livro do mundo**, empreguei o resto de minha juventude em viajar, **em ver cortes e exércitos**, em frequentar gentes de várias índoles e condições, em coligir diversas experiências, em provar-me a mim mesmo nos vários casos que a fortuna me deparava, e por toda a parte em refletir de tal modo sobre as coisas que se me ofereciam que nelas pudesse eu tirar algum proveito (DESCARTES, 1979, p. 33, grifo nosso).

O tempo que passou na Holanda vai merecer a nossa atenção devido ao fascínio que lhe causou. Quando foi para Holanda pela segunda vez, estava com 33 anos. Escolheu a Holanda porque o considerou um país sério, onde ocorria nesse tempo a grande prosperidade na economia e na cultura.

> Entendi que me cumpria procurar por todos os meios tornar-me digno da reputação que me davam; e faz justamente oito anos que esse desejo fez afastar-me de todos os lugares em que poderia ter conhecimentos, e a retirar-me para aqui, num país, onde a longa duração da guerra fez estabelecer tal disciplina militar, que os exércitos que nele se sustentam não parecem servir senão para que os seus habitantes gozem, com tanto maior segurança, dos frutos da paz, e onde, no meio da multidão de um povo ativíssimo e mais cuidadoso dos seus próprios negócios, que curioso dos alheios, sem carecer eu de nenhuma das comodidades que existem nas cidades mais frequentadas, **me foi dado viver tão solitário e retirado como dos desertos mais apartados** (DESCARTES, 1979, p. 45-46, grifo nosso).

Escreveu as conhecidas quatro "regras para a direção do espírito" com o objetivo de afastar tudo que impedia uma evidência matemática. Zilles (2010, p. 24-25) diz que Descartes, depois de examinar o mundo pela experiência prática, voltou-se ao próprio eu, rejeitou a tradição e a autoridade fundamentadas na religião para começar tudo desde o começo. Abandonou princípios tradicionais da filosofia do *magister dixit*[50]. Examinou tudo com a própria razão. Depois de duvidar de toda a autoridade tradicional, resolveu

> [...] jamais acolher alguma coisa como verdadeira que eu não conhecesse evidentemente como tal; isto é, de evitar cuidadosamente a precipitação e a prevenção, e de nada incluir em meus juízos que não se apresentasse tão clara e distintamente a meu espírito, que eu não tivesse nenhuma ocasião de pô-lo em dúvida (DESCARTES, 1979, p. 37, segunda parte).

### De que se pode duvidar, segundo Descartes?

Duvidou do que aprendeu com os jesuítas. Duvidou do que leu nos livros, dos dados dos sentidos porque são enganosos como o mostram, de maneira contundente, a ilusão ótica, as alucinações e os sonhos. Ele abandona os dados dos sentidos (por vezes, enganam, iludem); e também os raciocínios (por vezes, induzem ao erro). Ele não podia acreditar no que o "eu" via, pois os sentidos o enganariam, até mesmo a física, a matemática,

---

[50] Ou escolástica: o Humanismo teve suma importância, pois conduziu a modificações até mesmo nos métodos de ensino, uma vez que começaram a surgir academias e liceus laicos, onde se estudavam as línguas clássicas (o latim e o grego) e com a maior preocupação em analisar acurada e cientificamente os fenômenos da natureza. Deixa de valer o *magister dixit* aristotélico medieval e passa a valer a busca empírica da verdade.

a astronomia, a medicina e todas as outras ciências são muito duvidosas e incertas, porque um gênio maligno poderá enganá-lo, mas de uma coisa ele tinha certeza: "eu existo". Apenas a lógica (estudara o Órganon, de Aristóteles) e a matemática proporcionam conhecimento seguro.

Por outro lado, Descartes não queria duvidar por duvidar, como um cético que nunca acredita na possibilidade de o conhecimento humano atingir alguma verdade. Para ele, a dúvida tinha por finalidade descobrir uma primeira verdade, impondo-se com absoluta certeza. É preciso agir metódica, voluntária, provisória e sistematicamente para que se alcançasse uma certeza incondicional. Por isso, na segunda parte do *Discurso do método* (DESCARTES, 1979, p. 37-38), enuncia as quatro regras:

I. "o critério geral de verdade é a evidência e suas duas condições: a clareza e a distinção";

II. "dividir cada uma das dificuldades que eu examino em tantas parcelas quantas possíveis e quantas necessárias são para melhor resolvê-las". É a chamada regra da análise;

III. "ordenar meus pensamentos, começando pelos objetos mais simples e mais fáceis de conhecer, para subir, pouco a pouco, como por degraus, até o conhecimento dos mais compostos, e supondo até uma ordem entre os que não se precedem naturalmente uns aos outros". É a chamada regra da síntese;

IV. "fazer em toda a parte enumerações tão completas e revisões tão gerais, que eu tivesse a certeza de nada omitir". É a chamada regra de comprovação.

Descartes explica que a sua intenção não é ensinar um método para que cada pessoa conduza bem a sua razão, mas mostrar como ele se esforçou para conduzir a sua, não para desesperar, mas obter clareza.

### *Cogito* — eu penso: não posso duvidar do meu pensamento

Indaga Descartes (1979, p. 95, item 9): "mas o que sou eu, portanto?" Ele conclui, no entanto, que há algo de que não pode duvidar: demônio algum, por mais astuto que fosse, poderia enganá-lo, se ele não existisse. Pode ser que até mesmo não tenha o seu corpo: este poderia ser uma ilusão. Mas o pensamento é diferente. O *cogito* é uma constatação de fato em Descartes.

> Enquanto queria pensar que tudo era falso, era preciso, necessariamente, que eu, que tinha tal pensamento, fosse alguma coisa; e, observando que esta verdade, *cogito ergo sum* (penso, logo existo), era tão sólida e tão certa que todas as mais extravagantes suposições dos céticos não eram capazes de derrubá-la, considerei que podia recebê-la, sem escrúpulo, como o primeiro princípio da filosofia que eu procurava[51] (DESCARTES, 1979, p. 46, quarta parte).

Esta passagem constitui o âmago da teoria do conhecimento de Descartes e contém o que há de mais importante em sua filosofia. A dúvida de fato não se estende objetivamente a tudo, porque o *cogito* resiste ao esforço universal de dúvida, evidenciando-se como fundamento primordial:

> Notei que, enquanto assim queria pensar que tudo era falso, era necessário que eu, que pensava, fosse alguma coisa. E notando que esta verdade, penso, logo sou, era tão firme e tão segura que as mais extravagantes suposições dos céticos não podiam abalá-la, julgava que podia aceitá-la, sem escrúpulo, como primeiro princípio da filosofia que buscava (DESCARTES, 1979, p. 46).

Em suas indagações, Descartes faz a si próprio esta pergunta: por que é o *cogito* tão evidente? Afirmou na Segunda Meditação, que essa evidência era dada na medida em que repetia interiormente a fórmula do *cogito*. Conclui que o é somente porque é claro e distinto. Adota, pois, como regra, o princípio de que "todas as coisas que concebemos muito claramente e muito distintamente são verdadeiras" (DESCARTES, 1979, p. 47). Segundo Russell (1967, p. 89), ele "admite que, às vezes, há dificuldade em se saber quais são essas coisas".

O "pensar" é usado por Descartes em sentido muito amplo. Uma coisa que pensa, diz ele, "é uma coisa que dúvida, compreende, concebe, afirma, nega, deseja, imagina e sente – pois o sentir, como ocorre nos sonhos, é uma forma de pensar" (DESCARTES, 1979, p. 95, item 9). Já que o pensamento é a essência da mente, a mente deve pensar sempre, mesmo durante o sono. Ele se aproxima da transcendentalidade, do subjetivismo transcendental, segundo Husserl (2001, p. 22), alcançando o subjetivismo transcendental — *ego cogito* puro. A existência do *cogitatio* (o pensado), segundo Husserl (1986, p. 28), "é garantida pelo seu absoluto dar-se em si mesma, pelo seu caráter

---

[51] O argumento acima, "Penso, logo existo" (*cogito ergo sum*) é conhecido como o *cogito* de Descartes, e o processo pelo qual o filósofo chegou a ele é chamado de "dúvida cartesiana".

de dado na pura evidência". O *cogito* é a evidência pura, é o puro apreender de uma objetividade. O *cogito* é universalmente singular. Daí Husserl (1986, p. 28) conclui que o conceito de redução fenomenológica adquiriu uma determinação mais precisa, mais profunda, e um sentido mais claro, pois, assim como Descartes, ao duvidar, suspendeu todo o recurso, qualquer saber e qualquer conhecimento, para que a investigação se mantivesse no puro ver (*im reinen Schauen*), no seu campo a priori dentro do absolutamente dado em si mesmo.

O ser humano é colocado no centro da questão como sujeito no mundo objetivo. Ele não é absoluto. O problema do conhecimento envolvia o homem e o mundo, sujeito e objeto. A solução da questão veio por meio do sujeito. A solução encontrada por ele não vale só para si, mas para todas as pessoas, porque o *cogito* que constitui toda a subjetividade humana é igual em todos os seres humanos. No seu processo existencial, descobriu a primeira certeza: eu sou uma coisa que pensa — *cogito ergo sum*.

## Passagem do *cogito* para deus

O *cogito* cartesiano é como um recinto fechado, sem portas ou janelas abertas para o mundo. Ele precisava abrir portas e janelas. O *cogito* é o espírito que descobriu a si mesmo, descoberta clara e evidente. Todavia, como garantir a esse espírito outra verdade que não seja sua própria existência? A segunda certeza do sistema cartesiano é "deus existe": é importante em seu pensamento, pois, na existência lógica de deus, ele fundamenta toda a verdade, toda a certeza, toda a ciência positiva. É a busca de superar o abismo que a dúvida havia estabelecido entre o *cogito* (*res cogitans*) e as coisas exteriores (*res extensas*).

Para Galileu Galilei (1564-1642), há uma essência na natureza, que é compreendida pela regularidade matemática. Descartes, com sua filosofia, relaciona a realidade com as formas matemáticas que já se encontram na natureza, e deus é o sustentador da racionalidade do mundo. Integrar toda a realidade sob suas leis e princípios era a sua pretensão. O deus cartesiano é a garantia da objetividade do conhecimento científico; enquanto bom deus, torna-se a expressão do otimismo racionalista que pressupõe que, ao máximo de clareza subjetiva, corresponde a essência da objetividade. Cavalieri (2005, p. 130) afirma que, "com Hegel, esta integração compreensiva e explicativa procura abarcar o real em sua completude final e assim conclui-se que o real é racional e o racional é real".

Isto ocorreu na Terceira Meditação; substituindo o gênio maligno pelo "Bom Deus", Descartes pode agora afirmar, com toda a segurança, que a evidência é mesmo o critério da verdade: às ideias claras correspondem de fato realidades — elas não são a terrível armadilha de um gênio enganador e cruel. Segundo Pessanha (1979, p. XXI), "o Bom Deus é na verdade uma deusa: a Deusa-Razão, que Descartes cultua e que será exaltada pelo Iluminismo do século XVIII".

Descartes reformula o argumento ontológico criando uma função para a ideia inata de deus, argumento esse forjado inicialmente, na Idade Média, por Anselmo[52] (1035-1109), e que, antes de Descartes, fora retomado por Boaventura[53] (1221-1274) e rejeitado por Tomás de Aquino (1225-1274). Esse argumento pretende demonstrar a existência de deus conforme exclusivamente a ideia de deus, que, como ser perfeitíssimo, exigiria a afirmação de sua existência, desde que se entenda a existência como uma perfeição que possa ser atribuída, necessariamente ou não, a uma essência.

> Descartes, certamente atraído pela forte racionalidade desse argumento – pois não faz apelo senão ao esforço lógico de tornar explícito o significado de uma noção supostamente natural – insere-o em sua metafísica. Mas, para sobrepor-se às críticas feitas, no passado e em sua época, a esse tipo de argumentação, procura fazer dela não a passagem, acusada de indébita, da ordem dos conceitos (idéia de Deus) para a ordem real (existência de Deus), mas uma passagem entre dois existentes: porque Deus existiria é que se justificaria a existência da idéia de Deus na mente humana. O argumento ontológico apenas mostraria, na versão cartesiana, a relação entre duas substâncias: a *res infinita* (Deus) e a *res cogitans* (o pensamento) (PESSANHA, 1979, p. XXI).

A utilização de um argumento lógico, com base na racionalidade humana, foi a diferença básica estabelecida entre a filosofia cartesiana e a doutrina escolástica. Tudo aquilo que existe ou é substância pensante (*res cogitans*), ou é substância extensa (*res extensas*). Deus é o espírito que pensa, os atributos da alma pertencem à esfera da substância pensante; e tudo

---

[52] A argumentação está dirigida contra aquele que — igual ao néscio protagonizado no Salmo 13 — afirma: Deus não existe! Mas, se nega a existência de Deus, é porque tem em sua consciência o conceito de um SER em comparação ao qual não se pode pensar outro maior (STACCONE, 1991, p. 51).

[53] São Boaventura afirmava que, além do conhecimento sensorial, o homem é dotado de inteligência que recebe um influxo especial de Deus, uma luz que lhe permite conhecer as verdades eternas. É a teoria da Iluminação; no homem, a alma e o corpo são duas substâncias completas, unidas apenas acidentalmente, como o cavalo está ligado ao cavaleiro (STACCONE, 1991, p. 60).

quanto tem extensão (figura, movimento, peso e dimensão), todos os corpos pertencem à esfera da substância extensa. Por meio da ideia da perfeição e da evidência, a ideia de deus não pode ser produto do pensamento, pois este é finito, limitado e imperfeito, e é evidente que uma causa finita não poderia produzir algo infinito. A ideia de infinito em Descartes é positiva e anterior às demais. Deus é o ser a que nada pode ser atrelado, é ser absolutamente completo. Porque existe, é pensado por Descartes.

No sistema cartesiano, foi preciso um outro que garantisse a universalidade dessa certeza — a segunda pessoa para Descartes. A ideia de deus inata no homem (*res infinita*) é, em Descartes, uma mera certeza individual, pessoal e individualista; por outro lado, é o nascimento do individualismo moderno. O sentido de verdade, inspirado pela onipresença e onisciência de deus, é o elemento mediador entre a *cogito* e o mundo. Deus é a ideia que demonstra a existência do mundo e afasta a ideia de que o mundo é uma ilusão.

Em Descartes, a objetividade do mundo e seu acesso tornam-se possíveis graças à comprovação da existência de deus. Porém, a ideia de deus não é a ideia do outro. Apresenta-se aqui a dificuldade, baseada no *cogito*, de encontrar a noção de história. A necessidade de Descartes justificar a existência de deus significa a necessidade que o ser humano tem da alteridade para a garantia da universalidade. Em Husserl, é a teoria transcendental do outro que, por meio da intersubjetividade e da intencionalidade, nos garante isso.

### O mecânico: o corpo como um engenho divino

Como um edifício que vai se construindo, chegamos a uma visão mecânica do ser humano e do mundo. Cavalieri (2005, p. 117) destaca duas diretrizes que se apresentam ao longo dos séculos seguintes e procuram preencher os espaços de significação histórica, que são: a primeira, o sujeito expresso pelo *cogito*; e a segunda, a visão de mundo dada pela ciência. Essas duas diretrizes produzem uma formação cultural que começou com Galilei; Descartes e outros se erguem como um edifício que vai construindo dinâmicas normativas. Uma delas se refere ao procedimento que tem sua origem na ciência: naturalização de espaços. Primeiro, o mundo é apresentado como escrito em caracteres matemáticos (Galilei). Em seguida (linearmente), outras realidades também vão sendo naturalizadas. No século XIX, alcança a própria consciência.

> A ideia de deus também adquire novos contornos, sendo apresentado como o grande relojoeiro do universo; é o que Descartes apresenta. A idealização de um movimento causal e mecânico apresentada pela física galileana constitui a base central do novo paradigma científico que se configura a partir daí (CAVALIERI, 2005, p. 118).

Descartes vivenciava uma fase importante da transformação política, social e econômica da Europa. Sua época era a do barroco[54] francês, quando os mecanismos de relojoaria foram amplamente utilizados para a construção de maquinários artísticos semelhantes à vida, que agradavam as pessoas com a magia desses movimentos aparentemente espontâneos. À semelhança da maioria de seus contemporâneos, Descartes estava deslumbrado por esses mecanismos, e achava natural comparar o seu funcionamento com o dos organismos vivos. Enquanto corpo orgânico, o homem é animal, o que, no entendimento de Descartes, era possível: compará-lo à máquina. O ser humano certamente é mais complexo que os outros sistemas materiais, e tudo que ocorre nesse corpo-máquina[55] deve ser fisicamente explicado (GRANGER, 1979, p. 15).

Descartes introduz a seguinte ideia: eu sou uma máquina que pensa, os meus músculos são comandados pelo cérebro por meio do sistema nervoso (GRANGER, 1979, p. 15-16). Com efeito, ele acreditava que certas atividades humanas poderiam ser realizadas por máquinas, mesmo com algumas restrições. Ele nega-lhes a capacidade de compreender de modo a responder ao sentido de tudo o que se diz na sua presença.

> O que não parecerá de maneira alguma estranho a quem, sabendo quão diversos autômatos, ou máquinas móveis, a indústria dos homens pode produzir, sem aplicar nisso senão pouquíssimas peças, em comparação à grande quantidade

---

[54] A compreensão do limite que o ser humano tinha e que o fazia ansiar por uma supra sensibilidade é o jogo entre o antigo e o novo que faz nascer o Barroco. É quando o ser humano percebe que a sua natureza (a um só tempo temporal e racional) é um desdobramento da natureza humana em relação com seu deus, e/ou deuses, e que ela está fundada na sua própria existência, que se manifestam em dicotomias, antíteses, paradoxos, hipérboles, que são instrumentos operacionais do Barroco, permanecem somente como ferramentas literárias e artísticas úteis para provocar uma catarse nos seres humanos, num fluxo denso de paixões, que saem do complexo mundo interior das pessoas, movido por emoções embaralhadas na fé. Esse ser humano que surge no Barroco começa então a desejar o suprassensível desde a sua própria vida terrena, o sagrado desde o profano. A razão toma uma outra dimensão para esse ser — a razão e a sua luz nada mais são do que o desdobramento do suprassensível, desdobramento em que este é compreendido desde a história finita humana. Não se trata mais de celebrar a razão humana e a ciência colocando-as no centro do mundo, tampouco de submeter à vontade de um deus todas as aspirações humanas e as suas criações. Trata-se apenas de revelar a íntima relação entre deus/deuses e o ser humano, relação de pertencimento — em que este se faz o desdobramento daquele.

[55] Expressão usada por Najmanovich (2001, p. 24).

> de ossos, músculos, nervos, artérias, veias e todas as outras partes existentes no corpo de cada animal, considerará esse corpo uma máquina que, tendo sido feita pelas mãos de Deus, é incomparavelmente mais bem organizada e capaz de movimentos mais admiráveis do que qualquer uma das que possam ser criadas pelos homens (DESCARTES, 1979, p. 60, quinta parte).

Descartes dizia que tais aparelhos artificiais eram constituídos simplesmente por algumas poucas peças, comparados com a quantidade de ossos, músculos, nervos, artérias e veias de que se compõe o corpo de homens e animais. Por que, então, deus não seria capaz de construir o corpo de homens e animais com base em leis mecânicas?

Para Descartes, a pretensão metafísica de ascender à "categoria" divina, pela criação de um ser, seria inata ao próprio homem: o ser humano como um corpo capaz de movimento resultante do engenho divino e como um autômato capaz de movimento resultante do engenho humano.

Descartes achava que o universo nada mais era que uma máquina. A natureza funcionava mecanicamente de acordo com leis matematizáveis. Descartes pensava na integração da natureza consistindo em um universo de máquinas. O *cogito* produz a ética cartesiana como doutrina da individuação da máquina corporal, e a alma, que é inteligente, distinguível do corpo, dá-lhe sua finalidade, o que acentua um individualismo radical. Esse quadro se tornou o paradigma dominante nas ciências até nossos dias. A antinomia espírito-máquina domina ainda hoje, sob forma renovada, as tentativas de uma ciência do homem. Ela passou a orientar a observação e produção científica até que a física do século XX passou a questionar seus pressupostos mecanicistas básicos.

Após séculos de aceitação da postura mecanicista, no mundo da ciência ocidental, como sendo a única possibilidade de entendimento do mundo e do ser humano, os pesquisadores e estudiosos encontram uma visão de natureza em que a totalidade não é o mero somatório de partes. No modelo mecanicista, associado à metáfora da máquina, no pensamento cartesiano prevalece a crença de que, em qualquer sistema complexo, a dinâmica do todo pode ser dividida e estudada parte por parte e o seu funcionamento pode ser explicado pelos seus componentes. No pensamento analítico, exposto por esse filósofo, o universo assim como a pessoa podem ser entendidos pela análise em termos de suas menores partes de modo que a compreensão completa advenha do somatório.

Em sua tentativa de construir uma ciência natural completa, Descartes ampliou sua concepção de mundo aos reinos biológicos. Plantas e animais nada mais eram que simples máquinas. Essa concepção criou raízes profundas com consequências não só no nível biológico como psicológico, e até mesmo econômico.

As consequências dessa visão mecanicista da vida para a medicina foram inconfundíveis, tendo exercido uma grande motivação no desenvolvimento da psicologia nos seus primórdios. As consequências adversas, porém, são óbvias e, segundo Najmanovich (2001, p. 81), apresentam-se na medicina, por exemplo, pela adesão rígida a esse modelo, dividindo o conhecimento da "máquina humana" entre muitas especialidades, e cada uma se ocupa de seu aparato correspondente, o que impede os médicos de compreender como muitas das mais terríveis enfermidades da atualidade possuem um forte vínculo psicossomático e socioambiental; os químicos tentaram compreender o comportamento das substâncias complexas de seus componentes mais simples; os biólogos analisaram as funções do organismo de unidades cada vez menores (órgãos, tecidos, células); os psicólogos comportamentais pretenderam explicar o comportamento como uma relação linear de estímulo-resposta; a sociologia mecanicista abordava a análise da sociedade resultante do somatório das ações de indivíduos isolados; e a economia ficou reduzida a um modelo simples, linear, cuja meta era um progresso equilibrado e a manipulação comercial de animais, sem consideração ética alguma.

No contexto de minha trajetória, foi preciso distinguir o sujeito moderno pelo "*cogito*" cartesiano, de essência solipsista e individualista, do sujeito fenomenológico, entendido como centro do agir e do qual depende o sentido do mundo, o que é assumido por Husserl como raiz filosófica fundamental, como afirma Cavalieri (2005, p. 34). Assim Husserl se expressa: **"Isso que nós chamamos de Ego em sentido próprio é [...] uma individualidade pessoal, [...] sujeito de motivações pessoais"** (HUSSERL, 1985, p.44 *apud* CAVALIERI, 2005, p. 34 – grifo nosso). Para Husserl, **"o mesmo é o ser e o pensar"**. No sujeito, há mais que o sujeito, ou seja, mais que o pensamento (*cogitatio*)[56].

Essa consciência intencional:

> Baseia-se no fato de que os fenômenos se revelam ao ser sempre como dotados de uma essência, de um eidos. Como o mundo das essências comporta tantas essências quanto

---

[56] *Cogitatio* (subs.): pensamento, reflexão, cogitação; projeto, desenho, desígnio, resolução; invenção, descoberta; inteligência.

> é possível nosso espírito produzir, então, a produção de
> nossa imaginação, percepção, pensamento, pode ser com-
> preendida pela inter-conexão ou correlação entre o ego
> cogito (eu penso) com o cogitatum (objeto de pensamento),
> numa comunhão que resulte no ego cogito cogitatum, que
> dá forma e que constitui o mundo na consciência (NEVES;
> CARVALHO, 1990, p. 28).

Consciência de escrever sobre um eu em exercício, e esse eu aparece em diferentes dimensões. Não diz respeito a uma consciência que será preenchida por conteúdos. O *ego cogito cogitatum* implica o escrever sobre algo ou alguém que é a realidade que já está aí em compromisso com o mundo, antes desse ser deliberadamente compreendido por um ato de conhecimento, ou por um eu que conhece, o que me permite escrever em um mundo natural e cultural, onde já estou aí. Nesse sentido, estou com outros.

Descartes é considerado por Husserl (2001, p. 19) "o maior pensador da França", pois os "novos impulsos que a fenomenologia recebeu devem-se a René Descartes", o que não significou uma aceitação tácita do conteúdo doutrinário conhecido do cartesianismo; mas, à semelhança de Descartes, Husserl debruçava-se sobre o mundo, consistentemente "*reaprendendo a vê-lo*" (Merleau-Ponty), ou numa "*reaprendizagem do vivido*" ou numa "*ressignificação do mundo*". Pois bem, dentro dessa reaprendizagem do mundo, Husserl (2001, p. 19) confere "a certos termos cartesianos um desenvolvimento radical".

Descartes busca na razão — que as matemáticas encarnavam de maneira luminosa — os recursos para a construção de um (novo) edifício para a ciência. Em sua época, a validade das proposições matemáticas parecia pairar acima das contingências de espaço e de tempo, sugerindo a possibilidade de seguras e perenes verdades que escapassem à força do ceticismo. A matemática tornou-se para Descartes a única ciência certa, a única que poderia saber, reconhecer e corrigir seus erros. Mas a matemática permanecerá durante muito tempo como um simples jogo do espírito. O método aplica-a ao real, onde quer que ele se esconda, o que resulta em aplicações na ótica, na mecânica, na física (sob todas as suas formas), na química, na astronomia, na biologia, na anatomia.

Indubitavelmente, Descartes agiu de forma excessivamente solitária. A subjetividade não tem outra forma senão em sentido parcial, pois é uma maneira de isolar o sujeito e o empurrar para a absoluta solidão. Não é de estranhar o solipsismo da filosofia cartesiana. Aqui Husserl (1907, p. 43), no palco desse diálogo, mostra a necessidade de superação do solipsismo: "Eu sou, todo o não-eu é simples fenômeno e se dissolve em nexos fenomenais? Devo, pois, instalar-me no ponto de vista do solipsismo"?

O solipsismo como apoio para o homem que se volta para deus, visto que a vida não oferece racionalmente nenhum conhecimento seguro, conclusão feita por Descartes pela via lógico-dedutiva, entendeu que a certeza da existência do mundo exterior se dá recorrendo à prova da existência de deus. A redução estabelecida por Descartes atingiu o ego cogito; ele fechou-se em si mesmo, a essa configuração compreendemos como o solipsismo. Desde então, a teoria do conhecimento gira em torno da relação sujeito-objeto, em torno da absurda questão de como o sujeito, saindo de sua imanência, pôde alcançar de modo dedutivo e consequente o mundo exterior, os objetos. A subjetividade, para Descartes, não tem outra forma senão em sentido parcial, pois é uma forma que isola o homem e o empurra para a absoluta solidão. A redução fenomenológica não tem apenas conotações intelectuais. Mostra que é uma possibilidade e uma necessidade fundamentadas em nossa própria existência. Esse solipsismo cartesiano precisa ser quebrado e o mundo-da-vida precisa ser liberado para que eu possa encontrar horizontes que apontem para possibilidades de desfrutar das minhas vivências – uma progressão para futuras series perceptíveis. Com a redução fenomenológica, o mundo é fenômeno e conserva sua vigência enquanto mundo para mim. Toda e qualquer experiência que eu tenho no mundo passa necessariamente pela experiência do outro. Eu não vivo isoladamente no meu mundo privado, pois eu vivo em um mundo inter-subjetivo e aberto, dado a mim e aos demais e acessível nos seus objetos, e nele experimento os outros enquanto outros e, ao mesmo tempo, enquanto uns para os outros, para cada um.

## 5.2 O que quero "quefazer"[57]

Estou diante de conteúdos experienciais concretos. Uma palavra importante para mim é a que está ligada ao "quefazer" filosófico, como [re]afirma Freire (1977, p. 145), que eu, como ser humano, sou um "ser da ação e da reflexão". Sou ser do "quefazer" ou diferente dos animais, pois a minha práxis não é um puro fazer. Os animais não "admiram" o

---

[57] Você que lê encontrará ao longo da pesquisa a utilização de palavras agregadas, como o exemplo acima. É uma forma de pontuar/demonstrar a [im]possibilidades do paradigma cartesiano de dicotomizações e disjunções e que induz a visão compartimentalizada e/ou dicotômica do mundo.

mundo. Imergem nele. Eu, pelo contrário, como ser do quefazer, vou surgir, emergir dele e objetivá-lo, podendo conhecê-lo e transformá-lo com meu trabalho.

> Mas, se os seres humanos são seres do quefazer é exatamente porque seu fazer é ação e reflexão. É práxis. É transformação do mundo. E, na razão mesma em que o quefazer é práxis, todo fazer do quefazer tem de ter uma teoria que necessariamente o respalde. O quefazer é teoria e prática. É reflexão e ação. Não pode reduzir-se nem ao verbalismo, nem ao ativismo (FREIRE, 2005, p. 141-142).

Todo homem é um ser do "quefazer", isto é, um ser que, transformando o mundo, com o seu trabalho, cria o seu mundo. A educação é um "quefazer" permanente, em razão da [in]conclusão do homem e do dever da realidade (FREIRE, 2005, p. 82, 141). Quefazer radical. O que se faz diariamente, cotidianamente. A pessoa que procura chegar à raiz das coisas, que não se deixa enganar pelo que lhe dizem os outros, que estuda, que reflete.

Diante das pessoas e mediante a maneira como elas se manifestaram, a subjetividade fez sentido para mim. É buscar o amor à sabedoria pelas possibilidades múltiplas que ela proporciona, independentemente da chamada "aplicação prática" ou de uma utilidade imediata.

Uma das formas do desvelar o sujeito da educação (especial, numa perspectiva inclusiva) é a atitude fenomenológica que nos coloca diante do outro; o sujeito é o que está diante de mim, e o desvelar dá-se na relação com ele. Tal atitude fenomenológica pode ser entendida conforme interrogações instigantes relacionadas, em primeiro lugar, à **subjetividade**: como aparece e como se [des]vela a subjetividade da pessoa da/na educação especial numa perspectiva inclusiva? É o ver, é o estar diante da pessoa e ver como se mostra a subjetividade ou, como Husserl chama, *"ego"*. Como perceber essa subjetividade, como perceber o outro? Concordamos com Merleau-Ponty (1994, p. 136, 203) quando afirma que o corpo como espaço permite a intersubjetividade animada por relações imaginárias e concretas com o mundo; e com Edith Stein, que fala da empatia, que é o "sentir o outro dentro de si".[58] Trata-se de um "viver" que se modula no "sentir" (MANGANARO, 2004, 2004, p. 4).

---

[58] "Sentir o outro dentro de si" é, de fato, o significado mais próprio da *"Einfühlung"*, que analisa a modalidade com a qual a alteridade pessoal se apresenta a uma consciência que conhece e apreende o *"tu"* como *alter ego*, outro, mas análogo a mim.

Em segundo lugar, **atitude fenomenológica** (ver, dirigir-se-á) pode ser entendida pelo estar relacionado ao encontro com o outro? Por que tal atitude fenomenológica nos coloca diante do outro? Por que o outro não sou eu mesmo?

A princípio, chamo de sujeito "deficiente" (AMARAL, 1995) esta pessoa que nos dias de hoje é alguém que está buscando significado e sentido, pois começa a "habitar" (MEIRA, 1983) ontologicamente a sua deficiência. É um processo constitutivo dela como pessoa. A deficiência não é alguma coisa externa a ela, mas sua constitutiva. O eu não está isolado e imune aos preconceitos, estereótipos e estigmas, porque a pessoa com deficiência é um *"ego-com"*. Esse eu não é solipsista. O *"ego-com"* busca significado diante dos preconceitos, estereótipos e estigmas. O *eidos* está no desvelar/revelar, e também está no mundo que a minha consciência é capaz de perceber. Como alguém por meio de um simples correio eletrônico se desvela/revela e se percebe um "ego-com" no mundo:

> Querida professora, algo que considero uma agravante, é o conceito social acerca das potencialidades da pessoa deficiente. Ser deficiente para sociedade, é ser "zero à esquerda [...] Exemplo a respeito do deficiente mental, em que muitas vezes, ouvi de profissionais da área, "não sei o que fazer com o meu aluno, pois não consigo tirar nada dele" [...] "Não consigo fazer com que meu aluno aprenda nada" [...] Diante disso, um professor que se diz embasado na área de deficiência mental, será que o problema está no aluno? Com a minha experiência na área de educação especial, vejo que ela é usada muito mais como "cabide" de profissionais que "não querem nada com nada" [...] Poucos profissionais da educação especial têm objetivo e compromisso em bem educar. Digo que, como deficiente visual, bacharel em Comunicação e pós-graduado em Telemática na Educação, cada vez mais tenho a certeza que não posso esperar "as coisas acontecerem" [...] Se fosse esperar "o milagre de Santa Luzia", não sei se teria conseguido [...] Tive algo que considero imprescindível, o apoio da minha família... Frequentei o instituto dos cegos, aqui, em Campo Grande-MS onde fui de maneira competente, reabilitado [...] Hoje, sinto-me na obrigação de ser o mais competente possível para contribuir com uma "educação mais educada" (JESUS, 2005).

O *eidos* do mundo é aquilo que nós percebemos, o que está contido na existência, afirma Merleau-Ponty (1994, p. 13-14). A pessoa com necessidades educacionais especiais desvela-se/revela-se em sua capacidade de perceber o mundo, pois o que ela percebe, o *eidos* do mundo, é o que nós percebemos. Os preconceitos, estereótipos e estigmas são percebidos por ela. Quando substituímos a palavra *"eidos"* por "sentido", já a estamos tratando na existência. "O mundo é aquilo que percebemos", e Merleau-Ponty faz uma ressalva importante: "e não percebo verdadeiramente o mundo", [...] buscar a essência do mundo não é buscar aquilo que ele é em idéia, uma vez que o tenhamos reduzido a tema de discurso, é buscar aquilo que de fato ele é para nós antes de qualquer tematização (MERLEAU-PONTY, 1994, p. 13-14).

No contexto da minha trajetória, é extremamente importante ver o que as pessoas manifestam antes de qualquer tematização. Ver como elas percebem o mundo, os preconceitos, os estigmas e os estereótipos. É o processo do [des]velamento/revelação em que essas pessoas se mostram.

Husserl sustenta que a verdade está no conhecimento[59] do *eidos* que se mostra para a minha consciência, e Merleau-Ponty (1994, p. 84-87) ressalta o conceito de corpo vivo, de sujeito encarnado. "O mundo é não aquilo que eu penso, mas aquilo que eu vivo; eu estou aberto ao mundo, comunico-me indubitavelmente com ele, mas não o possuo, ele é inesgotável" (MERLEAU-PONTY, 1994, p. 14). Cada pessoa com deficiência vive nesta "inesgotabilidade" do mundo, entre o macro e o micro que é o seu cotidiano. Essa pessoa é um ser humano concreto, é quem tem história. Concordamos com Merleau-Ponty quando afirma que o mundo está aí antes de qualquer análise que eu possa fazer dele, porque

> O mundo não é um objeto do qual possuo comigo a lei de constituição; ele é o meio natural e o campo de todos os meus pensamentos e de todas as minhas percepções explícitas. A verdade não "habita" apenas o "homem interior", ou, antes, não existe homem interior, o homem está no mundo, é no mundo que ele se conhece. Quando volto a mim a partir do dogmatismo do senso comum ou do dogmatismo da ciência, encontro não um foco de verdade intrínseca, mas um sujeito consagrado ao mundo (MERLEAU-PONTY, 1994, p. 6).

Qual é o meu quefazer? Refletir sobre o ser humano que acende o lampião. Há necessidade de um recurso reflexivo, recurso experiencial para um olhar sobre a pessoa dentro de um horizonte de abrangência muito maior.

---

[59] Conhecimento é, para Husserl, a "liberdade que temos de reproduzir e de perceber novamente em nossa consciência uma verdade concebida, como sendo identicamente a mesma, faz com que essa verdade seja para nós um bem definitivamente adquirido, chamado então de conhecimento" (HUSSERL, 2001, p. 28).

Relembrando o que já dissemos. No mundo automatizado de Descartes, a descrição mecânica rejeitava a presença do observador humano, e, a partir daí, a natureza poderia então ser descrita de forma bastante objetiva. Para as concepções clássicas e modernas da ciência, o mundo realmente importante lá fora era um mundo duro, frio, sem cor, imobilizado, silencioso e morto; um mundo de quantidades, um mundo de movimentos matematicamente milimetrado em regularidade mecânica. "O mundo das qualidades, tal como imediatamente percebido pelo homem, tornou-se um efeito curioso e insignificante daquela máquina infinita que jaz mais além" (NEVES; CARVALHO, 1990). Husserl dizia que o sentido do ser e o do fenômeno não podem ser dissociados o que se constitui na base fundamental na qual se assenta a fenomenologia.

> Edmund Husserl considera inaceitável o postulado de que aquilo que aparece na experiência atual não é a verdadeira coisa. Deu novo significado à fenomenologia, encerrando o fenômeno no campo imanente da consciência. Husserl não nega a relação do fenômeno com o mundo exterior, mas prescinde dessa relação. Propõe a "volta às coisas mesmas", interessando-se pelo puro fenômeno tal como se torna presente e se mostra à consciência. Sob este aspecto, deu um sentido mais subjetivo à palavra fenômeno, elaborando uma fenomenologia que faça ela mesma às vezes de ontologia. Segundo ele, o sentido do ser e do fenômeno são inseparáveis. A fenomenologia husserliana pretende estudar, pois, não puramente o ser, nem puramente a representação ou aparência do ser, mas o ser tal como se apresenta no próprio fenômeno. E fenômeno é tudo aquilo de que podemos ter consciência, de qualquer modo que seja. Fenomenologia, no sentido husserliano, será pois o estudo dos fenômenos puros, ou seja, uma fenomenologia pura (ZILLES, 2002, p. 12).

Neste palco, Lyotard (2008, p. 15 *et seq.*) está apontando para fenomenologia que ultrapassa as barreiras psicoepistemológicas das concepções clássicas e modernas da ciência, e inscreve o sujeito, notadamente a pessoa com necessidades especiais, em um mundo includente, um mundo que o inclua (e, simultaneamente, o ser incluindo o mundo) como intérprete dos fenômenos. O mundo em que julgávamos estar vivendo — o mundo rico de cores e sons, de fragrância, de alegria, amor e beleza, que demonstravam em tudo uma harmonia e ideais criativos intencionais, que são as dimensões transcendentais — passou a ser amontoado em pequenos cantos no cérebro dos seres orgânicos dispersos.

No caso das pessoas com deficiência, é no cotidiano que vivem suas dimensões transcendentais, no "encontro com o outro", marcantes, e, por isto mesmo, elas costumam administrar a seu favor, quando possível, o conhecimento público de sua deficiência.

O exemplo de Marco Antônio Queiroz, que durante sua vida administrou a seu favor o conhecimento público de sua deficiência. Ele faleceu em 2 de julho de 2013 e foi criador do sítio eletrônico Bengala Legal, que está fora do ar. Acessando o sitio quando estava funcionando, tomei conhecimento de que ele escreveu um livro sobre a sua história de vida:

> Pretendo mostrar minha história de vida. Sopro no Corpo: Vive-se de Sonhos é uma autobiografia na qual revelo minhas vitórias e derrotas, dores e prazeres para, no final, o leitor sentir que ela é um romance intenso, movimentado, que eu amo a vida justamente porque, com todos os meus limites, realizei meus maiores sonhos. Por isso, com toda a luta, não deixo de sonhar. Todos que lerem meu livro vão perceber que a vida me deu muitos presentes e que, por isso mesmo, não a deixo, aos pedaços, pelo caminho. Estou vivo, amo a vida. (QUEIROZ, [2006?]).

E outros exemplos do sentido e das vivências dessas pessoas:

> Quando estou dirigindo meu carro no trânsito e um cara me segue pra paquera, eu topo. Pego até telefone e tal. Não digo, e nem teria como, sei lá, dizer que eu não ando (LUIZA, 27 anos, paraplégica *apud* QUEIROZ, [2006?]).

> Uma vez eu entrei numa blitz e um guarda me mandou descer do carro. Falei: Não desço. O cara gritou: Desce do carro!!. Aí eu tirei a chave da ignição, dei pra ele e falei: Pega minha cadeira de rodas no porta-malas. O cara ficou mal: Desculpe, você devia dizer... Desculpe! [gargalhadas] (MARTINHO, 28 anos, paraplégico *apud* QUEIROZ, [2006?]).

Martinho e Luiza habitam a sua [defi]ciência e na experiência deles vivem com humor e imaginação. O *ego*, na perspectiva fenomenológica, amplia as possibilidades da pessoa, do ser humano. É um sujeito repleto de possibilidades, rico e amplo, é um sujeito com sua razão ampliada, não é limitada na atribuição de sentido, da experiência mesma. O sentido do ser e o do fenômeno não estão separados.

O *ego* cartesiano é limitado, privado das demais dimensões transcendentais. O outro é ele mesmo, por isso é um eu que se isola. Sente pouco o mundo das qualidades. Uma pessoa "deficiente" não é limitada na atribuição de sentido, na experiência mesma. Não é uma pessoa que não possa ser sujeito repleto de possibilidades, rico e amplo. Uma pessoa com deficiência mental também não será limitada na atribuição de sentido.

Você encontrará várias obras que são histórias de vida de pessoas com deficiências. Dentre elas, destaco o livro de Caio Augusto Donato, **Desafiando a síndrome de Down**. Caio descreve como foi parte da construção de sua existência. Conta como venceu, com força de vontade e com garra. Com graça e picardia, descreve as aventuras que passa pela vida uma criança com síndrome de Down. Com tons e cores de alguém que dá sentido a sua vida, encontrando de forma explicita informações que são aprendidas com tal poder que se tornaram aprendizagens de sentido. Assim, informar-se e informar ao outro ganhou para Caio conotação pedagógica, escrevendo para pais de pessoas com a síndrome de down buscando que atitudes desfavoráveis no trato com pessoas como ele tais familiares e pessoas leitoras despertem o sentido humano de conhecer e compreender para o desenvolvimento da humanidades. Caio Augusto tem em si a ideia de ir além dos limites do que é intelectivo, e nessa perspectiva ele convive com sua deficiência sem cura e interroga a sua condição, constrói cuidado de si ao aprender, adquirindo conhecimentos e atuar nas comunidades de que faz parte.

Ainda destaco a experiência de aprendizado de Padilha (2000), que dialoga com uma jovem de 16 anos chamada Bianca (com suas ideias criativas e intencionais), destacando que suas transformações mostram o *cogito* fenomenológico ampliado, ilimitado em atribuição de sentidos, e que aconteceram nas relações concretas de vida e somente nelas, isto é, na intersubjetividade. Ressalto que emerge na relação intersubjetiva de Padilha e Bianca, o sujeito fenomenológico, constituído a partir das coisas sensíveis da experiência cotidiana superam a atitude solipsista.[60]

> Bianca está cada vez mais "atora"! [...] É possível, diante da descrição de certos acontecimentos, analisar o conjunto das múltiplas transformações e evoluções no desenvolvimento cognitivo e motor de Bianca – justamente porque o motor ganha sentido, ganha estatuto de simbólico, transforma-se em signo para o outro e para si mesmo [...].

---

[60] Solipsismo é a crença filosófica de que, além de nós, só existem as nossas experiências. O solipsismo é a consequência extrema de se aceitar que o conhecimento deve estar fundado em estados de experiência interiores e pessoais, não se conseguindo estabelecer uma relação direta entre esses estados e o conhecimento objetivo de algo para além deles. O solipsismo do momento presente estende esse ceticismo aos nossos próprios estados passados, de tal modo que tudo o que resta é o eu presente. Com o intuito de demonstrar como considerava ridícula esta ideia, Bertrand Russell refere o caso de uma mulher que se dizia solipsista estando espantada por não existirem mais pessoas como ela (BLACKBURN, 1997, p. 367).

> [...] Foram três anos de encontro semanal com Bianca. Três anos que só aparentemente podem ser delimitados [...]. Digo "aparentemente" porque há retomadas constantes do passado, que é constitutivo do sujeito, tanto quanto seu presente e seu futuro. O que **Bianca é hoje revela seus anos de vida social antes de nos conhecermos. O que eu sou hoje, por causa de Bianca, transforma meu passado e me abre perspectivas para o futuro.**
>
> Bianca, que não sabia jogar aos dezessete anos, aprendeu. Passou ser parceira no jogo de baralho, nos jogos com dados: companheira em jogos diversos, que presta atenção, que ri e se diverte, que ganha e que perde (PADILHA, 2000, p. 211, 214-15, grifo nosso).

Sartre dizia que Merleau-Ponty foi o filósofo "que fez que se abandonasse o lampião para deslocar a reflexão para o homem que o acende" (CARMO, 2004, p. 18). Sartre se fascinava com os sofrimentos e o cotidiano das pessoas. Virava as costas para as pompas da academia e dizia que as verdades são prostitutas e jamais ultrapassam o umbral dos estudiosos. Provavelmente, como ele, eu fiquei surpreendido com tantas coisas que me foram escondidas, por isso eu me dirijo para o ser humano.

> Bianca não é mais a mesma jovem deficiente mental. Nem sua deficiência é a mesma. Os problemas já não são os mesmos. Ampliou a consciência do próprio corpo e do corpo do outro. A linguagem, mais desenvolvida, a constitui companheira de conversa, negociadora de sentidos... anuncia e denuncia. Diz de si e dos outros. Dramatiza situações de vida, agindo como se fosse o outro – coloca-se no lugar do outro – expressão do desenvolvimento cognitivo e cultural. Joga, desenha, escreve seu nome, conhece e reconhece números. Usa os instrumentos culturais com mais propriedade, escova os dentes para ficar mais bonita e passa batom... penteia-se para que o rapaz de quem gosta a veja bonita. Quer passar creme, perfume. Às vezes chega e diz: "Cheira. Olha como estou cheirosa." "Ganhei um anel..." "Viu minha blusa nova?" "Fui na manicure." "Limpeza de pele... eu fiz." Queixa-se. Reclama: "Minha mãe não quer pôr aparelho no meu dente..." "Meu pai foi embora de casa..." "Não quero falar..." "Me empresta um modess? Esqueci..." "Posso ir no banheiro? Vou lavar a mão... já volto..." (PADILHA, 2000, p. 212).

Portanto, pelos exemplos *supra*, no que se refere às subjetividades em relação às pessoas com deficiência, compreendemos que elas são mais amplas do que a visão mentalista da *res cogitans*. O recurso [pré]reflexivo e experiencial é necessário para olhar a pessoa dentro do horizonte de abrangência muito maior. Concordamos com Merleau-Ponty (1994, p. 1) no que se refere ao reflexivo "em reencontrar este contato ingênuo com o mundo, para dar-lhe enfim um estatuto filosófico".

## 5.3 Política e história

Na perspectiva macro, o tema Inclusão Social está em pauta. É o sujeito com "deficiência" como ser humano que está no mundo, e é no mundo que ele se conhece e se desvela. E podemos encontrá-lo na internet por meio de várias páginas on-line e grupos on-line. São realizados seminários, congressos, fóruns pelo Brasil e por toda a América Latina; organizações de apoio e relacionamentos das mais variadas matizes surgem, como a Organização Não Governamental (ONG) Centro de Integración Libre y Solidario de Argentina (Cilsa)[61] ou a Rede Saci[62] no Brasil. O Organização Mundial da Saúde (OMS) oferece manual chamado *Classificação Internacional de Funcionalidade* (CIF)[63]: uma ferramenta útil em contextos educacionais, porque ela ajuda a superar abordagens passadas usadas na descrição de incapacidade ou rotulação de pessoas deficientes que podem ter levado à segregação ou à discriminação na educação.

---

[61] Fundada em 14 de maio de 1966 na cidade de Santa Fé, Argentina. O propósito principal da Cilsa é promover a integração plena de pessoas oriundas de setores vulneráveis da sociedade argentina. Cilsa está presente institucionalmente nas seguintes cidades da Argentina: Santa Fé, Mendoza, Córdoba, Rosário, Buenos Aires, La Plata, Mar del Plata e Puerto Madryn; assim como também nas cidades espanholas de Madri, Málaga e La Coruña (CILSA, [2023]).

[62] A Rede Saci é uma rede eletrônica para difusão de informações sobre deficiência em âmbito nacional. Seus usuários são pessoas com todos os tipos de deficiência (mental, física, visual, auditiva, orgânica e múltipla), familiares, profissionais especializados, membros do Poder Público, formadores de opinião, além de centros de ensino e pesquisa. Seus focos temáticos prioritários são Educação e Trabalho. Os produtos e serviços da Rede Saci são gratuitos. Sua atuação acontece no endereço eletrônico www.saci.org.br e nos Centros de Informação e Convivência (CICs), locais com computadores, softwares adaptados e monitores especializados em ministrar cursos de informática para pessoas com deficiência.

[63] Qualquer pessoa interessada em aprender mais sobre o uso da Classificação Internacional de Funcionalidade, Incapacidade e Saúde pode se beneficiar da leitura desse manual. A CIF é usada atualmente em muitos contextos diferentes e para vários fins em todo o mundo. Ela pode ser usada como uma ferramenta útil em contextos educacionais. O modelo biopsicossocial subjacente da CFI não nega o impacto das deficiências na funcionalidade; na verdade, ele identifica que a funcionalidade é importante para participação em uma dada idade. A CIF aprimora a descrição das condições de saúde e de deficiências com informações focadas no aprendizado e no desenvolvimento. O manual pode ser usado em todos os contextos educacionais para dar suporte à continuidade durante o ingresso na vida escolar, e durante as transições de um nível educacional para o próximo ou para a fase subsequente de trabalho e emprego. Contribuirá em contextos de sala de aula, além de em contextos clínicos relacionados à escola, e fornece uma linguagem comum para a coordenação dos serviços prestados pelos sistemas educacional, social e de saúde.

Podemos dirigir o nosso olhar para ações dos governos, e aqui nos reportamos ao governo brasileiro por meio dos departamentos ou secretarias específicas do Ministério da Educação (MEC) com uma série de ações voltadas para pessoas com deficiências[64]. Nessa perspectiva, existem projetos, apoios, programas, uma legislação específica e o acolhimento por parte do Congresso Nacional e do Executivo de Documentos Internacionais[65].

Esse não era o olhar da América Latina no início do século XX e particularmente no Brasil. Jannuzzi exemplifica, com o texto do Decreto-Lei n.º 1.216, de abril de 1904, em *Coleção de leis e decretos do estado de S. Paulo*[66], qual a visão em relação ao deficiente:

> Da Matrícula: Não serão matriculados, e, portanto não entrarão no sorteio (haveria sorteio caso ocorresse mais demanda do que vaga): a – as crianças com idade inferior a seis anos incompletos [...]; c – os que sofrerem de moléstia contagiosa ou repugnantes [...] e os **imbecis e os que por defeito orgânico forem incapazes de receber educação** (JANNUZZI, 2004, p. 51, grifo nosso).

A exclusão social era o mote da sociedade colonial, e continua sendo na República por meio de uma economia excludente, das classes dirigentes altamente corporativas e de dose forte de ingenuidade daqueles que queriam educar o povo brasileiro. Segundo Dumerval Mendes, tal ingenuidade se expressa na falta de compromisso político claro: acreditar que o Estado oligárquico faria as reformas necessárias. É preciso que os educadores se tornem parte da sociedade civil organizada (BUFFA, NOSSELLA, 1997, p. 66). Quem são os sujeitos que estão diante da nação/educa[dor]a não pode negá-los como tais? A falta de compromisso político era uma forma de vê-los, mas não de reconhecê-los.

A educação do deficiente no Brasil tem caminhos percorridos em busca da equidade (JANNUZZI, 2004, p. 170-171), mas isso não significa que estamos prontos. Segundo Ferraro (1999, p. 227), não temos ainda a suposta universalização do acesso à escola no Brasil. Ainda lidamos com o como universalizar a educação fundamental e a ampliação da educação básica, com a

---

[64] Consulte o portais dos governos municipais, estaduais e federal para as informações sobre leis, decretos, portarias e ações que apresentam as políticas de governos e as políticas públicas que tratam das questões ligadas ao público-alvo da educação especial e à educação especial na perspectiva inclusiva, campo de lutas que, no período que se iniciou em 2003 até 2023, possibilita compreender tanto as lutas sociais das pessoas ligadas a esse público como quais as ideologias que marcam os partidos políticos quando estão em exercício no Executivo.

[65] Veja a dissertação de Bertuol (2020) e o texto de Correia (2023).

[66] Tomo 4, cap. 2, Art. 68.

educação das pessoas com necessidades especiais, educação indígena, educação do campo e as conquistas da educação de surdos que lutam para que as aulas sejam ministradas na Língua Brasileira de Sinais (Libras), a questão da linguagem para os surdos que reconhece a Libras como a primeira língua da pessoa surda. Esse campo de lutas produz pressões dos movimentos sociais, tendo como resultado a elaboração e legislação das políticas de inclusão educacional das pessoas com deficiência, e consequentemente essas políticas resultaram na ampliação de matrículas de alunos com deficiência e algumas mudanças na terminologia. Na disputa por espaços técnicos e políticos em ministérios e secretarias, na abertura para pessoas do público-alvo da educação especial, assim como para indígenas e outros ocuparem postos técnicos e políticos nos governos.

É importante destacar a importância dos movimentos sociais para a educação como um todo, pois esse campo de lutas contribuiu eliminando ou minimizando inúmeras barreiras para promover e ampliar os Direitos Humanos das pessoas com deficiência. Contudo, persiste a desigualdade traduzida na falta de oportunidades de acesso à educação de qualidade, necessária para realizar o pleno desenvolvimento de cada pessoa e sua cidadania.

Vale ressaltar toda a contribuição de Dussel e Freire, que apontam para os conceitos de opressão/dominação. A minha ênfase está nos "caminhos trilhados" — no processo. Em Pinel ([2003a]), os caminhos trilhados também são os das microações: trilhados por professores(as) e/ou educadores(as), *são caminhos cruzados,* pois *são efetivados na relação deles* mesmos com os outros e as coisas do mundo. Se o caminhante faz o caminho ao andar, imaginamos que o educador(a) e/ou professor(a), que busca efetivar a inclusão escolar e a não escolar, pode ganhar sentido por meio também das microações afirmativas inclusivas. Essas *ações mínimas e possíveis* — (co)movidas pelas relações afetivas e de conhecimentos — clamam por existir, isto é, clamam por ganhar vida concreta no cotidiano de ensino-aprendizagem. Refiro-me *às ações que demandam cristalizar-*se de fato vivido, diante dos espaços escolares e não escolares; um pedido de socorro de quem se sente discriminado. Essas *ações* se tornam experiências de sentido e assim produzem aprendizagens significativas — aquelas que tocam o ser e os modos de ser sendo si mesmo no mundo do educando. O sucesso possível aqui se mostra nessas tentativas docentes. Mas isso não significa que devamos encerrar nossa luta contra um macrossistema de exclusão, racista, segrega(dor) e sabota(dor), entre outras coisas. Muito pelo contrário, as microações de inclusão escolar (e não escolar), aquelas em que a professora e/ou o educador, na sua intencionalidade, planeja/executa/avalia atividades que favoreçam a inclusão (inclusive psicossocial), e podem ser compreendidas como

AUTONOMIA, INCLUSÃO E EMANCIPAÇÃO: VIDAS EM CONSTRUÇÃO PARA ALÉM DOS LIMITES

atos psicopedagógicos de resistência, de enfrentamento e de resiliência ao aparato estatal e/ou domina(dor), preconceituoso, perverso e dissimula(dor). Nas minhas experiências e vivências, as microações psicopedagógicas (des)velam um clima psicológico e social que parece contaminar a todos pelo teor de esperança, cidadania, justiça, opção pelos oprimidos, pelos rejeitados e humilhados, pelos empobrecidos, pelos rotulados por um pretenso saber. Por isso, sempre valerão a pena pequenos atos psicopedagógicos no microcotidiano escolar e/ou não escolar, mesmo que sejam "ações-pensares-sentires" isolados e aparentemente solitários. Agir inclusivamente é lutar contra o estatuto de uma verdade única, é lutar contra os estigmas e a noção de que é possível facilmente diferenciar a loucura da sanidade como se ambos não se misturassem e produzissem mais sentidos. Produzir e inventar modos de efetivação de uma psicopedagogia inclusivista, para a autonomia, para a pluralidade, é dizer que as ações emergem de uma subjetividade de aceitação de si e do outro no mundo, e a permissão de suas expressões nesse mesmo mundo. Para ser sendo inclusivo, o educador(a) e/ou professor(a) precisar ter interiorizado a inclusão (solidariedade, respeito, ousadia, coragem, humildade, amor, postura antirracista, tomadas de decisões corretamente inclusivas etc.). Agir intencionalmente sendo alguém que atua em vários horizontes que englobam a todos e todas *é a tarefa do educador(a) engajado psicossocial e politicamente por si e pelo outro, que ensina com paixão/prazer e está sempre aberto às* aprendizagens intencionais ou não, bem como aquele que domina os conteúdos e as didáticas.

Nas microações há engajamento, pois em si mesma é enfrentamento e denúncia da angústia do nosso povo (do qual somos parte). Os rejeitados desejam o que lhe é de direito: uma boa educação escolar. Eu também desejo isso — pelo menos, os profissionais da educação compromissados psicossocial e pedagogicamente. O "estatuto da loucura" é contra a inclusão, pois esse ato psicopedagógico contrapõe, ali no cotidiano mesmo, a dominação e o controle que se faz sobre "o outro diferente de mim" (PINEL, [2003a]).

No espaço escolar, convivem dois componentes fundamentais, que são: o instituído e o instituinte. O instituído são as formas, definidas como normas, sistemas de valores considerados como unificadores das ações na vida e no interior da escola e em todas as escolas. É esse instituído a regra que organiza o trabalho educativo, fornecendo os meios materiais e que busca dar linhas de direção à tarefa educativa, de modo que atenda aos "anseios" da sociedade estruturada com suas determinações específicas. O instituído é o que está dado, entendido como o sistema explicitado para a organização e condução da educação.

O instituinte tem seu espaço no instituído e dá sentido a ele, enquanto condição de sua existência. O instituído é formado pelas normas estabelecidas, pelos meios e recursos, é a vida cotidiana, o permanente, o premente. Parafraseando Merleau-Ponty (1994, p. 14), o instituído é não aquilo que eu penso, mas aquilo que eu vivo. O instituído, a legislação, por exemplo, não contempla plenamente o mundo-da-vida (*Lebenswelt*). Ele é um horizonte tão amplo que as próprias pessoas que vivem de forma solidária no mundo têm outras expectativas, outros sonhos.

Nesse meio-termo, entre o instituinte e o instituído, está, dialeticamente, o instituindo-se, no processo de discussão, de geração de valores, normas e procedimentos. Enfim, temos como condição básica da escola projetada — a escola de nossas necessidades e objetivos políticos — a escola vivida, aquela que encontramos historicamente e que, em processo e coletivamente, procuramos transformar.

O instituinte são as pessoas envolvidas na vida da instituição, expressando suas vontades, construindo e reconstruindo espaços de ações em um processo interativo no meio em que atuam. É a mundaneidade do mundo (MERLEAU-PONTY, 1994, p. 14). O instituído é importante e necessário, porém é insuficiente. É vazio sem o vigor do instituinte, pois aqui temos abertura do mundo inesgotável e não possuído.

As pessoas com necessidades especiais estão de alguma forma enraizadas historicamente no mundo-da-vida, que é o mundo que elas recebem ao nascer: é o mundo das [des]crenças, dos [anti]valores, o mundo da [con]vivência inter[in]dependente, ou seja, o mundo que é mundo com sua submissão às injunções e às necessidades dos fatos (MERLEAU-PONTY, 1994, p. 14). As pessoas que viveram nessas épocas adversas a uma educação para todos, inclusive pessoas com deficiência, apesar de leis, preconceitos, barreiras e adversidades, foram solidárias umas com as outras. Assim, como afirma Merleau-Ponty,

> O mundo é não aquilo que eu penso, mas aquilo que eu vivo; eu estou aberto ao mundo, comunico-me indubitavelmente com ele, mas não o possuo, ele é inesgotável. "Há um mundo", ou, antes, "há o mundo"; dessa tese constante de minha vida não posso nunca inteiramente dar razão. Essa facticidade do mundo é o que faz a *Weltlichkeit der welt*, o que faz com que o mundo seja mundo, assim como a facticidade do Cogito não é nele uma imperfeição, mas, ao contrário, aquilo que me torna certo de minha existência. O método eidético é o de um positivismo fenomenológico que funda o possível no real (MERLEAU-PONTY, 1994, p. 14).

AUTONOMIA, INCLUSÃO E EMANCIPAÇÃO: VIDAS EM CONSTRUÇÃO PARA ALÉM DOS LIMITES

A história é experimentada como fazendo parte dos sujeitos. Ela faz parte do ambiente do encontro. As ideias do ser-no-mundo e outro, com o tempo, conduzem a historicidade. A pessoa com necessidades especiais por deficiências, como situada-no-mundo, é um sujeito que vive exatamente a história. Sua liberdade em contexto torna-se presente às outras liberdades que vivem a experiência vivida e [con]vivida (*Erlebnis*) não como um mecanismo defeituoso, porém como pessoas encarnadas, e isso se dá na intersubjetividade. Destarte, exemplifica-nos Jannuzzi que o mundo é experiência [con]vivida, pois,

> [...] embora reproduzindo o contexto em que foi produzido, não só quanto à quantidade, mas também quanto à segregação, embora pequena, esta educação, a meu ver, não fez só isso. Isto já foi exposto em relação às instituições pedagógicas junto às psiquiátricas. Em relação à rede comum, também desempenhou, em muitos casos, dependendo naturalmente do profissional que nela trabalhou, uma atenção mais adequada, **uma tentativa de tornar possível a vida do aluno mais prejudicado**. Só encontrei relatada uma experiência no período, mas ela serve para ilustrar isso, pelo menos em parte; trata-se do atendimento iniciado em 1915 pelo campineiro Norberto Souza Pinto. Lecionando em escola da periferia da cidade (Cambuí), notou um grupo de crianças que se perpetuava na escola de 1° grau: os eternos repetentes. Com eles organizou uma classe, em sua casa, à noite, durante um ano. Segundo relatou (em entrevista ao jornal Correio Popular, de Campinas, edição de 1° de janeiro de 1967), no ano seguinte, dois terços deles foram restituídos à escola comum para frequentar o 2° ano. O outro um terço veio a constituir uma escola especial para retardados, ainda hoje existente (JANNUZZI, 2004, p. 65-66, grifo nosso).

Quantos professores e professoras, no seu cotidiano, desde os tempos mais imemoriais, já não atuavam como inclusivos? Quantas pessoas evocam professoras que as marcaram positivamente? Isso é tão cheio de sentido que elas dizem que poderiam ser um outro alguém, uma pessoa mais alienada, mas foi ela (aquela professora) que por diversos motivos marcou cada uma delas. Cidadão Pleno (MACIEL JÚNIOR, 2006, p. 277) tem lembranças significativas de um dos seus professores quando afirma que "*a inclusão era espontânea. Os professores incentivavam muito. Professor Arildo, era um professor muito amigo do aluno*".

Segundo Merleau-Ponty (1994, p. 3), a ciência virá sempre depois como uma "expressão segunda" da experiência do mundo em que, por exemplo, o Cidadão Pleno ou Norberto Souza Pinto[67] (JANNUZZI, 2004, p. 65-66), [con]viveram em hospitais, pois a ciência não tem e não terá jamais o mesmo sentido de ser que mundo vivido oferece, pela simples razão de que ela é uma determinação ou uma explicação do mundo. Nesse sentido, Merleau-Ponty (1994, p. 3) ajuda-me a compreender que "tudo aquilo que sei do mundo, mesmo por ciência, eu o sei a partir de uma visão minha ou de uma experiência do mundo sem a qual os símbolos da ciência não poderiam dizer nada". O mundo que é experiência [con]vivida já está sempre "já aí", antes de qualquer pensamento filosófico ou científico, como uma presença inalienável, e o meu esforço consiste em reencontrar este contato ingênuo com o mundo, para dar-lhe em um certo sentido um estatuto filosófico.

## 5.4 Uma parábola

A parábola do samaritano[68] não tem a pretensão de ser prova, nem suplanta o trabalho do pensamento argumentativo; ela é, sim, testemunho de "um passado imemorial" (LÉVINAS, 1993, p. 97) ou de uma tradição e de uma experiência. Na parábola percebemos a experiência do vivido e

---

[67] A abordagem que fundamentava o conceito de deficiência naquele momento era o modelo médico – a expressão segunda – que perdurou até meados de 1930 no Brasil, quando foi gradualmente substituído pela pedagogia e psicologia, especialmente pela ação do educador Norberto Souza Pinto. Durante o predomínio das ciências médicas, o momento histórico destaca a presença dos asilos, das classes anexas aos hospitais psiquiátricos (ilustrando as primeiras preocupações com a pedagogia para o ensino especial) e mais adiante, das classes anexas às escolas regulares (Leia PINTO, 1928).

[68] Bíblia Sagrada, Novo Testamento, Evangelho de Lucas, capítulo 10 (p. 60). "[25] Um mestre da Lei se levantou e, querendo encontrar alguma prova contra Jesus, perguntou: - Mestre, o que devo fazer para conseguir a vida eterna? [26] Jesus respondeu: - O que é que as Escrituras Sagradas dizem a respeito disso? E como é que você entende o que elas dizem? [27] O homem respondeu: - "Ame o Senhor, seu Deus, com todo o coração, com toda a alma, com todas as forças e com toda a mente. E ame o seu próximo como você ama a você mesmo". [28] – A sua resposta está certa! – disse Jesus. – Faça isso e você viverá. [29] Porém o mestre da Lei, querendo se desculpar, perguntou: — Mas quem é o meu próximo? [30] Jesus respondeu assim: - Um homem estava descendo de Jerusalém para Jericó. No caminho alguns ladrões o assaltaram, tiraram a sua roupa, bateram nele e o deixaram quase morto. [31] Acontece que um sacerdote estava descendo por aquele mesmo caminho. Quando viu o homem, tratou de passar pelo outro lado da estrada. [32] Também um levita passou por ali. Olhou e também foi embora pelo outro lado da estrada. [33] Mas um samaritano que estava viajando por aquele caminho chegou até ali. Quando viu o homem, ficou com muita pena dele. [34] Então chegou perto dele, limpou os seus ferimentos com azeite e vinho e em seguida os enfaixou. Depois disso, o samaritano colocou-o no seu próprio animal e o levou para uma pensão, onde cuidou dele. [35] No dia seguinte, entregou duas moedas de prata ao dono da pensão, dizendo: - Tome conta dele. Quando eu passar por aqui na volta, pagarei o que você gastar a mais com ele. [36] Então Jesus perguntou ao mestre da Lei: - Na sua opinião, qual desses três foi o próximo do homem assaltado? [37] Aquele que o socorreu! – respondeu o mestre da Lei. E Jesus disse: - Pois vá e faça a mesma coisa".

[con]vivido, o mundo das [des]crenças, dos [anti]valores, o mundo da [con] vivência inter[in]dependente, ou seja, o mundo que é mundo com sua submissão às injunções e às necessidades dos fatos.

Usando a parábola do samaritano como metáfora e testemunho, posso entender e perceber o "estar com outrem face a face" de Lévinas (2005, p. 32). Nessa parábola o samaritano é a escória[69], é tratado com muitos invólucros, o "não ser" (DUSSEL, 1977), mas que viu o "rosto do outro" (LÉVINAS, 2005, p. 32), o sujeito concreto ou sujeito encarnado (MERLEAU-PONTY, 1994, p. 85). O samaritano adota a atitude de sentir-o-outro-dentro-de-si. Vamos lidar com esses conceitos à luz da literatura de cunho religioso.

Certa vez um professor da lei judaica se levantou e, querendo encontrar alguma prova contra um outro mestre de quem ele não gostava muito, perguntou: "Mestre, o que devo fazer para conseguir a vida eterna?" Eles tinham essas questões relacionadas à vida espiritual, as questões metafísicas.

Essa história aconteceu nas terras da Palestina há dois milênios. Então o mestre respondeu: "O que é que os nossos textos sagrados dizem a respeito disso? E como é que você entende o que eles dizem? Como você percebe toda essa vivência? Como você é mediado pelas suas experiências (você mesmo), pelo outro, pelas suas leituras e seus relacionamentos (o mundo)?"

O professor da lei respondeu: "Ame o Senhor, seu Deus, com todo o coração, com toda a alma, com todas as forças e com toda a mente. E ame o seu próximo como você ama a você mesmo".

"A sua resposta está certa!", disse o mestre. "Faça isso e você viverá".

Veja que o mestre não qualificou a vida de "eterna". Apenas vida.

Porém o professor da lei, querendo complicar o outro, perguntou: "Mas quem é o meu próximo?" Uma outra pergunta seria: "Sou eu um próximo?" Como *ser sendo*, sou para outros que no mundo estão e são? Queria buscar limites na sua postura de amar. Então o seu próximo seria outro da mesma classe que ele, outro igual a ele. Ele vê o outro com base em si mesmo.

Como mestre da lei dado às coisas da religião, dos rituais, do templo, era extremamente exclusivista; as regras religiosas estavam acima dos instintos e das vivências humanitárias.

---

[69] "Escória", por pertencer a um povo mestiço, por haver se misturado com babilônicos e árabes; por ter um outro lugar de adoração com imagens de deuses babilônios e árabes combinando com o culto de Israel. A religiosidade praticada pelos samaritanos crescia, e os judeus sentiam repugnância em manter relações sociais e religiosas com os samaritanos. Não permitiam a adoração deles no Templo de Jerusalém.

Então o mestre continuou assim: "Um homem estava descendo de Jerusalém para Jericó. No caminho alguns ladrões o assaltaram, tiraram a sua roupa, bateram nele e o deixaram quase morto".

Os homens envolvidos na história são claramente judeus. Os professores do diálogo são judeus, e o herói da história é um judeu que se misturou com outros povos, por isto passou a ser discriminado, rotulado e posto em um invólucro — um samaritano. Os samaritanos e os judeus possuíam nesse conto quatro séculos de brigas e discriminações.

Surgem os ladrões, que no relacionamento com o outro agem olhando o outro como alguém que possui algo que pode ser tomado. É assim que eles [con]viviam: o que é seu é meu, e eu o tomarei. O outro não é um próximo a ser amado, ou a ser sentido dentro, é um meio para obter coisas. O que eu posso tirar de uma pessoa com "deficiência"? O que posso roubar dela? Se não posso tirar nada, então não há nada também a ser feito por ela, não há por que senti-la dentro de mim.

Voltando à estrada. Um sacerdote (alguém com a mesma formação religiosa e acadêmica de um dos mestres do diálogo) estava descendo por aquele mesmo caminho. Quando viu o homem, tratou de passar pelo outro lado da estrada. Também um levita (com a mesma formação religiosa e acadêmica do sacerdote) passou por ali. Da mesma forma, olhou e foi embora pelo outro lado da estrada. Lévinas faz-me refletir que "passar ao largo" é a incompreensão que deriva da preguiça ou da frieza com que passamos, indiferentes, um ao lado do outro. Rolando afirma que:

> A oposição implica, de fato, numa resistência. Não porque o outro se apresente como força ou hostilidade: pode ser inerme, indefeso, nu, mas na sua nudez é resistência, enquanto oposição que não se deixa absorver, reconduzir à unidade. Trata-se de uma resistência ética e não física. Por isso, o tirano foge do face-a-face, da dimensão mais original que é a ética (ROLANDO, 2001, p. 80).

Nos textos sagrados, havia o seguinte ensino que o sacerdote e o levita sabiam: "Somente se tocassem em um cadáver é que os fariam imundo devido às leis cerimoniais" (BÍBLIA, 2000, p. 83)[70]. Só teriam absoluta certeza de conservar sua pureza cerimonial se deixassem o homem como estava.

---

[70] Antigo Testamento, Levítico, 21, 1 *et seq.*, grifo nosso. "[1] O SENHOR Deus mandou Moisés dizer o seguinte aos sacerdotes, que são descendentes de Arão: — **Que nenhum sacerdote fique impuro por tocar no corpo de um parente morto**, [2] a não ser no caso de parentes chegados, isto é, a mãe, o pai, o filho, a filha, o irmão [3] ou a irmã solteira que more com ele".

Mas também se poderia ter certeza de que não omitiriam o cuidado a uma pessoa com necessidades somente pelo simples fato de ir até ele. Mas assim não o fizeram.

Foram para o outro lado da estrada e deliberadamente evitaram qualquer possibilidade de se verem face-a-face. Deixaram-no onde estava, no seu sofrimento e na sua necessidade. É o encontro de corpos em forma de recusa que afasta as existências e cava o hiato interpessoal. Sartre, até os últimos anos antes de sua morte, dizia que "o ser-para-o-outro é impossível" (SARTRE, 1997, p. 289 *et seq.*), mas, em outra obra, Sartre abre-se à esperança de um mundo não definitivamente fechado: "o outro é indispensável à minha existência tanto quanto, aliás, ao conhecimento que tenho de mim mesmo" (SARTRE, 1978, p. 16). Os judeus religiosos que passam ao largo do que foi atacado por salteadores e socorrido pelo Samaritano é o outro que lembra um pensamento de "Hegel: cada consciência procura a morte do outro" (ARDUINI, 1989, p. 21). É no diálogo das corporalidades que se constitui o ser-no-mundo. É por meio das corporalidades humanas inter-relacionadas que o mundo adquire sentido e se espraia em forma de linguagem. O mesmo dilema pertence aos dois: sacerdote e levita. Dois religiosos, um testemunho duplo, e os professores da lei não sabiam quem era o próximo. É assim que eles [con]viviam — sacerdote e levita — o que é meu é meu, e eu o guardarei.

Mas um samaritano que estava viajando por aquele caminho chegou até ali. Quando viu o homem, teve misericórdia (é do reino da afetividade, vem do coração) dele. Então chegou perto dele, limpou os seus ferimentos com azeite e vinho e em seguida os enfaixou. Depois disso, o samaritano colocou-o no seu próprio animal e levou-o para uma pensão, onde cuidou dele. Como afirma Lévinas (2005, p. 269), o samaritano faz uma inversão do "em-si", do "para si" e do "cada um por si" em um eu ético. O samaritano prioriza o "para o outro". É uma reviravolta radical do outro como meu inferno (Sartre) por sua eleição a uma responsabilidade pelo outro homem irrecusável e inacessível. Esse novo giro radical produzir-se-ia no que Lévinas chama de "encontro do rosto de outrem".

É na relação intersubjetiva (Husserl, Quinta Meditação) do eu ao outro que esse acontecimento (Lévinas) ético, amor e misericórdia, generosidade e obediência, conduz ou eleva acima do ser. "O rosto é o que não se pode matar, ou pelo menos, aquilo cujo sentido consiste em dizer: tu não matarás" (LÉVINAS, 1982, p. 79). É o olhar do outro a impedir qualquer conquista, ou melhor, de acordo com a importante especificação de transcendência e inteligibilidade, "farás tudo para que o outro viva" (LÉVINAS, 1982, p. 32). Como se o samaritano perguntasse: no rosto do outro há uma presença, uma superioridade, o que posso compreender?

> O *Tu não matarás* é a primeira palavra do rosto. Ora, é uma ordem. Há no aparecer do rosto um mandamento, como se algum senhor me falasse. Apesar de tudo, ao mesmo tempo o rosto de outrem está nu; é o pobre por quem posso tudo e a quem tudo devo. E eu, que sou eu, mas enquanto "primeira pessoa", sou aquele que encontra processos para responder ao apelo (LÉVINAS, 1982, p. 81).

Então eu digo a Lévinas: sim! No caso do samaritano, sim! Mas, noutros, o encontro com o outro pode acontecer ao contrário; dá-se a violência, o ódio, o [pré]conceito, o desprezo, o passar longe, o virar o rosto e o não educar. Lévinas responde:

> Claro. Mas penso que, seja qual for a motivação que explique esta inversão, a análise do rosto [...], com o domínio de outrem e da sua pobreza, com a minha submissão e a minha riqueza, é a primeira. É o pressuposto de todas as relações humanas. [...] Respondo que é o fato da multiplicidade dos homens e a presença do terceiro ao lado de outrem que condicionam as leis e instauram a justiça (LÉVINAS, 1982, p. 81).

O samaritano via-se diante do único *Logos* que [pré]existe, que é o próprio mundo, de que ele faz parte, e nenhuma hipótese explicativa é mais clara do que o próprio ato pelo qual ele retoma este mundo inacabado para tentar totalizá-lo e pensá-lo. Quando as corporalidades existentes travam relacionamento, que se forma um universo que se constitui como um mundo-da-vida, intersubjetivo, comunitário e solidário. O diálogo corporal mediatiza o intercâmbio mais amplo com o universo cósmico e histórico. O encontro de corpos perfaz a mútua inserção significativa de vidas. É um encontro que perpassa o acolhimento recíproco. Na fala de Jaspers, o samaritano é pedagogia existencial (ARDUINI, 1989, p. 21). Mas você poderá perguntar: mas o outro não é também responsável a meu respeito?

> Talvez, mas isso é assunto dele. Um dos temas fundamentais, de que ainda não falamos, [...] é que a relação intersubjetiva é uma relação não-simétrica. Neste sentido, sou responsável por outrem sem esperar a recíproca, ainda que isso me viesse a custar a vida. – A recíproca é assunto dele. Precisamente na

> medida em que entre outrem e eu a relação não é recíproca é que eu sou sujeição a outrem; e sou **sujeito** essencialmente neste sentido. Sou eu que suporto tudo. Conhece a frase de Dostoievsky: "Somos todos culpados de tudo e de todos perante todos, e eu mais do que os outros". Não devido a esta ou àquela culpabilidade efetivamente minha, por causa de faltas que tivesse cometido; mas porque sou responsável de uma responsabilidade total, que responde por todos os outros e por tudo o que é dos outros, mesmo pela sua responsabilidade. O eu tem sempre uma responsabilidade a mais do que todos os outros (LÉVINAS, 1982, p. 90-91, grifo do autor).

Provavelmente o judeu socorrido sentiria ódio de ter sido socorrido por um samaritano. Daí o samaritano pagar a conta e sair de cena. Essa é uma relação assimétrica. Para o samaritano, o judeu era a figura radical da alteridade. Aqui o mestre traz a lição do amor verdadeiramente sentido e vivido, que se dá na forma de reaprender a ver o amar os seres humanos. O conhecimento é, em todas as suas configurações, uma vivência psíquica: é conhecimento do sujeito que conhece.

No dia seguinte, o samaritano entregou duas moedas de prata ao dono da pensão, dizendo: "Tome conta dele. Quando eu passar por aqui na volta, pagarei o que você gastar a mais com ele". Estamos diante outra forma de [con]viver, do homem samaritano: o que é meu é meu também e eu lhe darei.

O efeito de introduzir um samaritano é devastador. Para aquele professor da lei, não havia samaritano bom. Se um samaritano tocasse no corpo de um judeu, mesmo casualmente ou de maneira rápida, o judeu considerava-se impuro. Ao chegar a casa, passaria por um ritual de purificação. A sombra de um samaritano seria o suficiente para estragar uma comida, tornando-a impura aos olhos de um judeu. Um samaritano seria a última pessoa de quem se poderia esperar misericórdia, alguém que soubesse quem é o próximo. Mas este homem cuidou daquele com necessidades naquele momento. E o seu cuidar só terminou quando colocou o homem em um abrigo seguro. Pagou a hospedaria com dois denários por conta, e bastaria 1/12 de um denário, que corresponderia a um mês de hospedagem. Não foi tudo; quando voltasse, pagaria qualquer gasto a mais que o hóspede tivesse.

Então o mestre perguntou ao professor da lei: "Na sua opinião, qual desses três foi o próximo do homem assaltado?" "Aquele que o socorreu!", respondeu o professor da lei. E o mestre conclui: "Pois vá e faça a mesma coisa".

O professor da lei não conseguiu falar a odiada palavra "samaritano". Observe que ele evitou dizer "foi o samaritano", preferindo a fórmula longa "o que usou de misericórdia para com ele". Não consegue se ver no lugar do outro. Não tem o outro dentro de si. O estar diante do próximo é o não perguntar. Vê a necessidade e ajuda. Só isso. Nada se [...] opõe ao cuidar. Nem o fato de ser de outro povo, inimigo ou estranho. A única lei que vigora neste campo é a de sentir as necessidades e/ou os limites alheios. O próximo autêntico cuida sem perguntar, nem exigir, sem procurar causa ou recompensa.

O mundo "com seu horizonte temporal infinito nos dois sentidos" (LYOTARD, 2008, p. 27), seu passado e seu futuro, conhecidos e desconhecidos, imediatamente vividos e privados de vida.

> Desta maneira, na consciência desperta eu sempre me encontro referido a um único e mesmo mundo, sem jamais poder modificar isso, embora, este mundo varie em seu conteúdo. Ele continua sempre a estar "disponível" para mim, e eu mesmo sou membro dele. Este mundo, além disso, não está para mim aí como mero **mundo de coisas**, mas, em igual imediatez, como **mundo de valores** [beleza e feiura, gratidão e ingratidão e de bens como mesa, computador, livros, caneta, papel], como **mundo prático** [são os objetos que estão "aí a diante" para os quais eu me volto ou não]. Descubro, sem maiores dificuldades, que as coisas a minha frente estão dotadas tanto de propriedade materiais como de caracteres de valor, eu as acho belas e feias, prazerosas ou desprezíveis, agradáveis ou desagradáveis etc. Há coisas que estão imediatamente aí como, a "mesa" com seus "livros", o "copo", o "vaso", o "piano" etc. Também esses caracteres de valor e caracteres práticos fazem parte **constitutiva dos objetos disponíveis como tais**, quer eu me volte, quer não, para eles e para os objetos em geral. Tal como para as "meras coisas", isso vale naturalmente também para os seres humanos e animais de meu meio circundante. Eles são meus "amigos" ou "inimigos", meus "subordinados" ou "superiores", "estranhos" ou "parentes" etc (HUSSERL, 2006, p. 75, § 27, grifo do autor).

Mas esse mundo contém igualmente um âmbito ideal: se me dedico presentemente à aritmética, esse mundo aritmético está ali para mim diferente da realidade natural, na medida em que ele só está ali para mim enquanto tomo a atitude do matemático, ao passo que a realidade natural sempre está ali. Enfim, o mundo natural é também o mundo da intersubjetividade.

A tese natural, contida implicitamente na atitude natural, é aquilo que permite que eu descubra (a realidade) como existente e a acolha, como ela se dá a mim, igualmente existente (HUSSERL, 2006, p. 81, § 32). É evidente que posso pôr em dúvida os dados do mundo natural, recusar as informações que dele recebo, distinguir, por exemplo, aquilo que é "real" do que é "ilusão". Mas essa dúvida "envolvendo dados do mundo natural não modifica em nada **a tese geral da orientação natural**" (HUSSERL, 2006, p. 77, § 30 – grifo do autor); ela nos faz aceder a uma apreensão desse mundo existente mais "adequada", mais "rigorosa" do que a que nos dá a percepção imediata; funda a superação do perceber pelo saber científico, mas nesse saber a tese intrínseca à atitude natural se conserva, pois não há ciência que não postule a existência do mundo real do qual é ciência.

"O mundo natural, no entanto, como o mundo no sentido habitual da palavra, continua a estar para mim aí enquanto estou naturalmente nele imerso" (HUSSERL, 2006, p. 76, § 28). Para compreender e ampliar os meus horizontes, Husserl afirma para pormos...

> [...] fora de ação a tese geral inerente à essência da orientação natural, colocamos entre parênteses tudo o que é por ela abrangido no aspecto ôntico; isto é, todo esse mundo natural que está constantemente "para nos aí", "a nosso dispor", e que continuará sempre aí como "efetividade" para a consciência, mesmo quando nos aprouver colocá-la entre parênteses. [...] Tiro, pois, de circuito todas as ciências que referem a esse mundo natural, por mais firmemente estabelecidas que sejam para mim, por mais que as admire, por mínimas que sejam as objeções que pense lhes fazer: eu não faço absolutamente não faço uso algum de suas validades. Não me aproprio de uma única proposição sequer delas, mesmo que de inteira evidência, nenhuma é aceita por mim, nenhuma me fornece um alicerce – enquanto, note-se bem, for entendida tal como nessas evidências, como uma verdade sobre realidades deste mundo. Só posso admiti-la depois de lhe conferir parênteses (HUSSERL, 2006, p. 81, § 32, grifo do autor).

Esta parábola aponta para vários sujeitos. Não é o indivíduo. O samaritano (sujeito) está apontando uma origem, uma gênese[71] aberta, criando uma generatividade, isto é, uma abertura para o futuro. É o sujeito que se origina solidariamente e intersubjetivamente. O sujeito nasce sempre

---

[71] Ver item 5.6, "Proposições provisórias" (p. 152- página do livro).

como sujeito intersubjetivo, essa é a gênese. Esse sujeito que nasce inter-subjetivamente se desenvolve generativamente e vai se constituindo em um mundo cada vez mais solidário. Ao contrário, se a pessoa permanecer na dimensão estática ou descritiva, a tendência será não reconhecer essa gênese intersubjetiva nem se abrir para uma generatividade. Na parábola o professor da lei só percebe a descrição estática, o imediato da vida, a ten-dência é da manutenção. Ele não vê as possibilidades criadoras da gênese ativa, por ser criadora e de generatividade. Ele tipifica a pessoa que pensa o imediato; o estático é o definitivo. Esse é o problema da lei, e diante dela não tem como se perguntar pela origem nem pelo fim. Como fica preso a uma normatização, não percebe o outro como um ser humano dinâmico diante de sua face.

Lembro-me de um exemplo que me chamou atenção. Está no texto de Paulo Colodete (2004), que tratou como enfermeiro/pesquisador do caso da menina chamada Hyngridi uma menina violentada por familiar, durante um churrasco de família. O texto interpreta um encontro com o outro cheio de sentido. O dinâmico surge, às vezes, na "tempestade" que toda estrada oferece e notadamente no encontro que se deu com a notícia de Hyngridi que "[co]moveu-me em dois sentidos: no de emocionar-me e no de mover-me junto a ela e à equipe [...] penso/sinto que a dor do outro não pode cair no lugar comum, por isso tal cena (diante da pessoa, a dor dela) sempre está a provocar-me e evocar-me indignação" (COLODETE, 2004, p. 22-23, 30).

Dentro do carro do atendimento, o sujeito/enfermeiro/pesquisador que é parte de uma equipe reflete esta situação de violência e abuso do outro coletivamente, mas, como o samaritano, que possivelmente se deparou com outros casos de assalto e espancamento por aquelas estradas, "incomoda-se". Essa equipe especificamente diante dessa menina se incomoda muito, e, como pessoa, Colodete emociona-se. Ele chega "a ponto de", isto é, Hyngridi imprime suas marcas como ser humano.

Colodete (2004, p. 24), agora como pedagogo existencial, vivencia o encontro com o outro é possível. É chamado e aproxima-se. É a consciência intencional. Não suspende os [pré]conceitos: "por que fizeram isto com ela?" Mas, no encontro, que é significativamente emotivo, o outro evoca, provoca, faz sentir, é visível; e Hyngridi é transformada em um ser de necessidades, em um ser luta[dor]. Ela evocava a criança que todos foram. Ela é o outro, que não foi reconhecida como um ser de direitos para as pessoas de sua família próxima, adulto que demostra insatisfação vivida na infância, que não se via na menina, isola-se totalmente a ponto de não vê-la, de passar ao largo de sua alegria, de sua ludicidade, de comer uma carne saborosa[72]. O sujeito da educação (especial) é esse outro que evoca e provoca as minhas possibilidades humanas. Apresento aqui [pré]conceitos que são necessários suspender nos relacionamentos com os sujeitos.

A pessoa com deficiência não é somente um ser-para-o-sujeito-pensante, mas também e principalmente um ser-para-o-olhar, que de outra maneira não o reconhece. O outro põe-se na extremidade do olhar. Toda percepção é uma comunhão (MERLEAU-PONTY, 1994, p. 429). Ele chama o percebido como uma unidade de valor (MERLEAU-PONTY, 1994, p. 430). E o percebido terá sempre o percebedor, o em-si-para-nós. Porque, no mundo real, o sentido e a existência são um, pois no real o sentido investe e penetra profundamente a matéria. Diferentemente de Descartes, que descreve o ser como partes estanques, Merleau-Ponty vê o todo, a completude:

> Não somos "uma reunião de olhos, de ouvidos, de órgãos táteis com suas projeções cerebrais [...] Assim como todas as obras literárias [...] são casos particulares nas permutas possíveis dos sons que constituem a linguagem e de seus signos literais, da mesma maneira as qualidades ou sensações representam os elementos dos quais é feita a grande poesia de nosso mundo (Umwelt). Mas tão seguramente quanto alguém que só conhecesse os sons e as letras de forma alguma conheceria a literatura e não apreenderia seu ser último, mas absolutamente nada, da mesma forma o mundo não é dado, e nada dele é acessível àqueles a quem as "sensações" são dadas". O percebido não é necessariamente um objeto presente diante de mim como termo a conhecer, ele pode ser uma "unidade de valor" que só me está presente praticamente. Se retiraram um quadro de um cômodo que habitamos, podemos perceber uma mudança sem saber qual. É percebido tudo aquilo que faz parte de meu ambiente, e meu ambiente compreende "tudo aquilo cuja existência ou inexistência, cuja natureza ou alteração contam para mim praticamente": a tempestade que ainda não caiu, da qual eu não saberia nem mesmo enumerar os signos e que nem mesmo prevejo, mas para a qual estou "provido" e preparado; a periferia do campo visual que o histérico não apreende expressamente, mas que

---

[72] A história acontece em um churrasco em família. A violência aconteceu quando uma pessoa adulta, mãe de um filho, escolheu a mão esquerda de Hyngridi e a força, coloca contra a chapa quente (COLODETE, 2004, p. 11 apêndice VII).

> todavia co-determina seus movimentos e sua orientação; o respeito dos outros homens ou essa amizade fiel que eu nem mesmo percebia mais, mas que estavam ali para mim, já que me deixam em dificuldades quando se retiram (MERLEAU-PONTY, 1994, p. 430).

Ressaltamos que o *eidos* (sentido) é no sujeito uma unidade de valor. A esse respeito, na obra a *Fenomenologia da percepção*, Merleau-Ponty (1994, p. 339) aprofunda essa perspectiva partindo do sujeito como unidade de valor, uma pessoa com sensibilidade (afetividade, coração), vida (alma), corpo (força, encarnação) e cognição (entendimento), é uma pessoa também situada, pois é alguém que vive algo e sabe aquilo que vive, e sua alma está presente em cada parte do seu corpo. Eu completo dizendo que assim é porque ele é alma vivente.

Para a fenomenologia, a sensibilidade e a percepção são idênticas no sujeito. É também sua essência, ou melhor, seu *eidos*. Chaui (2000, p. 122-124) aponta que o que é percebido pelo sujeito é qualitativo, significativo, estruturado e está no que é percebido como sujeito ativo, isto é, dá ao percebido novos sentidos e novos valores, pois as coisas fazem parte da vida e o sujeito interage com o mundo e com outros sujeitos. Na comunicação com outros sujeitos, a percepção (o sensível, o afeto) é percebida como *eidos*. Como depende da sócio-historicidade, e da sua intersubjetividade do sujeito, este campo é chamado de perceptivo: campo perceptivo ou, nos termos de Merleau-Ponty (1994, p. 95-96), "campo fenomenal". O campo fenomenal envolve significações visuais, tácteis, olfativas, gustativas, sonoras, motrizes, espaciais, temporais e linguísticas. A percepção é uma conduta vital, pois parte da estrutura de relações entre nosso coração[73] (afeto, sensibilidade, percepção, núcleo ou o centro do sujeito na linguagem de Pascal) está ligada ao nosso corpo e ao mundo.

> Conhecemos a verdade não só pela razão, mas também pelo coração; é desta última maneira que conhecemos os princípios, e é em vão que o raciocínio, que deles não participa, tenta combatê-los. [...] Sabemos que não sonhamos; por maior que seja a nossa impotência em prová-lo pela razão, essa impotência mostra-nos apenas a fraqueza da nossa razão, mas não a certeza de todos os nossos conhecimentos, como pretendem. Pois o conhecimento dos princípios, como o da

---

[73] Pascal relativiza a certeza puramente racional e matemática: *"Conhecemos a verdade, não só pela razão, mas também pelo coração"* (PASCAL, 1979, p. 107-108, n. 282). Com o coração, de maneira perceptiva, conhecemos o campo fenomenal que envolve significações visuais, tácteis, olfativas, gustativas, sonoras, motrizes, espaciais, temporais e linguísticas.

> existência de espaço, tempo, movimentos, números, é tão firme como nenhum dos que nos proporcionam os nossos raciocínios. E sobre esses conhecimentos do coração e do instinto é que a razão deve apoiar-se e basear todo o seu discurso. (O coração sente que há três dimensões no espaço e que os números são infinitos; e a razão demonstra, em seguida, que não há dois números quadrados dos quais um seja o dobro do outro. Os princípios se sentem, as proposições se concluem; e tudo com certeza, embora por vias diferentes.) E é tão inútil e ridículo que a razão peça ao coração provas dos seus princípios primeiros, para concordar com eles, quanto seria ridículo que o coração pedisse à razão um sentimento de todas as proposições que ela demonstra, para recebê-los.
>
> Essa impotência deve, pois, servir apenas para humilhar a razão que quisesse julgar tudo; mas não para combater a nossa certeza, como se apenas a razão fosse capaz de nos instruir. Prouvesse a Deus que, ao contrário, nunca tivéssemos necessidade dela e conhecêssemos todas as coisas por instinto e por sentimento! Mas a natureza recusou-nos esse bem e só nos deu, ao contrário, muito poucos conhecimentos dessa espécie; todos os outros só podem ser adquiridos pelo raciocínio (PASCAL, 1979, p. 107-108, n. 282).

Merleau-Ponty (1994) usa a palavra "percepção"; Pascal (1979) usou "coração"; Chaui (2000) afirma que sensação e percepção têm o mesmo sentido. Portanto, "coração" envolve no sujeito toda a personalidade, sua história pessoal, seus desejos e paixões. A percepção é algo desvelado no sujeito, que é o seu *eidos*, como maneira de estar e ser no mundo. Percebe-se as coisas como instrumentos ou como valores, reage-se positiva ou negativamente a cores, odores, sabores, texturas, distâncias, tamanhos e muitas outras coisas do mundo. O mundo é percebido/sentido qualitativamente, afetivamente e valorativamente. Quando percebemos uma outra pessoa, por exemplo, uma pessoa com deficiência, não temos uma coleção de sensações e partes que estejam "faltando" do seu corpo, ou de sua mente, mas percebemo-la em sua totalidade e, por essa relação do "coração", construímos um relacionamento com ela.

A carta citada a seguir, de uma mãe que vive na Argentina, ilustra a relação com o mundo percebido/sentido:

> Estou procurando imaginar vocês agora; entre o medo, a angústia, a dor, a raiva, a rejeição... Isso não é difícil para mim, eu estive bem ali no lugar de vocês. Diante de meus olhos desfilaram os mesmos sentimentos, os mesmos medos.

Vocês tiveram um filho com Síndrome de Down, um "mongólico". Que palavra! Bate em cima e dilacera. E nessa voragem esqueceram uma coisa muito importante; **tiveram um filho, um bebê, uma pessoa que precisa de vocês,** e que até agora não entende muito porque vocês estão fazendo uma cara dessas. Qual a razão do pranto da mamãe o desespero de papai. Se até há muito pouco tempo atrás tudo estava perfeito. Não consegue compreender de maneira nenhuma o que aconteceu, que foi que fez com que seu mundo de afetos desmoronasse. Ele está ali sozinho, esperando por vocês. Vão ter de ser vocês que terão de reconhecer nele o filho que vocês têm. É você, a mamãe dele, ser único e insubstituível que, tendo-o nos braços, vai conseguir acalmá-lo e conter sua angústia. De agora por diante vai ser um aprendizado mútuo. Este bebê "menos que perfeito" que vocês tiveram – é seu. Com certeza vai ter o riso do papai ou o jeitinho da mamãe. E com quem vai parecer se não com vocês? **São vocês que estão encarregados de apresentá-lo ao mundo.** Sei bem, não será uma tarefa fácil, mas não será impossível por causa disso. Como o mundo olhará para ele, então? Com os mesmos olhos com que vocês olhem para ele. Porque vocês são o seu primeiro mundo. Vocês são tudo para ele neste momento. Tudo dependerá de vocês, portanto. Se vocês virem nele um ser com futuro, se o educarem com a certeza de que é uma pessoa com possibilidade de desenvolvimento, digna de ser feliz, capaz de querer bem e ser querido, de viver a vida e de passar por ela e não que ela a vida passe por ele, vocês lhe darão a oportunidade de se converter num ser humano completo, digno, livre e, sobretudo, feliz. Aprenderão que sua relação com ele o com qualquer pessoa não passa pelo seu **coeficiente intelectual**, nem por seus olhos amendoados, ou suas mãos ou rosto, mas fundamentalmente por uma **relação** de amor e, a partir disso, pode-se conseguir tudo. Vocês vão ficar sabendo que embora os sucessos dele demorem a chegar acabarão chegando e vocês ficarão cheios de felicidade com seu primeiro sorriso, suas primeiras palavras, seus primeiros passos... E chegará o dia em que vocês se verão refletidos em seu filho e se sentirão orgulhosos de tê-lo. E compreenderão que o mundo não acaba, não para, nem se destrói porque nasceu, mas, ao contrário, o mundo começa agora porque sempre a gente renasce, hoje e todos os dias, a partir dele e com ele... (MACIEL JÚNIOR, 2006, p. 127-128, grifo nosso).

Merleau-Ponty destaca o corpo, pois ele é "sujeito encarnado", ele é observável, o corpo tem uma energia específica dos nervos, que concede ao organismo o poder de transformar o mundo físico; assim como "atribui aos aparelhos nervosos a potência oculta de criar as diferentes estruturas de nossas experiências". É uma maneira contingente de se apresentar a nós, porque é percebido constantemente, sua presença é de tal tipo que ela não ocorre sem uma ausência possível. Portanto, o corpo não é um objeto do mundo, mas é o meio de nossa comunicação com ele, mundo não mais como soma de objetos determinados, mas como horizontes de nossa experiência, presente sem cessar, ele também, antes de todo pensamento determinante. A espacialidade e o movimento do corpo não estão limitados ao corpo e sua mecânica ou à consciência, eles só podem ser paralelos (MERLEAU-PONTY, 1994, p. 111, 134, 136-137, 176). Nesse sentido,

> A experiência do corpo nos faz reconhecer uma imposição do sentido que não é a de uma consciência constituinte universal, um sentido que é aderente a certos conteúdos. Meu corpo é esse núcleo significativo que se comporta como uma função geral e que, todavia existe e é acessível à doença (MERLEAU-PONTY, 1994, p. 203-204).

Nesse sentido, o corpo é o núcleo do sujeito e no que se refere ao corpo. Lévinas (1992, p. 89) ressalta que o "seu rosto, o expressivo no outro (e todo o corpo humano é, neste sentido mais ou menos, rosto), fosse aquilo que me manda servi-lo". O especificamente rosto é o que não se reduz a ele. "Aqui o rosto é sentido só para ele. Tu és tu. Neste sentido, pode dizer-se que o rosto não é **visto**" (LÉVINAS, 1982, p. 78, grifo do autor).

Compreendemos que o corpo pode simbolizar a existência; é porque a realiza e porque é sua atualidade (MERLEAU-PONTY, 1994, p. 227). Meu corpo poderá se fechar ao mundo, encerrando-me numa vida anônima, mas meu corpo é também aquilo que me abre ao mundo e nele me põe em situação. Por esse prisma, Merleau-Ponty afirma que

> Dizer que tenho um corpo é então uma maneira de dizer que posso ser visto como um objeto e que procuro ser visto como sujeito, que o outro pode ser meu senhor ou meu escravo, de forma que o pudor e o despudor exprimem a dialética da pluralidade das consciências e que eles têm sim uma significação metafísica (MERLEAU-PONTY, 1994, p. 231).

Não é tão simples amar (cuidar) uma pessoa com deficiência, porque o que possuímos não é apenas um corpo, mas um corpo animado por uma consciência, e não se ama um(a) louco(a), exceto se já o(a) amássemos antes de sua loucura. Portanto, a "[...] importância atribuída ao corpo, as contradições do amor ligam-se a um drama mais geral que se refere à estrutura metafísica de meu corpo, ao mesmo tempo objeto para o outro e sujeito para mim" (MERLEAU-PONTY, 1994, p. 231).

A relação dessa estrutura metafísica (a emergência de um além da natureza) não está localizada no plano do conhecimento: ela começa na abertura a um "outro", ela está em todas as partes, faz-se presente nas relações com o outro, que também é o outro da emancipação, quando, por não tê-lo amado antes, não o vejo em sua totalidade: pessoa completa, inteira. Portanto, na minha percepção não se desvela o outro como afetos, vida, corpo e cognição. Ele não foi, a priori, pessoa do meu querer bem, da minha ação pedagógica, do meu cuidado. É preciso ir em direção à pessoa para o bem-querer[74] se dar. Corroborando a questão, Merleau-Ponty (1994, p. 232) pontua que "a dialética não é uma relação entre pensamentos contraditórios e inseparáveis; é a tensão de uma existência em direção a uma outra existência que a nega e sem a qual, todavia, ela não se sustenta".

Esse corpo se desvela/revela como expressão e fala. Merleau-Ponty, descrevendo o fenômeno da fala e o ato expresso de significação, ultrapassou definitivamente a dicotomia entre o sujeito e o objeto, e afirma que:

> A partir do momento em que o homem se serve da linguagem para estabelecer uma relação viva consigo mesmo ou com seus semelhantes, a linguagem não é mais um instrumento, não é mais um meio, ela é uma manifestação, uma revelação do ser íntimo e do elo psíquico que nos une ao mundo e aos semelhantes (MERLEAU-PONTY, 1994, p. 266).

O corpo não se reduz a uma propriedade do sujeito. Possui totalidade humana. Não é um instrumento do homem. É modo de ser da pessoa. Afirma Merleau-Ponty que o corpo exprime a existência total; não que seja um acompanhamento externo, mas porque realiza-se nele. A esse respeito, Merleau-Ponty lembra que não posso dizer que tenho meu corpo, mas que **sou o meu corpo**. Assim, como não posso dizer que tenho minha alma,

---

[74] Segundo Bonamigo (1997, p. 29), o bem-querer é uma exigência e uma condição que se impõe a qualquer ser humano, sobretudo àqueles cujo mister é lidar com as coisas humanas nas pessoas concretas. Podemos dizer que é um abrir-se para vivenciar generativamente o humano, em que conhecimentos estáticos não são o suficiente, mas o [con]viver.

mas que sou minha alma. A minha alma é o meu corpo vivo. O corpo diz fenomenologicamente o todo do meu ser. É nele que se manifestam a consciência, o pensamento (*cogitatio*), a intenção profunda, a liberdade, o projeto de vida, a necessidade e aspiração, o acolhimento e a recusa, a dor e o júbilo, o amor e a crueldade, a súplica e a prepotência. O corpo é palavra somática.

Quando alguém morre pelo outro, ou doa parte de si mesmo, do seu próprio corpo, temos aí uma palavra contundente. A expressão radical da fala é o dar a sua própria vida pelo outro.

## 5.5 O *"eidos"* como doação originária

É necessário também interrogar a percepção humana de pessoas com necessidades educacionais especiais, e, assim como os demais seres humanos, não é possível reduzi-las à dimensão reflexiva. No sujeito, busco o seu *eidos* (*Wesenschau*) — o seu desvelar como sujeito da educação, em um processo dinâmico, permanente e constitutivo. Lyotard define bem o que é *eidos*:

> Experimenta-se, pois, a essência se, como uma intuição vivida. Mas, a **vis**ão das essências (*Wesenschau*) não tem qualquer caráter metafísico. A teoria das essências não se enquadra num realismo platônico em que a existência da essência seria afirmada; a essência, é apenas aquilo em que a **própria coisa** se me revelou numa doação originária (LYOTARD, 2008, p. 18-19, grifo do autor).

O *eidos* é o sentido, o que é me dado, partida para uma compreensão intencional. A partir do momento que essa base se dá, mostrando mais alguma coisa além dela, tal revelação se torna o *eidos* com o qual vou compreender intencionalmente a própria coisa. Na medida em que algo se constitui para mim, e essa constituição é o *eidos*, eu devo corrigir constantemente a observação, sem que os resultados sejam destituídos de valor científico. Lyotard continua:

> Tratava-se na verdade, como desejava o empirismo, de voltar às **próprias coisas** (*zu den Sachen selbst*), de suprimir qualquer opção metafísica. Mas o empirismo era ainda metafísico quando confundia esta exigência de regresso às próprias coisas com a exigência de fundar todo o conhecimento na experiência, considerando como adquirido sem exame que só a experiência dá as próprias coisas: há um preconceito empirista, pragmatista. Na realidade, a fonte última de direito de qualquer afirmação racional encontra-se **ver** (*Sehen*) em geral, isto é,

> na consciência doadora originária (*ldeen*). Nada admitimos como pressupomos, diz Husserl, "nem mesmo o conceito de filosofia". E quando o psicologismo pretende identificar o *eidos*, obtido pela variação, com o conceito cuja gênese é psicológica e empírica, respondemos-lhe apenas que diz então mais do que sabe realmente, se pretende ater-se à intuição originária que deseja ter por lei (LYOTARD, 2008, p. 19).

Portanto, como não quero simplesmente desenvolver um discurso sobre os fatos, que afasta os sujeitos dos sujeitos, busco na fenomenologia o meu marco teórico. É a intencionalidade que aponta para o pensado enquanto vivido. Não tenho um objeto, na perspectiva cartesiana, que é um objeto como uma coisa (*res extensas*) que é o pensado (*res cogitans*), enquanto experienciado, mas quem tenho, é sujeito/colabora[dor], que também é intencionalidade na relação com o sujeito/pesquisa[dor]. O sujeito que é pesquisado é também agente da verdade. Nessa intencionalidade, todo "*ego*" é um "*ego*-com", portanto intersubjetivo. O "*ego*" é transcendental, pois é a pura intencionalidade, e ela é movimento. O "*ego*", para Husserl, não prescinde da existência do outro e das reduções fenomenológicas de pôr entre parênteses as generalizações e normatizações [pré]concebidas, de ver o que é dado; e, como um outro "*ego*" nessa relação, vou percebendo o sentido.

Se o sujeito for entendido de forma cartesiana, então ele poderá ser definido por critérios médicos, patológicos, mas, para ser sujeito em profundidade, é preciso lançar mão da "ciência do espírito" (*Geistwissenschaften*), o sentido do ser sujeito com necessidades especiais; ser sujeito da experiência vivida, *ser sendo* (ente) no mundo com necessidades especiais. Este não é o sujeito do observável: alegria ou medo, estar presente, estar envolvido, ser um estudante; ou sentido de algum tipo de experiência para pessoas em um dado ambiente.

Quando eu olho o sujeito da educação (especial) com base em meu "*quefazer*" pedagógico, estou no lado observável: como eu o ensinarei? O que eu farei? Como ele vai escrever? Como vai se comportar na sala? Qual será sua nota? Terei apoio? Como o outro professor realiza o seu "*quefazer*" em casos assim? Então, desta maneira, o sujeito sempre será um objeto, não o sujeito na relação com outros sujeitos. Penso no meu sucesso com ele. Porém, o qualificável, o fenomenológico-existencial, leva-me à "ciência do espírito", ao ser no mundo, ao mundo-da-vida. O que é e como é ser esta pessoa com a qual sou levado a pensar nos meus modos de ser e cuidar? Na perspectiva fenomenológico-existencial, o sujeito será o sujeito: uma pessoa com toda a sua complexidade numa relação intersubjetiva.

Ao compreender isso aí, estou destacando a necessidade que o *cogito*, para a fenomenologia, tem da alteridade. Enquanto para Descartes a fundamentação do conhecimento estava em deus (ideia inata), para Husserl a fundamentação enquanto universalidade está na intersubjetividade. É muito interessante aqui completar os enfoques do outro com a reflexão de Gilmar Bonamigo, Emmanuel Lévinas, Maurice Merleau-Ponty e Hiran Pinel e que se situam com os referenciais fenomenológicos existenciais. Trata-se de pensar a intersubjetividade como movimento do sujeito encarnado para o encontro com o outro. Essas duas diretrizes, em meu entender, terão concretude no mundo-da-vida (*Lebenswelt*), que é comunitário, intersubjetivo e anterior a toda representação científica.

Descartes "abriu" o portal da transcendentalidade valendo-se da dúvida metódica. Com a expressão "portal da transcendentalidade", pontuo que as descobertas e os estudos de Descartes fazem parte dos movimentos da gênese e da generatividade na construção da fenomenologia husserliana. A partir dela uma significativa abertura é feita, mas Descartes limita-se ao "*cogito*", limita-se a uma das dimensões humanas, e nesta abertura, neste portal, não visou ao todo da intencionalidade, como nos aponta Husserl. Descartes não explorou as possibilidades de sua descoberta. Ele enxergou o sujeito da experiência e o viu separado do objeto. Para Descartes, o ser é "*res cogitans*" — coisa pensante — e, ao olhar para fora de si, depara-se com "*res extensa*" — coisa material (o corpo) — que pressupõe a "*res infinita*" — deus, que é o outro mediador entre duas certezas: a de que sou coisa pensante e a outra certeza de que tenho realmente um corpo. A "*res infinita*" — deus sustenta, como o outro as mediando logicamente, duas finitudes: a do pensamento humano e a do mundo físico.

Husserl partiu dessa abertura no portal feita por Descartes e dessa "gênesis" que é a intencionalidade, um horizonte amplo e infinito que permite visar[75] ao ser fenomenológico. Esse ser é percepção, reflexão, imaginação, fantasia, lembrança, antecipação, memória, "representações, experiência de outrem, intuições sensíveis e categorias, atos da receptividade e da espontaneidade. [...]" E ainda mais: um sujeito que duvida, 'que ouve, que concebe, que afirma, qe nega, que quer, que não quer, que imagina e que sente' [...] (LYOTARD, 2008, p. 38). Os atos intencionais são operações que se orientam teleologicamente, que possuem ou projetam um fim. Nessa perspectiva, Lyotard diz que

---

[75] "Visão do eidos" (*Wesenschau*).

> Husserl distingue diversos tipos de actos intencionais: ima‑
> ginações, representações, experiências alheias, intuições
> sensíveis e categorias, actos da receptividade e da esponta‑
> neidade, etc; em resumo, todos os conteúdos da enumeração
> cartesiana: "Quem sou eu, eu, que penso? Uma coisa que
> duvida, que ouve, que concebe, que afirma, que nega, que
> quer, que não quer, que imagina também e que sente". Por
> outro lado, Husserl distingue o Eu atual no qual há consciência
> explícita do objeto, e o Eu inactual, no qual a consciência
> do exemplo, o acto de apreensão atenta, encontra-se sem‑
> pre rodeado por uma área de vividos inactuais, "o fluxo do
> vivido jamais pode ser constituído por puras actualidades"
> (LYOTARD, 2008, p. 38).

Diante de tudo isto, é preciso "voltar às coisas mesmas" usando como recurso a "redução fenomenológica", isto é, o colocar "entre parênteses": colocar esse concreto factual que existe e interessa muito aos positivistas inicialmente em suspenso para abordar o plano do sentido das coisas. O que está entre parênteses existe, está lá. Para Husserl, a existência é um fato óbvio, porém o que lhe interessa colocar em evidência é o sentido da existência, o que não deve ser entendido no seu sentido metafísico (BELLO, 2004, p. 84-85). É a metodologia cartesiana recuperada por Husserl. "Voltar às coisas mesmas" não é visar às representações, ou aos invólucros, ou aos preconceitos, ou mesmos aos significados linguísticos ou religiosos.

Bueno (2003, p. 18) colabora com o nosso arrazoado ao afirmar que, em Husserl, "[...] a fenomenologia surge no processo de revisão de verdades tidas como cientificamente inabaláveis, no momento em que as ciências, ao nível da investigação, assumem um distanciamento do humano".

Para Husserl, a fenomenologia é um caminho para reumanização, que, por meio de uma ciência rigorosa, captaria o *eidos* das coisas mesmas, descrevendo a experiência de tal forma o mais próximo possível do como se processa, de modo a se aproximar da realidade o máximo possível de como ela é. Husserl propõe a "volta às coisas mesmas" ocupado com o fenômeno "não isolado", correlativo, tal como se apresenta e se mostra à consciência. Assim, o sentido do ser e do fenômeno é inseparável. A fenomenologia, no sentido husserliano, será, pois, o estudo dos fenômenos correlatos, ou seja, uma fenomenologia da consciência que executa atos de reflexão que se dirigem às coisas e que vive nestes atos em que se dá o campo infinito das vivências absolutas (CAVALIERI, 2005, p. 87). Para tanto, a fenomenologia husserliana procura estudar, não abstratamente o sujeito, nem abstratamente a representação ou aparência do sujeito, mas o sujeito tal como se apresenta no próprio fenômeno. Não importa o modo que seja, o fenômeno é tudo aquilo de que podemos ter consciência.

A fenomenologia permite-nos adentrar na complexidade própria da vida e do humano. Assim afirma Bueno:

> Para a fenomenologia, o conhecimento não tem sentido se não estiver relacionado às coisas humanas. O conhecimento não é um veredicto, nem um dogma. A fenomenologia não se prende a um único aspecto da realidade, julgando que ele, por isso, é suficiente para conhecer tudo o que existe. A fenomenologia é uma leitura dialética da realidade, uma forma de entender a realidade em todos os seus aspectos: histórico, social, político, sentimental e de vivência do homem (BUENO, 2003, p. 19).

Nessa perspectiva, a fenomenologia constrói-se conservando a unidade de sua atitude metodológica, mas não possui uma ortodoxia doutrinária. Ela se questiona constantemente, ela se diversifica, como seria próprio de toda e qualquer ciência que se propõe a fazer ciência. Ao estudar a fenomenologia, sou [pro]vocado a abandonar uma visão dogmática e absoluta, reconhecendo que tal visão é uma entre outras possibilidades de compreensão da realidade.

Ela nos faz adotar um certo relativismo de perspectivas várias, que confluem para a compreensão da realidade e da verdade, mas que são sempre dependentes da posição e da situação em que estamos inseridos, sempre nos remetendo para outros pontos de vista, como a percepção, o *cogito*, a experiência, o meio social ou intelectual, o meio sociocultural, o histórico ou religioso. A fenomenologia pode ser alicerçada e fincada firmemente nos diferentes setores do conhecimento, tais como a psicologia, a linguística, a antropologia, o serviço social, e no nosso foco de cuidado, a educação (especial, na perspectiva inclusiva).

No foco surge a pessoa concreta, [re]vela-se e [des]vela-se com necessidades educacionais, que necessita de apoio, anda no caminho de todos, e sua presença incumbe a responsabilidade ética vivida no cuidado das práticas e dos serviços inclusivos. Que proposições temos?

A importância da visão fenomenológica para o meu trabalho é compreender o sujeito por ele mesmo, compreender o sujeito que dá sentido a tudo e o sentido que permeia as ações, os objetos, o mundo; [des]ocultando a possibilidade de pensar sobre nós na própria alteridade.

A realidade, na visão fenomenológica, não é este mundo de matéria e atos que existe objetivamente, o ser humano é um espectador significante e relevante no mundo da natureza.

## 5.6 Proposições provisórias

O sujeito da educação (especial) é um dado que eu não compreendo (percebo-o e sinto-o, na minha existência de cuida[dor][76]) e que vou [pro] curar[77] compreender/conviver. Curar tem como sentido etimológico o seguinte:

> 1) cuidar, ter cuidado de, olhar por; 2) curar, tratar, operar, fazer operação 3) cui[dar], tratar do corpo, ornar, enfeitar, adornar, aformosear, alindar, tratar, pensar; 4) Tratar, agasalhar, albergar, alojar, hospe[dar], regalar, mimosear; 5) cortejar, fazer festa a, adular, lisonjear; 6) administrar, governar, dirigir, comandar 7) mandar, pagar 8) executar, cumprir, desempenhar, satis[fazer], fazer caso de, importar-se com 9) fazer com (que), ter cuidado de, fazer 10) estar atento, estar alerta, ter sentido, olhar, velar, vigiar, cumprir o seu dever, desempenhar o seu ofício, cargo, comissão (CURAR, 2000, p. 327).

A pergunta "quem é o sujeito que precisa de cuidados nos modos de cuidá-lo?" leva-me para uma abordagem do ser humano que me faz "dar a pensar" e interrogar um pouco mais fundo a questão central da fenomenologia existencial: **"Quem é esse sujeito?"**

Não poderá ser de outra forma: quero contribuir para melhoria de vida (devida) da pessoa, então preciso embrenhar-me sempre mais no conhecimento desse ser humano, e compreender aquele que manifesta interrogações, até mesmo para poder avaliar a minha pretensa contribuição. "Tenho para comigo que: dependendo da maneira como concebo o homem – e nisto a mim mesmo – assim tratarei a mim mesmo e aos outros homens" (BONAMIGO, 1997, p. 20). **Como concebo este ser?** Uma pessoa com necessidades educacionais especiais? Então, se não sou da educação

---

[76]  O Cuidado em Heidegger (1995) é estrutura do ser, e Boff (2004) resgata a formação/supervisão de cuidadores. "Cuidar", em alemão, *Sorge*, referindo-se ao ser-aí (Heidegger); ser-para-si (Sartre). O ser humano.

[77]  Pro = a favor; curar = cuidado. "Curar", ao longo do tempo, tornou-se um termo arrogante, "curar". Curar significa restabelecer (manter o ser vivo orgânica ou psicologicamente) o doente, e quem diagnosticaram. A cura tem um fator subjetivo de arrogante. Diante de doenças crônicas e incuráveis, como certos cânceres e aids, por exemplo, a cura foi retomando seu lugar etimológico, a favor de autocuidados, cuidar do outro (outros) e do mundo (objetos, signos, natureza, ideologias etc.). Em vez de curar, cuidar (CURAR, 2000, p. 327).

(especial), não posso atendê-lo? Se a minha escola não tem laboratório, não há como cuidar? Ele só é ser humano se a escola tiver isto ou aquilo para enquadrá-lo? Se eu tiver como profissional um determinado curso sobre "práticas" inclusivas?

Ressalto que a história conheceu uma multiplicidade de concepções filosóficas acerca da pessoa humana, cada uma reivindicando o estatuto de verdade absoluta. A história experimentou também — já faz algum tempo — a crise dos humanismos, e mesmo o seu ocaso. Por sua vez, as ciências naturais, as ciências positivas e as ciências humanas (ou dos espíritos, como prefere Husserl) têm reivindicado o monopólio da verdade a respeito do ser humano e do mundo, com base em inflexões e pontos de partida diferentes. Os resultados são as múltiplas generalizações explicativas, demonstrativas, com uma lógica própria, com perspectivas antagônicas entre si.

Enquanto assisto a esse desfilar sucessivo de concepções e posições sobre a pessoa humana, talvez eu mesmo me esqueça de provar a dureza e a beleza de uma reflexão sobre mim mesmo, e também sobre o outro, sobre as minhas experiências, e a do outro, de seres humanos que me passam [des]apercebidos, talvez porque refletir sobre isto não rende, não é comum. E talvez deva, ainda mais, me ocupar em "Viver--Bem", de modo fundamentado, apreendendo a concretitude humana, já como forma encarnada de vida. Nos meus modos de *ser sendo* cuida[dor] — dependendo do jeito como apreendo o ser humano. Então tenho cá comigo que devo cuidar dos meus modos de cuidar de mim e dos outros, e dos objetos/signos desse mesmo mundo. No prefácio da vida e obra de Husserl, Marilena Chaui (1980a) afirma que a redução fenomenológica em Husserl não pode ser compreendida como negação ou uma limitação do mundo. A *epoché* não nega o mundo sócio-histórico, apenas o coloca entre parênteses. O mundo na fenomenologia husserliana também é sócio-historicidade. Assim Chaui escreve:

> A redução, contudo, não, não pode ser compreendida como uma negação ou uma limitação. Ela não nega o mundo, apenas o coloca entre parênteses. Torna-se um desvelamento do objeto, pois, enquanto procedimento de investigação, a redução torna exeqüível o mundo da experiência vivida. E, mediante sucessivas reduções, manifesta-se a intencionalidade psicológica com seus objetos, a intencionalidade transcendental, que pensa o mundo e o sentido do mundo, e, por fim, a intencionalidade criadora (idêntica ao movimento

de redução), que faz o mundo aparecer. Por essa análise transcendental, os problemas da lógica se encontrarão recolocados em um conjunto de atos de consciência, de atitudes da consciência em face do objeto, de modos sob os quais o objeto é dado à consciência (CHAUI, 1980a, p. XII).

Pinel (2008, p. 196) acrescenta que o

[...] mundo [a sócio-historicidade] é a Geografia, o meio ambiente natural e artificial, a cultura, as questões políticas, as sociais, e econômicas a ideologia dominante e as ideologias, os ídolos e ícones de determinado país e tempo-espaço, as lendas, os preconceitos, as artes, as literaturas etc.

Ao longo da realidade enquanto vivida por mim, lidando com os sujeitos, tenho o momento da estática quando sou levado a descrever o momento presente; mas aí não posso parar; é preciso investigar o processo de constituição (percorrer a genética) em que encontro sedimentação ao longo da história ("gênesis" passiva); na "gênesis" do sujeito, estarei "face a face" com o **ser sendo** ("gênesis" ativa); diante das operações descritivas e estáticas[78] e da "gênesis" sou remetido para o generativo, o "devir". A sócio-historicidade husserliana não é factual, não é linear, pois fatos e linearidade pertencem ao positivismo, forma de ver o mundo que a fenomenologia quer ultrapassar. Aqui a fenomenologia se aproxima de uma leitura marxista. A fenomenologia, na sua leitura do mundo-da-vida, não pretende perder a visão da sócio-historicidade, pois, se isso fosse possível, consequentemente as dimensões — estática, genética e generativa — não teriam sentido e não teríamos a consciência intencional.

Em princípio, o sujeito da educação e as pessoas com "deficiência" (especial/inclusiva) podem ser caracterizados por uma visão em perspectiva (generativa), pelo inacabamento, pela possibilidade de sempre serem visados por novos atos intencionais (*noesis*) que as enriquecem e as modificam. O que não se dá com as definições de caráter globalizador, total e acabado.

Por exemplo, uma surda percebida, definida e idealizada (pode ser intencionalmente percebida) como ser-de-infinitas-relações, porque é apenas a multiplicidade de perspectivas que apreendemos. Porém, um

---

[78] A fenomenologia estática busca descrever a forma como as coisas se dão ou os modos de darem-se das coisas. A tarefa de uma fenomenologia generativa é precisamente investigar como as estruturas históricas e intersubjetivas tornam-se cheias de sentido para todos, como essas estruturas são e podem ser produzidas. A fenomenologia generativa interessa também o futuro: o método generativo preocupa-se com a historicidade e a temporalização sócio-histórica.

surdo pensado será sim um objeto, um deficiente definido de uma vez por todas. Sobre esse tema assim se expressou Chaui: "[...] entre o perceber e a ideação encontra-se a diferença entre transcendência da coisa, que a torna inesgotável, e a imanência da ideia que a torna completamente definida pela e para a consciência" (CHAUI, 1980a, p. XII).

Outro exemplo é a fala da Prof.ª Denise Meyrelles de Jesus[79] quando afirma "quero ir em direção (intencionalidade) *à* pessoa que está aí diante de mim (ética), que se apresenta no mundo com uma ou várias 'deficiências' para ser-com ela sujeito da educação" (informação verbal): é uma atitude transcendental para além das ciências empíricas.

### Fenomenologia e seus níveis: estático, genético e generativo

Sobre a dimensão estática, "Husserl caracteriza a fenomenologia estática como uma investigação que traça a correlação entre a consciência constituinte e o objeto constituído" (HUSSERL, Hua XIV, 1973c, p. 38 apud CAVALIERI, 2005, p. 99). Na obra *Experiência e juízo*, citada por Cavalieri, Husserl traça alguns elementos essenciais para se compreender a questão da gênese, e assim foi comentada por Cavalieri:

> Regressar à subjetividade é retroceder aos níveis mais profundos da subjetividade, ao nível oculto que somente pode ser indicado através dos sedimentos da síntese passiva (HUSSERL, 1980, p. 51). Subjetivo em fenomenologia precisa ser entendido de modo mais radical. Conforme Husserl (1980, p. 51): "É um remontar-se a estas sedimentações de sentido na pergunta pelas fontes subjetivas das quais se originou". E, mais à frente, conclui que se trata de uma "subjetividade cujas operações de sentido o mundo, tal como é-nos pré--dado, ou seja, nosso mundo, chegou a ser o que agora é para todos nós" (HUSSERL, 1980, p. 51). A intencionalidade da consciência adquire um campo maior de abrangência. A realização do sentido tem, de fato, sua origem no ego. A explicitação da constituição só pode ser realizada pela análise genética a partir do ego. Toda explicitação de mim mesmo, toda elucidação genético-constitutiva passa pela reflexão egológica; a realização de sentido só é possível na medida em que "podemos realizar em nós mesmos este retrocesso a partir do mundo-da-vida oculto sob uma roupagem de ideias

---

[79] Aula Tópicos de Educação Especial I ministrada no mestrado PPGE/CE/UFES em janeiro de 2004.

até a experiência originária" (HUSSERL, 1980, p. 52). Vamos entender a subjetividade transcendental na medida em que se revelam as implicações intencionais, as sedimentações de sentido, as operações intencionais, conclui Husserl (1980, p. 52) (CAVALIERI, 2005, p. 104).[80]

A utilização da fenomenologia em seus três níveis metodológicos (estático, genético e generativo) amplia a dimensão da sócio-historicidade que é tão cara a Pinel[81]. Nesta trajetória, amplia os horizontes da compreensão dos fenômenos estudados em seu enraizamento histórico.

Um último nível fenomenológico que fundamenta a sócio-historicidade, a ser considerado, refere-se à dimensão generativa. Cavalieri (2005, p. 105) esclarece que os "assuntos generativos que vão além das possibilidades da metodologia genética não foram muito desenvolvidos ou explorados por pesquisadores da fenomenologia husserliana". Uma das razões é que grande parte dos seus manuscritos foram publicados após a sua morte e mais recentemente. Conforme esclarece Cavalieri, após publicação de quase totalidade dos manuscritos inéditos de Husserl um conjunto de temas tem sido melhor avaliados criticamente e são justificadamente inseridos na dimensão da fenomenologia generativa. Segundo Cavalieri (2005, p. 88), com o acesso à publicação dos manuscritos de *Die Krisis*, ampliaram-se as possibilidades metodológicas "com a exploração do conceito de *Lebenswelt*". E assim "[...] observamos a estrutura metodológica que mais aparece em *Die Krisis* (no parágrafo 55) percebemos que Husserl apresenta duas vias de acesso à filosofia transcendental fenomenológica: a reconsideração do mundo-da-vida já dado e a psicologia [...]" (CAVALIERI, 2005, p. 106).

Valendo-se dessa possibilidade, Cavalieri explora o conceito de generatividade:

> Husserl trata da correção de princípio da primeira *epoché* que alcança o reino dos problemas transcendentais. Neste contexto, ele se refere aos problemas da generatividade (*die Probleme der Generativität*) que se apresentam como problemas da historicidade transcendental. Indica que o recurso à análise generativa permite à pesquisa transcendental alcançar graus superiores das formas essenciais da existência humana na sociedade, como os problemas de nascimento e morte, de constituição transcendental de sentido, problemas do incons-

---

[80] Citado por Cavalieri, *Husserliana VI – Die Krisis der europäischen Wissenschaften und die transzendentale Phänomenologie*. Editado por Walter Biemel. The Hague, Netherlands: Martinus Nijhoff, 1954.

[81] Ver os textos e estudos produzidos pelo Prof. Dr. Hiran Pinel citados nas "Referências".

> ciente e até da sexualidade. E, mais à frente, no parágrafo 71, afirma que "[...] eu estou, de fato, em um presente cohumano e no horizonte aberto da humanidade, eu estou de fato em um vínculo generativo (*ein generativen Zusammenhang*), no fluxo unitário da historicidade (CAVALIERI, 2005, p. 106-107, grifo do autor).

O método generativo estuda como os significados são resultados da historicidade e da temporalização sócio-histórica em nossas vivências, pois esse mundo-da-vida é concreto e relativo, é espaciotemporal, é linguístico, é intersubjetivo, é social e criador de cultural, é correlato da corporeidade, é um mundo de narrativas e de história, de jogos, de relações de alteridades e de arte. "Certamente eu posso replasmar ficticiamente e livremente a consciência do mundo" – afirma Husserl (1954, Hua VI, p. 257 apud CAVALIERI, 2005, p. 107), mas, esta forma de generatividade que permite o interesse pelo futuro, "e da historicidade não pode ser quebrada (*unzerbrechlich*) assim como a forma do meu presente perceptivo original, que é inerente a mim enquanto eu singular" (HUSSERL, 1954, Hua VI, p. 257 apud CAVALIERI, 2005, p. 107).

> A renovação não é um movimento de alguma vontade particular que se impõe sobre uma determinada comunidade, mas um "clamor geral" que brota da convivência presente. Há uma dinâmica social de estrutura não causalista, mas motivacional, situada no mundo-da-vida. Nele pode ser plasmada uma renovação cultural que seja estruturada a partir da normatividade ética. Mas como proceder metodologicamente essa renovação? Husserl parte da direção que existe entre o simples e o complexo, entre o individual e o comunitário ou intersubjetivo. Segue, assim, o caminho que se inicia por uma análise genética individual e chega depois à formação intersubjetiva e generativa. Trata da auto temporalização e da facticidade individual antes da historicidade comunitária, da constituição da unidade particular antes da unidade da tradição (CAVALIERI, 2005, p. 109).

Para Cavalieri (2005, p. 108), as perspectivas fenomenológicas estática e genética estão voltadas basicamente para os momentos presente e passado. A fenomenologia generativa toca, em termos metodológicos, na questão do movimento social e histórico. A análise fenomenológica estática traça uma correlação entre a constituição da consciência e a constituição do objeto (*Gegenständlichkeit*). Segundo Steinbock (1995, p. 260 *apud* CAVALIERI, 2005,

p. 107-108), "[...] a tarefa de uma fenomenologia generativa é precisamente investigar como as estruturas históricas e intersubjetivas tornam-se cheias de sentido para todos, como essas estruturas são e podem ser produzidas". Ainda citando Steinbock, destaco: "Historicidade e geração dos mundos comuns devem ser integrados numa causa constitutiva de nexo intersubjetivo, [...] pois toca o coração de uma comunidade ética (STEINBOCK, 1995, p. 161 *apud* CAVALIERI, 2005, p. 109).

Cavalieri indaga, pela via do *Lebenswelt* (mundo-da-vida): "Esta via não é ultrapassada pela dimensão generativa. Pelo contrário, o próprio mundo-da-vida carece de uma concepção normativa e generativa que indique uma direção possível da generação bem como uma renovação generativa das próprias normas" (CAVALIERI, 2005, p. 109).

Trabalhando as dimensões estática, genética e generativa em Husserl, afirmo a condição sócio-histórica e intersubjetividade da fenomenologia. A consciência intencional é sócio-histórica, não é uma abstração, uma ideia, como também não se reduz a um fato. Daí a fenomenologia colocar-me na dimensão de sujeito "face a face" com outros igualmente sujeitos. Nessa relação com o sujeito/pesquisador, o sujeito/pesquisado "deve" permanecer cada vez mais sujeito (de si) fenomenológico — sujeito como pessoa. E a dimensão generativa tem uma dimensão ética que aproxima mundo estranho e mundo familiar sem que um se reduza ao outro. O outro é irredutível, ele permanece lá. A consciência intencional sócio-histórica produz o respaldo suficiente para que o sujeito/pesquisado não seja reduzido a um objeto/pesquisado. Não posso idealizar, abstrair, o "sujeito com deficiência".

Merleau-Ponty completa dizendo que

> [...] a reflexão não retira do mundo em direção à unidade da consciência enquanto fundamento do mundo; ela toma distância para ver brotar as transcendências, ela distende os fios intencionais que nos ligam ao mundo para fazê-los aparecer; ela só é consciência do mundo porque o revela como estranho e paradoxal (MERLEAU-PONTY, 1994, p. 10).

Para isso, é preciso romper a nossa familiaridade com o mundo-da-vida, e esse é o caráter problemático da redução de que fala Husserl, pois sempre há um recomeço, e nunca a consciência será completa.

Cavalieri (2005, p. 107) indaga: "que problemas são esses que estão além do conceito de mundo-da-vida (*Lebenswelt*)?" São tópicos generativos inerentes às formações históricas e intersubjetivas. Para Cavalieri, o mundo familiar e o mundo estranho (*Heimwelt/Fremdwelt*), nascimento e morte, constituição de sentido por meio da apropriação, ética social, é um trabalho silencioso dentro do contexto da análise genética e da distinção entre fenomenologia estática e genética. Trabalho silencioso, nesse contexto, porque o sujeito vive em um horizonte de mundo que é um horizonte possível de coisas, como plantas, pedras e também pessoas.

> Formamos um meio social familiar em nosso cotidiano, com experiências particulares que dão a aparência de serem relativas. Temos experiências singulares em culturas também particulares. Como superar esta perspectiva que aparenta ser tão relativa? Seríamos todos estranhos quando saímos de nosso círculo cultural ou mundo circundante? Há alguma possibilidade de termos verdades comuns a todos nós? Para Husserl, nenhuma cultura é absolutamente estranha. Toda cultura carrega consigo as sedimentações do *Lebenswelt* que fundam a cotidianidade. Toda experiência particular está fincada neste solo, neste horizonte universal. A cotidianidade de uma cultura já aponta para o *Lebenswelt* que nos une como seres humanos, individuais e culturais enquanto mundo comum no mundo particular. As dimensões relativas da realidade são encontradas nos objetos culturais e no modo da cultura, como ela é vista ou representada (CAVALIERI, 2005, p. 199).

Nas vivências da Audaciosa Espevitada, percebo um primeiro movimento como algo que me pertence, está em minha esfera, que é o frequentar hospitais. Vivi tal experiência de estar diante de médicos que não sabiam o que fazer comigo e o que dizer a minha família. Percebo-o por um segundo como algo que se situa na esfera do outro. Por meio da experiência empática, posso abrir-me ao caminho de encontro com o outro. Seus *modos de ser sendo* não são os meus; Audaciosa Espevitada vive com sua artrite reumatoide juvenil pelo resto de sua vida. Aqui, afirma Cavalieri, se

> [...] situa o sentido que Husserl atribui à empatia como relativa à investigação da experiência do outro como sujeito estranho. Este movimento abre outras possibilidades de investigação rumo às articulações das comunidades espirituais, científicas, culturais, éticas, entre outras. O recurso metodológico à empatia permite o afastamento das idealizações e aproximação de culturas e grupos estranhos, numa experiência de **leitura da vivência alheia** (CAVALIERI, 2005, p. 143 – grifo do autor).

Com efeito, se eu conceber o ser humano como um animal emocional, então este será o tratamento dispensado às pessoas; se conceber o ser humano eminentemente como desejo, por este prisma a pessoa será abordada; se conceber o ser humano como produto das relações sociais, por ali passarão os meus posicionamentos; se conceber o ser humano como sendo mau por natureza, as minhas relações terão este fundamento; se conceber o ser humano como deficiente, o meu educar e o meu cuidar terão esta prática; se conceber uma pessoa por causa de sua deficiência, e a deficiência for olhada como patologia, não desfrutarei da expressão da diversidade da natureza e da condição humana, e assim por diante; se conceber o ser humano complexo e híbrido[82], é assim, nesta inconstância, que eu o apreenderei.

Muitas vezes assumimos posições a respeito do ser humano sem um mínimo suficiente de reflexão e não percebemos os reducionismos delas; e, de forma reificada, eu acabo contribuindo para a atrofia de elementos existenciais do ser humano, depois nem consigo entender os seus e os meus males. Tantas vezes, em vez de [re]fletir sobre os meus pressupostos fenomenológico-existenciais, passo a olhar o outro como um ser distante de mim. Assim, o outro deixa de ser pessoa e passa a ser um objeto no sentido cartesiano — a existência do outro de forma a perder a sua concretude.

Na verdade, quanto mais ampliado for o meu horizonte de compreensão, mais capaz eu me tornarei de avaliar as **experiências** humanas e mais qualitativas poderão ser as minhas ações. O termo "experiência" serve para indicar o que se passa no organismo (ser humano total/holístico) em um determinado momento, isto é, o que o indivíduo vê, ouve, sente, recorda, e outras experiências, e que se apresenta como experiência vivida. Diante da experiência, o ser total reage como totalidade organizada: não são os meus olhos que veem, sou eu que vejo. O conceito de experiência decorre da atividade da consciência intencional, vivência.

As minhas próprias experiências precisam ser consideradas, incluindo a reflexão quanto a derivação dessas experiências. Não existe uma "experiência verdadeira" a cuja direção se deveria voltar como se fosse o indicador da verdade e do erro; a verdade experimenta-se sempre e exclusivamente numa experiência atual; o fluxo das vivências não se remonta, pode-se apenas dizer que, se tal vivência se dá atualmente a mim como uma evidência passada e

---

[82] Esses termos — híbridos e complexos — pertencem às construções teóricas acerca do ser humano, aprofundadas por Edgar Morin e Homi Bhabha. Entretanto, esse não é nosso enfoque teórico, mas é possível você fazer tais produções e aproximações.

errônea, essa atualidade constitui ela mesma uma nova "experiência" que exprime no presente vivo, ao mesmo tempo, o erro passado e a verdade presente como a correção desse erro.

**Quem é este sujeito?** Essa é uma pergunta que se impõe em qualquer âmbito da vida humana; são os humanos (eu e os outros) especiais. Se, por um lado, eu me pergunto por tudo — pelo mundo, pela matéria, pelas coisas, pelos seres, pelos fenômenos, pelas leis etc. — por outro lado, a pergunta pelo homem e pelo sentido do homem no mundo é de caráter essencialmente diferente. Com efeito, esta interrogação implica colocar a pessoa em pauta. Ora, o ser que pode fazer perguntas já diz que eu sou único entre os seres que conheço, que se interrogam. Sobretudo, o ser humano é o único capaz de perguntar a si mesmo sobre a sua própria **subjetividade/objetividade**, o seu "eu", "*self*", "si mesmo"; e pelo outro. Aqui uso expressões dicotômicas de forma didática para melhor entendimento.

Segundo Sartre (1997, p. 34), subjetividade é a consciência de (de ser) consciência. E, toda vez que pergunto acerca do meu ser, eu coloco em exercício as [pré]condições de todo perguntar. Estou descrevendo um não saber que precisa ser vencido pela busca consciente de saber, diante das interrogações e dos aspectos [pro]vocativos que a realidade me [im] põe. O meu interrogar não é totalmente igual aos dos outros, mas sou ser-no-mundo.

Portanto, se nada eu souber do ser humano — nem mesmo o seu nome – nome[ação] — nada posso perguntar sobre ele (nós); por outro lado, se eu pensar que sei tudo, uma nova pergunta será supérflua. É porque o ser humano já tem uma [pré]compreensão de si e também porque não se compreende suficientemente que ele, eu e você precisamos levar adiante a compreensão de "nós mesmos" numa retomada consciente. Em geral, é nessa [pré]compreensão que estão presentes elementos distorcidos, redutores, ideológicos que precisam sofrer uma **kathársis**[83] (motiva[dor], orienta[-dor]) mediada pela reflexão, quando estamos diante de uma pessoa. Isto é,

---

[83] Em Cunha, no *Dicionário etimológico...*, o termo CATARSE (1982, p. 165) significa purgação, purificação, limpeza (psicológica); efeito salutar provocado pela conscientização de uma lembrança fortemente emocional e/ou traumatizante, até então reprimida (psicanálise); o efeito moral e purificador da tragédia clássica (teatro/ dramaturgia). Do latim tardio, *catharticos*, derivado do grego *Káthartikós*. Exasperação individual (em contextos psicoterapêuticos, de aconselhamento, de orientação etc.) e social (muito comum na revolução cultural de Mao Tsé-Tung, China). No sentido sociopolítico, ver *Ba Wang Bie Ji* (ADEUS MINHA CONCUBINA, 1993), de Chen Kaige. Na catarse, o sujeito expressa-se de todos os modos possíveis, na revel(ação) de seu sofrimento, falando e gesticulando até esvair-se da dor, e então, quem sabe, encontrar sentido (um norte/um rumo/uma direção) do seu ser sendo si mesmo no cotidiano do mundo.

a reflexão causaria terror e piedade para produzir um efeito purifica[dor] das [pré]compreensões. Poderíamos dizer que a redução fenomenológica faria esse papel catártico?

É a redução fenomenológica que abre caminho para o ver fenomenológico, para se olhar além das [pré]compreensões. A redução fenomenológica não é uma retirada. Eu não jogo fora as compreensões, mas suspendo-as, coloco-as entre parênteses, pois o eu puro é um eu fenomenológico, e um eu em atitude de significação. A redução fenomenológica torna-se um componente complementar da mais alta importância para a *kathársis* trabalhada pela psicanálise, pela psicologia e outras áreas de conhecimento, não se desfazendo do conhecimento psicológico, mas ampliando-o.

Antes de refletir sobre si mesmo, antes de qualquer conceito sobre si, o ser humano experimenta-se como uma totalidade, anterior e subjacente até mesmo da educação às inflexões sobre o incluir. Há um horizonte ao qual se relaciona todo o particular; nele se insere a minha conduta, a minha linguagem, os meus conhecimentos e experiências significativas; a minha vontade e a minha ação referem-se a ele. Mas essa unidade é vivida concretamente numa pluralidade de traços (entre eles, as nossas deficiências) que constituem o ser humano em sua existência concreta.

Toda vez que eu procuro compreender o ser humano partindo de um traço particular — elegendo-o fundamental, suas deficiências físicas, por exemplo — corro o risco de uma interpretação redutora desse sujeito. O ser humano é, por um lado, uma pluralidade essencial de dimensões nas quais experimento a mim mesmo, o outro e o mundo. O ser humano é, por outro lado, uma totalidade concreta que fundamenta a pluralidade da existência que se manifesta simplesmente no fato de cada um ser único.

Aqui se põe uma possível dificuldade: por um lado, eu não posso cair no reducionismo partindo de um traço, a deficiência, por exemplo; por outro, não tenho uma intuição intelectual explícita, direta, dessa totalidade. A saída é: partir do ser humano concreto, isto é, dos fenômenos da autorrealização humana nos quais eu me experimento e me entendo como ser humano, em que essa totalidade se manifesta; diante desses fenômenos, eu posso me perguntar pelas condições de possibilidade, ou seja, por aquilo que constitui cada um dos seres humanos em particular e o outro em geral. Com outras palavras, trata-se de buscar a **constituição ontológica**[84], universal, do ser humano, aqueles traços sem os quais o ser humano não seria pessoa que se manifesta no mundo, na existência comum dos seres humanos, pois só me compreendo dentro de um mundo comum.

Um fenômeno fundamental da experiência humana é aquele que eu encontro no meio de uma realidade complexa, no meio das coisas e dos seres humanos, uma "interexperiência"[85], diria Laing (1974, p. 13). O ser humano não é, originariamente e constitutivamente, um sujeito sem história e sem mundo, mas encontra-se sempre numa rede ilimitada de relações, que deveriam ser compreendidos a partir dessas relações com o outro, de estruturas e na existência que o situa – aqui e agora (*gestalt terapia*) – história e mundo que o determina e que é plano para as suas possibilidades de compreensão e de autorrealização.

Pensando ainda nesse ser humano concreto, todo o meu conhecimento dele "começa com a experiência, mas não 'deriva', só por isso, da experiência" (HUSSERL, 2014, p. 57). Husserl reservou um lugar especial à experiência, tomando-a não como fonte, mas como começo de todo o conhecimento. Sua opção será, pela ideia de uma **vivência originária** que é, por definição, intencional, mas que não pode prescindir de **dados sensíveis** sobre os quais os atos intencionais da consciência irão atuar no próprio vivido. Portanto, posso afirmar que na minha relação com o outro estarei mergulhado na experiência, que poderá ser significativa ou não. A experiência pode ser planejada ou não, formal ou informal, repetida e variada. Então, estando no mundo humano e físico eu apreendo ou eu percebo conferindo aos conteúdos um novo caráter fenomenológico. Tanto uma como a outra – experiência e percepção – orientam o ser humano que a partir delas tem o conhecimento ampliado dos limites estreitos do intuitivo. Assim, emitir respostas isoladas ou específicas não significam, por si sós, que ocorreu aprendizagens significativas. Quando eu começo a aprender algo – dentro de um processo de ensino escolar ou não escolar, formal ou informal – o ser já possui uma série de fatores: atitudes favoráveis ou desfavoráveis; habilidades; motoras ou psicomotoras; expectativas – desejos, esperanças, vontades, disposições etc; conhecimentos formais escolares e formais não

---

[84]  A constituição ontológica está numa perspectiva concreta, real. Marx fala de uma ontologia social.

[85]  É o abrir-se à experiência, isto é, deixou-se penetrar e marcar pela experiência vivida, pela vida pulsante no experienciar. Passar a sentir o cotidiano da vida junto ao sofre(dor). Para Laing (1974, p. 13), a tarefa da fenomenologia social será "relacionar a minha experiência do comportamento do outro com a experiência que o outro tem do meu comportamento". Seu estudo é a relação entre experiência e experiência: seu verdadeiro campo é a **interexperiência**.

escolares; escolares informais na escola e ou informais fora dela. Desse modo o sujeito percebe a situação vivida de aprendizagem de um modo próprio e singular. Ninguém aprende de modo igual. Até aí se (des)vela que todos somos diferentes! Minhas experiências anteriores (de)marcam meu desenvolvimento quando eu me coloco em um processo de aprendizagem buscando aprender. De acordo com minhas experiências, eu seleciono e organizo – a meu modo de ser sendo no mundo – os estímulos visuais/auditivos/táteis/memórias oferecidos pelo professor/educador/ensinante. Eu vou vivendo a experiência daquele que deseja aprender, me lanço na experiência de ser aprendente, de algo que ainda eu não sei. Meu desejo está na ordem do não-saber! Vou responder a esses estímulos recebidos no todo do que me será ou é oferecido pelo educador e pelo ambiente onde estou. Vou reagindo aos estímulos mais significativos para mim. Eu então, diante desses estímulos, percebo ou apreendo: uma forma; uma estrutura; uma configuração; uma organização.

Como estes estímulos se formam? Qual ou quais suas formas? Suas estruturas? Suas bases? Seus fundamentos? Como eles se (com)figuram? Quais suas (com)figurações? Que figuras eles tomam no processo de minha experiência, percepções e compreensões? Como eles se organizam? A aprendizagem na Gestalt ocorre pela percepção daquele que está no curso da experiência. Ela se mostra pelas descobertas que eu percebo quando insisto numa ação que continuamente não funciona e busco encontrar outra forma de me relacionar com o outro para além da irritação (por exemplo, alguém que me irrita), e num dado momento eu começo a agir de forma diferente, passo a ouvir mais e fazer perguntas, evito vivenciar o que se passa ao me redor como algo que seja diretamente para mim, passo a dizer com clareza o que se quer no lugar de reclamar do que foi feito de errado ou de algo que não me agradou. Percebo que estou sabendo lidar melhor com uma pessoa com suas mazelas e o sofrimento que afeta a mim e a familiares próximos. Quer dizer: estamos sempre na experiência, percebendo e essas "descobertas internas" acerca dos problemas que se interpõem na minha vida. É a aprendizagem, que consiste numa reorganização constante do mundo da experiência para a Gestalt, que inspirado em Husserl afirmo que a Gestalt como "psicologia é uma ciência da experiência" (HUSSERL, 2014, p. 47).

Por um lado, o ser humano é em parte determinado pelo mundo das coisas e dos objetos: minha vida corporal está inserida em um mundo vivo e submetida às suas leis físicas, químicas e biológicas; é o mundo que oferece alimento, vestuário, habitação, e nele eu trabalho. O ser humano é

AUTONOMIA, INCLUSÃO E EMANCIPAÇÃO: VIDAS EM CONSTRUÇÃO PARA ALÉM DOS LIMITES

também — ou sobretudo — determinado pela mediação do mundo da cultura: todo ser humano procede de e se refere a uma comunidade concreta; nela se desenvolve, aprende a sua língua, seus costumes, participa de seu espírito e de suas criações; é na comunidade que o ser humano se mostra na condição de sujeito, ou, nos termos de Elia (2004, p. 41-42), se "constitui sujeito", e também dentro de determinadas e complexas condições históricas, materiais, institucionais, culturais e o mundo-da-vida; tudo parece incidir diretamente na forma de vida do ser humano, no seu conhecimento, no seu querer, na sua prática, na formulação do sentido da sua vida.

Nestas situações sócio-históricas, sempre complexas, pontuadas anteriormente, eu encontro pessoas para as quais preciso olhar de forma inovadora (AMARAL, 1998, p. 15), não mais como uma patologia ou como um estigma[86], imputado àquelas pessoas que se afastam da idealização corrente em determinado contexto. Podem ser de três ordens de desencadeamento: do corpo, de opções comportamentais e de inserção "tribal".

Amaral (1998, p. 15) faz-me interrogar sobre a conotação pejorativa das palavras: significativamente diferente, divergente, desviante, anormal, deficiente. E pensar nos parâmetros que as produzem. Poderemos nos debruçar sobre elas para melhor contextualizar os critérios empregados para sua eleição como designativas de algo ou alguém. Neste interrogar, sigo a trajetória de reconhecer que normalidade e anormalidade existem na sócio-historicidade em que vivo, mas o que efetivamente interessa na experiência do cotidiano é interrogar os parâmetros que definem tanto uma como outra. Penso também que, aprofundando o interrogar desses parâmetros, pode-se pensar a anormalidade de forma inovadora: não mais e somente como patologia — seja individual, seja social — mas como expressão da diversidade da natureza e do corpo-humanidade; seja qual for o critério utilizado.

Portanto, o ser humano também determina o seu mundo por não ser simplesmente passivo, não ser imediatidade ou exterioridade pura. O ser humano é também interioridade, sujeito ativo que tem um mundo na

---

[86] Estigma: é uma cicatriz que não me larga, uma marca insistente, sinal denunciador. Do latim, *stigma, -atis*, derivado do grego *stigma, -atos*; *stigma, -atis*: ferrete (feito com ferro quente), algo difícil de ser retirado; figuradamente, é uma marca feita a fogo. Segundo Goffman (1984, p. 4), o estigma se refere à "situação do indivíduo que está inabilitado para a aceitação social plena [...] e, consequentemente, promove uma generalização e a desumanização do portador de algum tipo de diferença significativa – uma deficiência". Amaral (1995, p. 120-121) descreve que "em sua síntese pessoal tem pensado ser possível dizer que o estereótipo, quando 'negativo', alia-se (ou constrói?) o estigma. Simultaneamente o estigma cria o estereótipo do estigmatizado. A relação dialética pode ser levada ao infinito".

medida em que o concebe e o realiza. Estar em relação implica o engajamento, o confronto, a tomada de posição julgadora, propor planos e ideias a serem realizadas por meio da ação livre comum, do trabalho objetivo, da expressão corporal. Emerge, assim, um mundo configurado pelo ser humano e pelo sentido que este dá às coisas e às pessoas. Daí, a natureza torna-se cultura; e o mundo, espaço humano de vida. Eu posso compreender que o educador olha para a diversidade do ser humano que se expressa mediante o outro sensível.

Esse outro sensível, em Freire (1977, 1979a), é o ser da relação, produtor de conhecimento e presença no mundo. A educação[87] e a pedagogia, entendidas por meio do conceito da "libertação" — conceitos tão mais complexos e adequados à nossa realidade — podem e devem ser muito mais que um processo de treinamento e domesticação para serem prática de uma pedagogia humanizadora/libertadora.

O conceito de libertação é compreendido por mim como a dinâmica do livrar-se das amarras que permite que uma pessoa/educando seja oprimida/escravizada por outrem e oprimir/escravizar o outro, por já ter sido coisificada/oprimida; que se dá na superação da contradição inventada opressor/oprimido, que não é uma autolibertação, tampouco uma libertação feita de uns para os outros, pois é ação e reflexão no mundo para transformá-lo. A libertação não se esgota no meramente educacional, político, religioso, econômico, isto é, no genético, mas dá-se na dinâmica generativa do mundo-da-vida, porquanto não é uma coisa que se deposita na pessoa/educando. A libertação não é aquilo que eu penso, mas o que eu vivo em abertura com o mundo; não tenho a posse da libertação, pois é inesgotável a minha liberdade, que, entre outras coisas do mundo, me torna certo de minha existência. É a libertação em processo — o libertando-se mediatizado pela realidade.

Compreendo que, no conceito de libertação freiriana, tenho uma chave de interpretação que fundamenta as práticas inclusivas no contexto escolar e não escolar, enquanto que incluir/excluir faz parte da lógica do capital, e precisa ter seu exército de excluídos para alimentar e retroalimentar o sistema.

---

[87] Processo pelo qual, por meio de práticas educativas dialógicas, se passa de uma atitude passiva a uma atitude ativa diante do mundo social, ou de uma consciência crítica. Em particular, o processo de conscientização implica o reconhecimento da situação de opressão em que os grupos subordinados estão envolvidos. Esse reconhecimento faz parte das condições necessárias para a transformação das estruturas de dominação.

Ensinar bem as pessoas e/ou escolas com quaisquer desvantagens sociais, físicas ou mentais requer uma mudança na maneira como o conteúdo é determinado e na pedagogia.

> A história do currículo contribuiu de maneira decisiva para se repensar as questões sobre libertação e educação, que são mais amplas do que exclusão e inclusão subordinada são, na verdade, duas faces da mesma moeda – partes da mesma lógica do capital. Na verdade, elas condicionam o processo do capital (OLIVEIRA, 2004, p. 74).

A experiência escolar de Paula ajuda-nos a compreender essa lógica:

> Paula um dia começou a relatar sua experiência escolar como estudante negra. Ela cedo percebera que ocupava, na sala de aula e na escola que frequentava, um lugar desigual; e que havia algo de errado com ela e com esse lugar. Os livros didáticos contavam histórias em que negros e negras eram inferiores, e isso se justificava pela exposição de argumentos cientificamente sustentados de características raciais "naturais", "biológicas", tais como indolência, preguiça, que os/as fazia lerdos e abúlicos, necessitando sempre de "incentivos" para o trabalho. Por esse motivo precisavam ser comandados e esta seria a razão de terem sido escravizados/as. O problema, então, não estava na escravatura como um processo de subjugação, mas nos negros e negras que "precisavam de direção" por sua incapacidade de autogovernar-se. Nesse quadro, a escravidão só se tornava um problema na medida em que exacerbava em seus métodos "corretivos" e coisificava aqueles seres humanos "deficitários". E isto ficava claro nas alusões aprovadoras àqueles "senhores" cujos escravos, mesmo após a abolição, decidiram permanecer agregados. Sob esta perspectiva, a escravatura poderia até ser vista como um bem, uma solução para quem, segundo a lógica de uma narrativa de supremacia racial, não tem capacidade para sobreviver por sua própria conta e risco.
>
> Paula sentia muita vergonha disso tudo, e se culpava por esse sentimento. Ela também percebia que professoras e professores, bem como colegas de sala de aula, a tratavam com uma certa tolerância cuidadosa, advinda de uma posição "esclarecida" que condenava a escravidão, entretanto não podia deixar de reconhecer a defasagem racial. Ao longo de sua trajetória escolar, prosseguia ela, isso sofreu algumas alterações, mas nunca chegou a fazê-la sentir-se uma igual. O que ela conquistava devido ao seu esforço individual era

anulado pelas narrativas recorrentes (reportagens jornalísticas sobre nações africanas, filmes, notícias de jornal, episódios policiais envolvendo pessoas da sua etnia, etc.) que persistiam expondo e reforçando, de variadas maneiras, o posicionamento deficiente, defasado ou desviado de indivíduos negros em múltiplas situações e contextos. O que ela produzia no plano pessoal era apenas um episódio solitário e singular, uma exceção que confirmava outra regra consolidada pelas narrativas – a de que a superação de condições marginais depende basicamente de esforço e disposição individual. Especialmente em relação a esse esforço pessoal, seus depoimentos eram particularmente emocionantes. Ela nos falava de que toda sua história escolar fora marcada por um enorme empenho no sentido de superar as deficiências que as narrativas lhe atribuíam como membro da etnia negra. Ela era educada e constantemente reforçada para despender o que fosse possível para aproximar-se do padrão branco. Se ela era "menos", era preciso batalhar muito, mas muito mesmo, para conseguir diminuir a distância e se tornar "normal". Sua família lhe cobrava persistência, dedicação, autodeterminação; a escola exigia esforço redobrado e lhe ensinava a auto-avaliação. Assim ela chegara à universidade: carregando o "estigma" da sua etnia, mas impulsionada pela determinação e pelo apoio dos que a cercavam, contribuindo para ajudá-la a superar suas compreensíveis "limitações". Já aprendera que uma dessas "limitações" era um "defeito" de nascimento – nascera negra e contra isso seu esforço individual em impotente. Era possível modificar a forma como se ocupa um lugar, mas era muito difícil e praticamente impossível mudar de lugar (COSTA, 2003, p. 53-54).

Ao desnudar a concepção bancária de educação, é-nos permitido visualizar a figura do educador como impositor de ideias de um capitalismo periférico e, como consequência, podemos visualizar também a figura de muitos educandos que no curso da experiência educacional constituem-se como sujeitos com consciência limitada a si mesma e aos modos da vida comum do seu tempo e circunstâncias, marcando-se pela simplicidade na interpretação e resolução dos problemas (ingenuidade), com tendência a julgar que o passado foi melhor do que o tempo presente, pela receptividade ao novo, apenas porque novo e pela recusa ao velho, só porque velho, sem avaliar uma possível aceitação de ambos, enquanto válidos; gosto acentuado por explicações fabulosas (o que é um terreno fértil para falsas notícias); fragilidade na argumentação; pela prática da polêmica e não do diálogo;

forte teor de emocionalidade; uso de preconceitos na análise dos problemas e, na sua apreensão; por acomodar-se a posições quietistas (contrário seria: procurar a verdade em comum, ouvindo, perguntando, investigando); e por insegurança na argumentação. Estas descrições e outras apontam para o que é a alienação e domesticação termos que facilitam a compreensão do que é a negação do ser humano sujeito: o ser sendo sujeito no mundo (FREIRE, 2008, p. 44, 52). Assim, a educação bancária alicerça-se nos princípios de dominação e produção de consciência ingênua, fanatizada e não problematizadora vivenciados na relação educador/educando por meio de conhecimentos dados, impostos e descontextualizados, negando o direito da sociedade ser sujeito de si mesma. Concordamos com Dussel quando ressalta que:

> O outro, que não é diferente (como afirma a totalidade), mas distinto (sempre outro), que tem sua história, sua cultura, sua exterioridade, não foi respeitado; não se lhe permitiu ser outro. Foi incorporado ao estranho, à totalidade alheia. Totalizar a exterioridade, sistematizar a alteridade, negar o outro como outro é a alienação. Alienar é vender alguém ou algo; é fazê-lo passar a outro possuidor ou proprietário. A **alienação** de um povo ou indivíduo singular é fazer-lhe perder seu ser ao incorporá-lo como momento, aspecto ou instrumento do ser de outro (DUSSEL, 1997, p. 58, grifo nosso).

Nessa concepção, o conhecimento constrói-se passivamente por ser algo imposto e instituído, pois não exige a consciência crítica do educador e do educando, além de não desvelar o "por que" ou "porquês" do que se quer estudar e saber, por negar a relação de dominação do educador sobre o educando, exigindo entre eles uma relação de troca horizontal, resultando dessa ação educativa libertadora uma atitude de transformação da realidade conhecida.

Temos, então, uma educação em que educadores e educandos se fazem sujeitos de seu processo educacional, como enfatiza o autor:

> [...] é o momento altamente pedagógico, em que a liderança e o povo fazem junto o aprendizado da autoridade e da liberdade verdadeiras que ambos, como um só corpo, buscam instaurar, com a transformação da realidade que os mediatiza [...] na ação histórica, se apresenta como instrumentos de superação da própria cultura alienada e alienante [...] faz

> da realidade objeto de sua análise crítica (FREIRE, 2005, p. 206-207, 209-210).

Uma vez que "faz da realidade (seu) objeto de análise crítica" e porque "rechaça essa neutralidade impossível" e alguém "que jamais acreditou no mito da neutralidade da Educação" e "toma o agir educativo como um ato político" (FREIRE, 1988, p. 115), podemos salientar que há, nessa perspectiva freiriana, uma ação fenomenológica, no sentido da apreensão da realidade e sua descrição, para uma melhor compreensão e interpretação dinâmica do munda-da-vida.

> A partir das relações do homem com a realidade, resultantes de estar com ela e de estar nela, pelos atos de criação, recriação e decisão, vai ele dinamizando o seu mundo. Vai dominando a realidade. Vai humanizando-a. Vai acrescentando a ela algo de que ele mesmo é o fazedor. Vai temporalizando os espaços geográficos. Faz cultura. E é ainda o jogo destas relações do homem com o mundo e do homem com os homens, desafiado e respondendo ao desafio, alterando, criando, que não permite a imobilidade, a não ser em ternos de relativa preponderância, nem das sociedades nem das culturas. E, na medida em que cria, recria e decide, vão se conformando as épocas históricas. É também criando, recriando e decidindo que o homem deve participar destas épocas (FREIRE, 1967, p. 43).

Na proposta de Freire, os alunos devem buscar respostas críticas e criativas perante o que veem e vivenciam, e com isto podemos acentuar, ainda, que Freire é um pensador que tem trânsito na perspectiva e compreensão da fenomenologia, pois põe em privilégio a palavra como objeto auxiliar do pensamento, ao dizer que "não existe uma linguagem sem um pensar e ambos, linguagem e pensar, sem uma realidade a que se encontrem referidos" (FREIRE, 2005, p. 100-101). O aluno, como ser, é o sujeito de seu agir.

Entendendo a análise do contexto educacional como um processo de humanização e, assim dizendo, interrogador, que é concebido por meio do diálogo, podemos dizer que Paulo Freire tem base existencialista, visto que o diálogo "se impõe como caminho pelo qual os homens ganham significação enquanto homens" (FREIRE, 2005, p. 91). A pedagogia freiriana busca fazer da pessoa o sujeito de seu agir e de sua própria história. Corrobora ainda a afirmativa de Freire: "quanto mais investigo o pensar do povo com ele, tanto mais nos educamos juntos". É o *quefazer*!

Aprofundando a noção de mundo humano nos traços que o constituem, vão aparecendo também outros traços do próprio ser humano. Com efeito, o mundo é constituído pela totalidade atual de experiências das pessoas, realizadas mediante o conhecimento e a ação livre. O mundo é experimentado como espaçotemporal: eu vivo num aqui e agora no qual se distende a vida de cada um, no qual as experiências são feitas e se sucedem, elevando-me a um horizonte sempre maior de compreensão e de sentido.

Quero pensar/sentir/agir a experiência como propõe Larrosa Bondía eu e você explorarmos outra possiblidade: pensar a relação com as pessoas com deficiência vivendo a experiência/sentido. A experiência é de qualidade existencial, singular, produz diferença, heterogeneidade pluralidade e irrepetível com sua dimensão de incerteza, que não pode ser reduzida a postulados positivistas, não é acumulativa ao ponto de você controlar de forma absoluta o acontecimento, sem antecipação de resultados sendo uma abertura para o desconhecido, algo ou alguém que você não pode antecipar nem [pre]ver nem [pre]dizer. Se a experiência é o que nos acontece e se o saber da experiência tem a ver com a elaboração do sentido ou do sem-sentido do que nos acontece, trata-se de um saber finito, ligado à minha existência como pessoa ou de uma comunidade humana particular, aquelas que eu faço parte e que são significativas para mim. Ou, de um modo ainda mais explícito, trata-se de um saber que revela a mim o sentido ou o sem-sentido de minha própria existência, de minha própria finitude, em face que sou um ser em circunstâncias, concreto e singular, entendido individual ou coletivamente, Por isso o saber da experiência é um saber particular, subjetivo, relativo, contingente, pessoal, que produz diferença, heterogeneidade, pluralidade, é irrepetível com sua dimensão de incerteza que não pode ser reduzida a postulados positivistas, não é experiência acumulativa ao ponto de eu e você controlar o acontecimento. Se a experiência não é o que acontece, mas o que nos acontece, duas pessoas ainda que enfrentem o mesmo acontecimento, não fazem a mesma experiência – daí o compartilhar que abre possiblidades de produzir horizontes novos. O acontecimento é comum, mas a experiência é para cada pessoa, singular e de alguma maneira irrepetível. O saber da experiência é um saber que não pode separar-se da pessoa concreta em quem encarna. Não está, como o conhecimento científico/positivista, fora de mim e de você, mas somente tem sentido no modo como configura os meus modos de ser, isto é, uma forma humana singular de estar no mundo que é por sua vez os meus modos de ser moral (um modo de conduzir-se) e meus modos de ser estético (um estilo). Por isso também o saber da experiência não pode beneficiar-se de qualquer alforria, quer dizer, é intransferível ninguém pode aprender da experiência de outro a menos que essa experiência seja de algum modo revivida e tornada própria (BONDÍA, 2002, p. 27).

> Durante séculos o saber humano havia sido entendido como um páthei máthos [aprendizagem pelo sofrimento], como uma aprendizagem no e pelo padecer, no e por aquilo que nos acontece. Esse é o saber da experiência: o que se adquire no modo como alguém vai respondendo ao que vai lhe acontecendo ao largo da vida e no modo como vamos dando sentido ao acontecer do que nos acontece. No saber da experiência não se trata da verdade do que são as coisas, mas do sentido ou do sem-sentido do que nos acontece. E esse saber da experiência tem algumas características essenciais que o opõem, ponto por ponto, ao que entendemos como conhecimento (BONDÍA, 2002, p. 27).

O mundo do ser humano é, sobretudo, **intersubjetivo**[88] (HUSSERL, 2001, p. 106). É na relação pessoal e social que eu cresço e me realizo com os outros seres humanos. E aos outros a que estou existencialmente ligado por uma relação de amor e confiança, de mútua possibilidade como sujeito livre, ou então por uma relação de desconfiança e dominação, que produz ódio e afastamento. É na relação intersubjetiva que o ser humano se constitui (*Urstftung*)[89] como pessoa.

É com os outros que vivo e ajo no mundo, e, dependendo da qualidade dessa relação, o ser no mundo produz certa qualidade humana ou desumana no constituir-se desses sujeitos. É nessa relação que participo das experiências, das ideias, das convicções, dos valores dos outros, e que vão tecendo o horizonte de compreensão da comunidade, tecendo a sua identidade. Sem esse mundo comum, não seria possível a minha tomada de consciência como pessoa, a minha formação, a cultura, as conquistas científicas, a existência humana. O mundo é uma estrutura comunitária.

Assim, o ser humano é uma singularidade na pluralidade de dimensões existenciais. E há uma tarefa de unificação, pois, se tudo já estivesse

---

[88] EXPERIENCIAR – VIVENCIAR – Desvelando mais possibilidades: vivenciar ou experienciar é o sentido-sentido (claramente guardado na consciência) advindo do experimentado, e que por ser significativo; metaforicamente "penetra no ser mais profundo da pessoa; penetra-lhe a pele..." Numa experiência assim, SER e EXPERIÊNCIA são uma e a mesma coisa sentida-sentido. Uma prática educativa significativa provoca tais interferências altamente positivas (PINEL, [2005]).

[89] Constituição não no sentido causalista, mas no sentido generativo, e da ordem do motivacional (CAVALIERI, 2005, p. 110).

AUTONOMIA, INCLUSÃO E EMANCIPAÇÃO: VIDAS EM CONSTRUÇÃO PARA ALÉM DOS LIMITES

pronto na existência, eu não precisaria nem mais pensar, mais sentir, mais agir, mais trabalhar, mais viver. E mais: aí já seria um outro tipo de ser, e não mais ser humano, pessoa. Encontrar as mediações para a harmonização em um mesmo ser humano entre as suas estruturas plurais é a tarefa histórica de cada educador, numa relação intersubjetiva, ou, como afirma Freire (1977), mediatizados pelo mundo, numa busca (o homem é sempre isso) pessoal e comum.

Na existência concreta e em um conjunto comum de relações, o ser humano procura sentido por toda parte; e, em última instância, o bem-estar. Mas, se eu sempre estou referido aos outros, sempre dentro de uma comunidade, se a busca do bem-estar se põe como aspiração de todos, então o bem-estar se põe como tarefa comum. E, com isso, parece-me que não é possível o bem-estar razoável e duradouro de um só, sem que se instale algum germe da violência. Aí é que se põe a dimensão ética do homem. Aqui também se põe a pessoa na educação e suas diversidades. A emancipação torna-se uma manifestação do bem-estar, que tem impacto nas instituições.

As questões do ser humano não estão numa suposta estrutura com suas respectivas exigências; a trajetória a ser percorrida está no que eu faço ou deixo de fazer com a minha existência concreta. Com efeito, um corpo sadio, um psiquismo sadio e um espírito sadio têm suas [pré]condições. Ora, se uma é a **vida do ser humano**, é tarefa de cada pessoa encontrar um sentido de tal qualidade que seja a espinha dorsal de sua unificação, na existência concreta, com os outros no mundo. De fato, dificilmente haverá um ser humano de corpo sadio, se não houver um mínimo de cuidado e proteção (e saber que por bons anos foram os outros que me deram isto!); dificilmente haverá um ser humano de psiquismo sadio sem um mínimo suficiente de experiências de estima ofertada pelos outros — intersubjetividade.

O permanecer nas afecções (DELEUZE, 2005) da situação também tem atingido muitas das ciências humanas e notadamente a educação. No geral, parte-se de um fenômeno ou conjunto particular de fenômenos no campo da educação eleitos — não se sabe bem de onde — como os mais significativos; formula-se uma hipótese explicativa; e busca-se a confirmação empírica. Tenho para comigo que muitas terapias e explicações baseadas na visão positivista com forte dose de "opiniões" no máximo conseguem apagar incêndios, sem saber o que há efetivamente por dentro da casa em chamas, o ser humano. Para aquele que quiser ajudar uma pessoa com "deficiência", é preciso entender muito de Humanidade, até mesmo para poder avaliar os próprios métodos e técnicas educacionais. Porque, na verdade, antes do educando, há o ser humano; antes do(a) pedagogo(a) ou professor(a), há um outro ser humano. Descreve Amaral que:

> [...] o preconceito nada mais é que uma atitude favorável ou desfavorável, positiva ou negativa, anterior a qualquer conhecimento. O estereótipo refere-se à concretização de um julgamento qualitativo, baseado no preconceito podendo ser, também, anterior à experiência pessoal. Em relação à deficiência podemos verificar que o preconceito, na maioria das vezes, está baseado em atitude comiserativa, resultante do desconhecimento, este considerado a matéria-prima para a perpetuação das atitudes preconceituosas e das leituras estereotipadas da deficiência seja esse desconhecimento relativo ao fato em si, às emoções geradas ou às reações subsequentes (AMARAL, 1992, p. 9).

Se [con]viver com os seres humanos é difícil, mais difícil parece ser viver humanamente. Isto que sei e compreendo se apresenta aparentemente dificultoso e antagônico; na verdade, aponta uma relação de reciprocidade e a dificuldade que se abre no horizonte. Quando procuramos viver o verdadeiramente humano porque humaniza a quem busca e a quem recebe a ação, fica bem mais fácil compreender os outros nas suas dificuldades, deficiências e diversidades, nas suas dores. A ação humana (estar diante de) é aquela que aproxima distâncias, faz do outro um candidato a priori da [con]vivência, pelo fato de ser um ser humano conservando a sua alteridade. Se é assim que eu desejo ser tratado, todos e cada um o desejam, portanto a ação humana tem um alcance universal, pela sua responsabilidade ética (LÉVINAS, 1982, p. 90-91). Isto vale para qualquer âmbito, e notadamente para o educador, e notadamente aquele educador que [con]vive com pessoas com necessidades especiais por "deficiência". Nesse caso, na relação pedagógica sobre o outro, o eu não pode exercer um poder, mesmo que disponha dele. A alteridade do outro é anterior a toda e qualquer iniciativa, é a priori. Já aquele que não procura em si o humano ético que é não pode nem [re]clamar — sob condição de contradição — quando a [des]umanidade (violência) lhe ocorrer pelas ações dos outros.

O bem-querer de cuidado ("*Sorge*"[90]) é, pois, uma das exigências moderadoras do ser e uma variável que se impõe a qualquer ser humano, sobretudo àqueles cujo mister é [con]viver com as coisas humanas nas

---

[90] *Sorge* em alemão é cuidado, cuidar, ternurar, preocupar-se consigo e com o outro. Heidegger utilizava esse termo como conceito filosófico.

pessoas concretas. E, para a formação de profissionais da educação, três condições devem fazer-se presentes nas experiências e [con]vivências: a criatividade, a responsabilização e o investimento. São dimensões fundamentais na dinâmica da vida profissional, que, no seu exercício, contam com mais "poder em seu ofício individual e coletivamente", mais autonomia e mais investimento nos quefazeres alternativos, com base na cooperação (intersubjetividade), rompendo o individualismo e a rotina (JESUS, 1995, p. 58-59, 2005, p. 205-206).

## 5.7 A relevância do meu "quefazer"

Na verdade, querer e pretender realizar um discurso sobre o ser humano nesse tempo de mudanças de paradigmas é um empreendimento de bastante risco, sobretudo porque não há um mínimo suficiente de consenso sobre "*Quem é o ser humano?*" Mesmo assim, julgo de fundamental importância esse tipo de interrogação, pois, se o ser humano não me importa, penso que outra coisa pouco me deveria importar. E, no caso daqueles que dedicam o melhor dos seus esforços intelectuais na tentativa de tratar do ser humano, esse tipo de questionamento — mais do que uma simples questão — deveria ser, no mínimo, uma tarefa para a existência toda da pessoa.

"*Esse est percipi*" — ser é ser percebido — é a minha busca. Estou a descrever a pessoa com necessidades especiais por deficiências como um ser a ser percebido, apreendido, descrito e interrogado hermeneuticamente. É o ser humano a relevância e o sentido do fazer[91] educacional. E, no agora em que vivemos concretamente, volto o meu olhar para as pessoas com necessidades especiais por deficiências, e nelas há o emergir de um ser da educação, ser que, em sua existência, é merecedor de cuidados educacionais, psicológicos, afetivos e políticos. No outro eu também vejo a mim mesmo, pois eu também sou uma pessoa com necessidades especiais, no sentido de olhar para ele e ver nele a possibilidade existencial de viver como um ser da educação, ver a própria existência. Na prática educativa, avançaremos na compreensão das diversidades e na compreensão de que o lugar do outro é sempre um outro lugar, um local da cultura, e que, ao chegarmos ao seu lugar, ali ele não estará mais, pois, como um ser da cultura, ele estará entre lugares, que nos parecerão lugares que me possibilitarão ver a existência como movimento, como o entrelugar da cultura. É com o outro que posso

---

[91] Paulo Freire (1977, 1979b) fala em "*quefazer*" típico do homem, compreendido na sua totalidade. Trata-se de um "*quefazer-ação-reflexão*", que sempre se dá no mundo e sobre ele.

e devo me remeter ao "mundo-da-vida", que exigirá de mim perceber que o avanço poderá ser um passo atrás, e que o passo à frente poderá ser retrocesso.

A educação, e aqui a educação inclusiva, numa intencionalidade libertadora[92], com efeito, se quer contribuir para a melhoria [de]vida dos seres humanos[93], precisa adentrar sempre mais no conhecimento sentido desse *ser sendo que* desejo (com ele e os seus) mais bem educado. Refiro-me "àquele" que se manifesta em determinado contexto social/cultural, até mesmo para podermos avaliar a nossa pretensa contribuição. De fato, se eu não sei "quem" é o ser humano, se não tenho consciência das estruturas fundamentais e concretas constitutivas do ser-homem a serem realizadas na existência, se não faço em mim mesmo a experiência da minha própria humanidade, então é muito difícil avaliar a própria eficiência de toda e qualquer vertente e técnicas terapêuticas, quer em psicologia, quer na medicina, quer na educação ou em qualquer área científica e da vida comum. Assim, conhecer e experienciar o humano, no sentido do que é dado na existência, na generatividade (sócio-historicidade), põe-se como condição *"sine qua non"* para toda a abordagem significativa dos seres humanos.

Ora, numa época histórica em que a ciência ainda reivindica o monopólio acerca da verdade sobre a realidade total e, nela, sobre o ser humano, tecer um discurso de outro calibre sobre o mesmo ser humano é correr até mesmo o risco de cair no descrédito e de a priori não ser escutado (nem me escutar). Porém, se a ciência e seu prolongamento na técnica fossem suficientes para a melhoria da vida humana e da pessoa mesma, então o ser humano já não teria tantos problemas[94]. E, se a realidade está como ela — e não adianta não querer ver os seus males que, aliás, aumentam — então, de novo, parece-me que ainda tem fundamento, importância e necessidade voltar a refletir e a [dis]cursar sobre o ser humano como parte de uma busca milenar, ao mesmo tempo que se cumpre — aqui e agora — mais uma vez o princípio socrático "conhece-te a ti mesmo".

---

[92] A intencionalidade da consciência adquire um campo maior de abrangência, pois, como movimento de estender-se, abarca uma ação libertadora no sentido freiriano, imprimindo maior lucidez — "ninguém liberta ninguém, nós nos libertamos em comunhão, mediatizados pelo mundo, indo além de um saber bancário" (FREIRE, 2005, p. 78 *et seq.*); e, somados, a concepção do horizonte histórico – a ação dos sujeitos sempre se situam em um horizonte de infinitas possibilidades.

[93] Ver Item 5.6, "Proposições provisórias", neste livro, p. 152.

[94] Na (Psico)Pedagogia Clínica, Pinel ([2005]) fala de uma *"clínica do sujeito"*, não mais uma escuta arrogante e produtora de palavras nosológicas (rótulos), mas que estima a autonomia, a autoria, a libertação e a criticidade de uma sociedade que não tolera estranhamentos, mesmo que [sobre]viva sob sua égide.

Ao cuidar dos seres humanos com suas interrogações educacionais (fenômeno educacional), ou na sua diferença e sua luta para impor-se enquanto pessoa, precisamos saber que, "enquanto vivemos formações sociais em que é dominante o modo de produção capitalista, é o capital a categoria que opera", que Oliveira (2004, p. 145) chama de "a síntese social". Eu prefiro denominar: a lógica da mundialização, ou lógica da globalização, ou "lógica de mercado" (ASSMANN, 2003, p. 19). Mas a ideia de "síntese social" é cabível, pois a globalização é marcada por um pensamento único, produzindo um discurso abundante sobre a importância da dimensão social, que caracteriza o modelo europeu, e nessa produção podemos agregar a exclusão e a inclusão subordinada, que são duas faces da mesma moeda (OLIVEIRA, 2004, p. 145). Isto é sócio-historicidade e/ou generatividade. Percebo e entendo a gênese e projeto o futuro.

Quero estabelecer um processo de aproximação com o outro interrogando progressivamente quem é este ser humano (o sujeito) que chama minha atenção. Que valores são afetados em mim ao ver tais pessoas que querem a escola, a despeito do julgamento meu e do sistema sobre as suas capacidades ou limitações? O educador e as políticas públicas focam a deficiência ou a defasagem sem perder a perspectiva do todo?

"Educação especial" (?) só o é pela forma de tratar e de cuidar. Este ser (sujeito) é uma pessoa que tem necessidades educacionais como todo mundo. É uma pessoa com possibilidades de aprender como todos e, como em um "espelho bem polido"[95] (PINEL, [2003b], p. 192, 210), ele é um ser no mundo, tendo seus limites e possibilidades em todas as dimensões da sua existência, de sua transcendentalidade. Se há necessidades educacionais, há possibilidades de aprender. O educador e as políticas públicas devem focalizar as possibilidades desse sujeito que grita por uma educação de qualidade para todos, como bem destaca Mantoan (2001).

## 5.8 Concepções significativas de sujeito

No contexto de minha trajetória de inspiração fenomenológica, movem-se pelo palco/plateia concepções significativas do sujeito, e faço a escolha dos que compreendo importantes na compreensão do sujeito fenomenológico-existencial constituído e/ou inventado na/da educação

---

[95] Pinel ([2003b], p. 165-174, 2006) descreve uma das possíveis teorias da aprendizagem de espectro restrito. Na relação educador/educando, o ajudador escuta, e passa a funcionar como um *espelho bem polido* para o ajudado — aquele que apresenta demanda cognitiva/afetiva/física etc.

especial. Não devemos esquecer que se trata de um tipo abstrato que não tem sentido em si mesmo. Como diz Najmanovich (2001, p. 11), "não é um ídolo a se adorar, nem um demônio a destruir". Portanto, quando eu falo de concepções significativas de sujeito e particularmente da concepção cartesiana, quero deixar claro que são tipificações que não as tornam menos importantes, nem as invalidam. Não tenho a ilusão de um único olhar sobre a noção de sujeito; procuro romper com tal ideia e concebo claramente que o sujeito da educação (especial) é sócio-historicamente condicionado.

### 5.8.1 O sujeito cartesiano

Ao longo da minha trajetória, o entendimento (racional) do conceito de sujeito, na concepção de René Descartes, é a ideia diretriz que permite reformular a filosofia e que se realiza nele. É orientada para o sujeito, que é ponto de partida da fenomenologia, que se utiliza dessa ideia para meditar, de forma extremamente prudente e crítica, para alcançar a compreensão (fenomenológica) do sujeito com [defi]ciência, transformando o cartesianismo toda a vez que a necessidade disso se fizer sentir (HUSSERL, 2001, p. 19-24).

Ressalto três características do sujeito cartesiano que marcam o *ser sendo* da pessoa com [defi]ciência no mundo chamado moderno, concepções que foram formadas sócio-historicamente nestes 400 anos de modernidade embaladas pelos desdobramentos do cartesianismo.

O método cartesiano resume-se, *grosso modo*, no seguinte: Descartes não aceitou uma proposição como verdadeira que não fosse clara e certa. Analisou cada problema em suas partes e discutiu parte por parte (atomismo no método). Como ordenamento do pensamento, organizou a sua pesquisa de forma a começar pelos problemas mais simples até chegar aos mais complexos, sempre com a necessidade de enumerações das partes a fim de evitar qualquer tipo de omissão. Portanto o sujeito em Descartes é o que se apresenta a si mesmo como evidente e claro, o *cogito ergo sum*: Eu sou a minha própria certeza e, para me compreender melhor, eu posso me dividir em partes, o meu corpo, por exemplo, em corpo e alma, espírito e matéria, cabeça, tronco e membros, interior e exterior; os meus pensamentos arrumados em linha com princípio, meio e fim, causa e efeito, e tudo enumerado e medido para evitar qualquer engano ou erro. Um exemplo é o tratamento compartimentado em que cada parte é tratada por um profissional que não tem ligação com o outro.

Assim Sangue Bom se expressa:

> Aos 10 anos de idade, meus pais acharam que eu precisava de um tratamento mais individualizado, quando eles contrataram uma profissional de psicomotricidade, porque a minha coordenação motora estava péssima, não tinha noção de direita e esquerda, não conseguia amarrar o cadarço no tênis, e muitas outras coisas mais, como reconhecer uma cor etc... E essa moça (psicomotricista) me ensinou tudo dando aula na minha casa no período de dois anos; desde cedo comecei o tratamento neurológico com o médico Asdrúbal Armelau, e fiz uso de medicamentos até por 21 anos, aproximadamente. Usei Gardenal, Psicoglut, Gamibetal, Lexotan 3 mg e muitos outros de que não me recordo (MACIEL JÚNIOR, 2006, p. 157).

A primeira característica do sujeito "cartesiano" é *ser sendo* marcado pela racionalidade, de natureza solipsista e isolado. O solipsismo é a doutrina segundo a qual só existem, efetivamente, o eu e suas sensações, sendo os outros entes (seres humanos e as coisas do mundo) meras impressões sem existência própria, que compartilham da única mente pensante. Nesse sentido, em Descartes, não existe o outro; no lugar do outro, vem a ideia de deus. Consequentemente, a intersubjetividade está fechada. Pensar o sujeito cartesianamente é pensar um novo método de pensar o mundo, fundamentado na razão, único caminho de levar o ser humano a um conhecimento verdadeiro e seguro.

Para o pensamento cartesiano, o lugar da verdade do sujeito está na consciência, é o sujeito das ciências positivas. O ser pensante equivale a ser consciente, e o sujeito volta-se para si mesmo. Como afirma Cavalieri, Descartes

> [...] recuperou as ideias de subjetividade, de autorreferência do sujeito com pretensão de absoluto, da ideia de um ego tido como ponto de partida e da perspectiva transcendental em que o sujeito institui valores e organiza sentidos (FRANK, 1983, p. 171). Este processo atingiu o auge no período da ilustração, século XVIII, quando o homem imagina ter deixado a menoridade tornando-se autossuficiente [...] (CAVALIERI, 2005, p. 130).

Descartes chegou ao *ego cogito* como única realidade pensante, ou seja, na medida mesmo em que estou exercendo a minha faculdade de pensar, tenho a certeza de que estou existindo. Ele encontra certeza em si mesmo, como afirma Cavalieri:

> Contudo, o sujeito objetivava tornar-se absoluto, sem limites, auto-referente. Luta contra instituições que cerceiam a liberdade e contra dogmas que restringem as suas escolhas. O indivíduo encontra em si mesmo critérios para avançar no conhecimento do mundo. Cresceu uma visão otimista tanto no desenvolvimento da ciência como da filosofia [...] (CAVALIERI, 2005, p. 130).

É o *ego cogito* que pensa fundamentalmente e com base no eu. Se há dor, vontade e pensamento, deve haver algo que sente, que quer, que pensa — ora, o pensamento, a vontade e a dor só podem existir enquanto pensamento, vontade e dor de algo ou alguém. Essa possibilidade de certeza e segurança foi a meta perseguida. O sujeito também — como todos os objetos — não poderia ser conhecido com certeza, clareza e distinção, a não ser que pudesse ser inferido pela lógica. A lógica (escolástica) utilizada por Descartes exige uma causa eficiente para uma ação; essa causa é o que Descartes chamou de ego.

O sujeito, para Descartes, é o espírito que se descobriu a si mesmo, a primeira verdade descoberta de maneira insofismável, todavia: como garantir a esse espírito outra verdade que não a sua própria existência? Há outro sujeito?

Para responder a esta questão, Descartes propôs a existência lógica de deus. O eu solipsista, por definição, não tem pontes para fora de si mesmo. Descartes demonstrou a sua existência como ser pensante, mas mostra-se insatisfeito porque se encontra sozinho no seu solipsismo, e necessita encontrar algo ou alguém que lhe garanta a verdade do seu conhecimento (fundamento gnosiológico), bem como a sua própria existência (fundamento ontológico). É dentro destes dois fundamentos que Descartes chega à ideia de deus. Nesse sentido,

> [...] o *cogito* cartesiano transformou-se no grande princípio ontológico que permitirá a demonstração da existência de Deus mediante o recurso à "teoria das ideias inatas". Tal caminho foi utilizado por Descartes para superar o solipsismo do *cogito* e garantir a validade do conhecimento [...] (CAVALIERI, 2005, p. 130).

O cartesianismo criou a tradição estabelecendo uma relação simétrica, igualando o outro ao mesmo, ou então uma assimetria em favor do mesmo, isto é, o eu universal não dá conta da singularidade, as pessoas e as coisas são reduzidas pelo crivo do universal. Na perspectiva cartesiana, cada ser humano tende a explicar o outro na base da sua interioridade. Não se compreende o outro, explica-se o outro. O outro é um objeto que pode ser manipulado (medido, enumerado, coisificado, diagnosticado). A esse respeito, o método correto permite ao sujeito conhecer o maior número de coisas com o menor número de regras, daí a importância de um método de pensamento, sempre matemático, que garanta que as imagens mentais, ou representações da razão, correspondam aos objetos a que se referem e que são exteriores a essa mesma razão.

O sujeito é entendido de forma dualística, um corpo separado do espírito. Descartes dá continuidade ao dualismo platônico, o seu entendimento sobre o corpo está profundamente enraizado no platonismo e no neoplatonismo, propondo um dualismo radical entre o corpo e a alma. A sua preocupação fundamental é, novamente, a relação entre essas duas substâncias durante a vida do ser homem. Em sua visão antropológica, está a dicotomia corpo-consciência, segundo a qual o sujeito é um ser duplo, dividido em partes estanques para uma "melhor" análise. Ele acreditava que o pensamento era uma propriedade da alma imaterial, do espírito. Os problemas do espírito serão diagnosticados como uma coisa à parte do ser humano.

Por esse prisma, surge a abstração que existe relativa à doença mental, que a entende não como uma doença com afinidades orgânicas, o que leva muitas pessoas da comunidade científica a desaconselharem os medicamentos que produzem resultados significativos em doentes mentais.

Por outro lado, o não reconhecimento da doença mental (não deficiência mental) como uma outra enfermidade qualquer dá origem a situações de profunda injustiça e desumanidade, transformando o estigma da doença mental em mais doloroso do que ela própria. Como é percebida **cartesianamente** como uma doença que está na mente, no espiritual, e não no corpo, essa questão é supervalorizada, é revestida de um sentido muito grave.

Concordo com Cavalcante quando argumenta que

> [...] a relutância dos pais em colocar os filhos nas APAE se deve à confusão que, muito freqüentemente, a população faz entre

> *"deficiência", "limitação mental"* e *"doença mental"*, o que deixa uma idéia generalizada de que a APAE cuida *"dos louquinhos"*. No imaginário social, a idéia de *loucura* ou de *deficiência* está associada fortemente a uma visão que estigmatiza o diferente, o estranho e é sustentada por estereótipos que congelam a percepção dessas pessoas em atributos desqualificantes e homogeneizadores. Por extensão, são também desqualificados os profissionais, os pais e as instituições que lidam com a excepcionalidade. Esse é um padrão de rotulação que menospreza o alunado destas organizações (CAVALCANTE, 2002, p. 304-305 grifo do autor).

Compreendo que esse "padrão de rotulação" das doenças e deficiências mentais é formatado pela construção sócio-histórica da dicotomia cartesiana, isto é, separação entre corpo e alma, espírito e matéria. *Grosso modo*, na perspectiva cartesiana, posso dizer que os acontecimentos próprios da mecânica do corpo são vistos como algo menos "doído", pois meu(minha) filho(a) não é um doente ou deficiente mental; sendo uma deficiência que acontece no nível do orgânico, que a modernidade trata como parte (dividir em partes para compreender) do funcionamento mecânico e previsível, tais sujeitos não receberão tratamento igual ao daqueles que possuem as doenças ou deficiências que acontecem na "alma", na mente, no pensamento, que são consideradas de forma lamentosa, pois não estão na parte mecânica da pessoa.

A separação corpo e alma é o terreno onde se edificaram as ciências humanas: a alma tornou-se um espírito que virou as costas ao mundo e, dobrando-se sobre si mesmo, encontrou no interior o abrigo seguro e sua morada, o ego. A perspectiva antropológica em Descartes é da divisão do homem e da natureza, e com a expansão do capitalismo surge também a divisão da natureza e da sociedade.

Posso ainda ressaltar que é próprio da modernidade buscar o ideal matemático (a partir do século XVII), isto é, a *mathesis universalis* (matemática universal). Isso não significa aplicar a matemática no conhecimento do mundo, mas usar o seu tipo de conhecimento, que é completo, inteiramente dominado pela inteligência, abstrato e baseado na ordem e na medida, permitindo estabelecer cadeias de razões.

Separando radicalmente corpo e alma, e sendo o corpo orgânico; o homem, animal, é convenientemente, para efeito de análise também, descrito como um corpo-máquina, complexa em relação a outros sistemas materiais, mas sem deixar de ser uma máquina. O sujeito é dividido em partes conforme uma concepção da sua mecanicidade, assim, em Descartes, o sujeito, nos seus modos de ser, tornou-se assujeitado (padrão de rotulação).

Nesse sentido, o sujeito abstraído como "normal" é um mundo medido matematicamente. Segundo Najmanovich (2001, p. 17), "é imprescindível identificar o sentido peculiar que foi atribuído à medição na modernidade". Comparando os modos de ser do moderno com os modos de ser dos gregos, na medida em que se relacionavam fundamentalmente com uma ordem ou harmonia interna das coisas; porém, a partir das concepções de Galileu, a medida gradativamente tornou-se

> [...] como a comparação de um objeto com o **padrão externo, ou unidade fixa**". Apenas as propriedades mensuráveis segundo um padrão externo poderão alcançar o patamar das qualidades primárias (e extensão, o movimento, a inércia) e constituirão o único objeto da ciência. Estas **unidades primárias** são tidas como próprias dos corpos, anteriores a sua medição e independentes do sujeito. Reencontramos aqui sistematização e padronização dos processos de medição, os mesmos recortes e as mesmas conseqüências cognitivas relatadas na perspectiva linear: novamente os "corpos" desaparecem do horizonte cognitivo da modernidade, para deixar apenas uma carapaça de propriedades mensuráveis (NAJMANOVICH, 2001, p. 17, grifo nosso).

As pessoas viviam o mundo teocêntrico na Idade Média como um ser pertencente a deus, com a eternidade garantida pela religião, no movimento de passagem para a mundo moderno seus corpos se tornam mensuráveis e estereotipados dentro de formulas e equações; corpos que se tronam objetificados no espaço infinito regido por leis da natureza imutáveis e eternas. Os objetos passam a ser massas pontuais, os impactos ficam elásticos, o espaço e o tempo tornam-se absolutos, com características inodoras, incolores, insípidas; o sistema circulatório e nervoso é objeto da mecânica, a biologia é mecânica... Enfim, abstrações. O "corpo-máquina" é um organismo físico mensurável e estereotipado dentro de um eixo de coordenadas (NAJMA-NOVICH, 2001, p. 15-16).

Conforme os princípios cartesianos, eu preciso enumerar e medir para não me enganar; e, para tanto, são necessários padrões de medidas [pré]determinados para que a regra seja bem aplicada. Assim, o sujeito será medido; se estiver fora dos padrões, eu tenho as medidas e a política adequada para fazer as devidas trocas e os "consertos".

> Esta hierarquização da média e a estabilidade que implicam os processos técnicos (Leia-se estabelecimento de padrões e instrumentos padronizados de medida) e político [Leia-se regulações rigorosas e legais dos padrões de medição] também conduziram ao desenvolvimento de uma nova concepção do conhecimento: o objetivismo. Os procedimentos de padronização, junto com a regimentalização experimental da natureza, implicam na possibilidade de prescindir do sujeito. O resultado da experiência não depende de quem a faça. O experimentador é um sujeito abstrato, prescindível, trocável. A exemplo da variável matemática, pode ser substituído por qualquer outro membro do sistema (NAJMANOVICH, 2001, p. 15-16).

Com base nesses conceitos, o ser humano é "aquilo" que pode ser medido, assim como o corpo, nesta perspectiva, era aquele que podia ser representado. É possível ser neutro? Surge a objetividade valendo-se da possibilidade da neutralidade? Para tanto, é preciso supor a capacidade de alguns sujeitos para abstrair-se, ou seja, para supor que nem a sua corporalidade, que inclui tanto suas percepções como suas emoções e seus modos de ser no mundo, nem a sua subjetividade, nem os vínculos que estabelece influenciariam o conhecimento do mundo (NAJMANOVICH, 2001, p. 16-17).

O mecanismo cartesiano possibilitou um enorme avanço no conhecimento das ciências naturais e, consequentemente, do organismo humano, mas, nas ciências humanas, trouxe problemas como a padronização da pessoa. Quando se trata do propriamente humano, o sujeito é cindido — corpo e alma, geralmente com desvantagens para o corpo e para tudo o que a ele se refere. Ao lado dos valores da alma, o corpo é objeto e hierarquicamente inferior a ela.

O mundo estava em um momento propício para dividir-se; o movimento era nessa direção da busca de uma divisão para compreender. O projeto é o de uma *mathesis universalis*, ciência universal da ordem e da medida, que é estendido ao campo moral, político, social e religioso: o mundo das coisas e, depois, o mundo dos homens. Nesse sentido, o projeto da *mathesis universalis* ocorre com outras transformações: surgimento do protestantismo, dividindo o cristianismo na Europa; expansão do capital comercial, com a descoberta dos "novos" mundos; a Revolução Industrial na Inglaterra, que se consolida no século XVIII, implicando mudanças nos planos econômico, político, social e religioso, culminando na Revolução

Francesa. Processos sócio-históricos de dividir para clarificar. A consideração dualista do sujeito, certamente, tem os seus motivos ideológicos, pois permite legitimar grande parte das mazelas da humanidade. Valoriza-se mais o trabalho intelectual do que o braçal; naturalizaram-se padrões de normalidade/anormalidade, saúde e doença.

### 5.8.2 O sujeito fenomenológico

Ao longo de minha trajetória, compreendo, no conceito temático do "sujeito fenomenológico" na experiência de *ser sendo* aluno na/da educação (especial), que a centralidade se desloca para o nível transcendental. Para Husserl, o ser humano é o sujeito do conhecimento, ou sujeito transcendental, como atitude universal, como estrutura necessária do saber, e o poder está nos seus modos de *ser sendo* reflexivo, é o de construir o *eidos* ou sentidos.

Transcendência em Husserl tem o sentido aberto para o mundo-da--vida (*Lebenswelt*). O seu sentido é para fora. O seu conteúdo é puro movimento e puro dinamismo. E, no lugar de entender para explicar conforme categorias a priori, ela compreende o mundo no horizonte da intencionalidade, um mundo entendido como horizonte. Portanto, os modos de *ser sendo* do sujeito fenomenológico incluem a dimensão da intersubjetividade transcendental, o mundo-da-vida, a intencionalidade e o próprio ego transcendental.

A atitude transcendental é superadora da ingenuidade, da atitude pré-filosófica, que considera apenas os objetos — por exemplo, o autismo de Asperger, a artrite reumatoide ou a paraplegia — e ignora o sujeito transcendental (pensante), como também é ingenuidade levar em conta somente o sujeito, esquecendo-se da relação de reciprocidade, de intersubjetividade, sendo a soma que produz a atitude natural[96] que não é educadora fenomenológica, que não assume a atitude fenomenológica. Nesse sentido, concordo com Peixoto quando afirma que a tarefa da fenomenologia é

> [...] a de analisar as vivências intencionais da consciência para aprender as essências dos fenômenos, os seus significados, os seus sentidos. Com isso, a intencionalidade

---

[96] São consideradas como atitude natural concepções do senso comum e do cientificismo; a aceitação da aparência como verdade; absolutização de uma teoria como algo inquestionável; uma percepção imediata ou planejada, sem fundamentação e radicalidade. Está no campo das crenças. A atitude natural não se preocupa com a crítica do conhecimento.

estabelece um novo sentido para a relação entre o sujeito e o mundo, entre pensamento e a ação, entre subjetividade e a objetividade. Com esse conceito, a fenomenologia supera a dicotomia estabelecida pelo racionalismo e pelo empirismo, assim como demonstra o equívoco da psicologia de pretender assumir o lugar da teoria do conhecimento (PEIXOTO, 2003a, p. 27-28).

Por isso, o projeto transcendental tem de incluir a dimensão da intersubjetividade transcendental, o mundo-da-vida, a intencionalidade e o próprio ego transcendental. Como afirma Husserl, o sujeito transcendental e a consciência são o lugar do desdobramento do mundo para o sujeito;

> [...] é resultado da *colocação entre parênteses* do mundo objetivo em seu conjunto e de todas as entidades objetivas em geral. [...]. Por meio dessa "colocação entre parênteses", tomei consciência de mim mesmo como de um *ego* transcendental, que, em sua própria vida, constitui tudo aquilo que jamais pode ser objetivo para mim; tomei consciência de um *eu* que *existe* em suas experiências potenciais e atuais, assim como nos seus *habitus* (HUSSERL, 2001, p. 113 grifo do autor).

O sujeito na fenomenologia é pensado como uma pessoa que vive intersubjetivamente; ele se constitui intersubjetivamente em um conjunto de relações passadas, presentes e futuras ("gênesis" e generatividade), com o outro, todo o seu entorno familiar, social e psicológico. Com todo um entorno de coisas. Com sua consciência aberta aos horizontes do "espaçotempo". Em torno dessa pessoa colaboradora se dá uma convivência intersubjetiva; um colaborador não é uma pessoa isolada.

A experiência transcendental implica o estar sempre orientado por sua totalidade como o horizonte do mundo, situado antes de toda discursividade da experiência particular (CAVALIERI, 2005, p. 247). Porém, a transcendentalidade não é reduzida nesta atividade da consciência. A consciência é consciência do mundo real, dos objetos, das relações lógicas e ideais; além disso, o sentido e a significação não se reduzem à constituição. Como pessoas, estamos no horizonte de uma experiência absoluta, e, por exemplo: Sangue Bom não se reduz ao que é percebido ou ao que é perceptível. Nesse prisma, Cavalieri afirma que a concepção de sujeito é entendida

> [...] como centro do agir e do qual depende o sentido do mundo, é assumida por Husserl como raiz filosófica fundamental. Assim ele se expressa: "Isso que nós chamamos

de Ego em sentido próprio é [...] uma individualidade pessoal, [...] sujeito de motivações pessoais". O sujeito para Fichte e Husserl é um sujeito moral e ético como uma tarefa de auto-responsabilidade infinita, em vista de um progresso e um aperfeiçoamento racional também infinito. Neste ponto, são semelhantes as concepções de "vocação" (Beruf) e "convocação" (Aufforderung). Autodeterminação e auto-responsabilidade em vista do infinito apresentam-se com uma dimensão teleológica da ação, e são fundantes da moralidade da ordem do mundo enquanto tal (CAVA-LIERI, 2005, p. 34).

O *ego* fenomenológico e o empírico não são duas entidades do sujeito. São um e o mesmo ser. Portanto, o sujeito transcendental conhece e compreende o mundo nos seus *modos de ser sendo no mundo* nos níveis empírico — como ponte comum do mundo, interage conscientemente com as coisas do mundo e no transcendental — outro modo do ego, ou modo de *ser sendo*.

Há uma tendência de se reduzir tudo ao sujeito empírico, como também de reduzir tudo ao sujeito psicológico, ao que Husserl chama de psicologismo. O sujeito da fenomenologia é distinguido pelos diversos níveis temporais, a saber: o nível genético, que passa pela reflexão egológica, como a fala da Audaciosa Espevitada a seguir.

Descubro-me com este diagnóstico [artrite reumatoide]. Eu não entendia muito bem porque era muito nova. E a convivência com primos e o restante da família me fazia não ter tanta ideia do que acontecia. Na minha cabeça de criança, eu ia melhorar logo. Por isso não ligava muito. Como criança que eu era, não sabia que viveria com "isto" pelo resto da minha vida, pensava que iria melhorar logo (MACIEL JÚNIOR, 2006, p. 164).

Outro aspecto é o nível estático, que é a correlação entre a consciência constituinte e o objeto constituído, como na fala Sangue Bom (MACIEL JÚNIOR, 2006, p. 164): "eu sou o Sangue Bom que é uma pessoa que tem o autismo desde os 4 anos de idade". E, por último, o nível generativo, que tem como tarefa precisamente investigar como as estruturas históricas e intersubjetivas se tornam cheias de sentido para todos, como na fala do Cidadão Pleno:

Sou extremamente crítico quanto à relação da sociedade com os portadores de deficiência. A questão não é apenas

> o preconceito, que, pela própria acepção, denota quanto equívoco é capaz de veicular. Critico que se deve oportunizar o exercício de direitos e deveres, o acesso à formação profissional, à inserção no mercado de trabalho, ingredientes indispensáveis para uma vivência social salutar que englobe, inclusive, a experiência afetiva, erótica e emocional do deficiente (MACIEL JÚNIOR, 2006, p. 164).

O sujeito transcendental manifesta-se em três estágios de desenvolvimento. O primeiro corresponde ao sujeito como agente de atos intencionais, de percepção e suas variantes; as vivências do presente, do aqui e agora; e o *ego* está deslocado na recordação, na imaginação, na fantasia. Em segundo estágio, o sujeito como identidade que efetiva atitude categorial, isto é, além de perceber e recordar, assume funções mais elevadas. *Ego* diz "eu penso que...", mas toma posições, tem opiniões. E, por último, o sujeito avança para a reflexão sobre o que é e no que lhe acontece — começa a analisar todos os estágios anteriores, toma posse de seu "próprio si mesmo". O sujeito constitui-se sobre a sua própria vida irrefletida.

A experiência que Sangue Bom, Audaciosa Espevitada e Cidadão Pleno têm nos seus modos de *ser sendo* com o corpo próprio (MERLEAU-PONTY, 1994) é compreendida como abertura para a intersubjetividade e para os horizontes do mundo.

> Sangue Bom: [...] eu tinha muitas dificuldades, e ela (psicomotricista) também me ensinou como amarrar os cadarços do sapato, e eu aprendi muitas outras coisas, direita e esquerda; e também me ensinava nas matérias das escolas, quando tinha dúvidas; e fiquei com ela nas aulas de psicomotricidade no período de dois anos, dos 10 até aos 12 anos.
>
> [...] para mim, beijar é bom demais. Quem não gosta de fazer isso? Eu acho que todo mundo gosta.
>
> Eu sou uma pessoa que não gosto muito de sair de casa, só se for para academia malhar (MACIEL JÚNIOR, 2006, p. 165).
>
> Audaciosa Espevitada [...] a minha cadeira, meu banco, minha cama precisam ser mais altos do que geralmente são, o banheiro que uso é todo adaptado, é o que facilita minha autonomia — pois bem, em minha vida não escaparei das adaptações. Então comecei a dar nomes pessoais aos meus objetos de uso diário: minhas muletas já foram chamadas de Help, Priscila, Fedora. Com 13 anos, comecei a andar de muletas.

Quando vivo estas experiências [término de um namoro], sinto-me às vezes como um armário velho e pesado.

Esta questão de limites é uma coisa muito relativa — acho que a própria deficiência se torna relativa — porque fisicamente, humanamente falando, as coisas não têm um determinado final — é aqui, se você insistir ou persistir ou imaginar que dá para ser feliz, tem possibilidades; não é à toa que o infinito é infinito (infinito não é finito), não acaba de jeito... As estrelas não estão só aqui, brilham para todo mundo, nós não somos os únicos planetas que existem no universo, têm outros também (MACIEL JÚNIOR, 2006, p. 165).

Cidadão Pleno: Criança, você já viu! Criança é sociabilizada. Criança brinca e quer que você participe das brincadeiras. O máximo que dava para participar das brincadeiras eu participava. Eu jogava bola, pegava no gol ou era o técnico do time. Era muito legal... sempre assim. Isso aí! (MACIEL JÚNIOR, 2006, apêndice V, p. 269).

Na primeira escola em que eu estudei, às vezes era um colega que me levava, o banheiro era bem rústico, mas eu consigo andar agachado, apoiando com a mão ou mesmo engatinhando. Criança não tem dessas coisas; quando criança, eu não ficava constrangida com nada. Até hoje eu sou assim. Se eu vou a barzinho com um amigo e eu preciso ir ao banheiro, eu solicito logo uma cadeira, ou um banquinho ou mesmo uma caixa de engradado de refrigerante do barzinho. Se não dá para entrar com a minha cadeira, eu passo de uma cadeira para outra e faço uso do banheiro. Eu chego até a porta do banheiro e uso a cadeira como trampolim para o vaso. Às vezes uso a minha perna direita, nela posso me apoiar um pouco, e que tem uma certa mobilidade. Eu não passo aperto. Ou estaciono o carro em algum ponto estratégico, caso eu precise urinar, alguma coisa assim. Mas há pessoas que têm menos mobilidade, e a questão do acesso é importante, especialmente quem teve uma lesão de coluna, de medula, por exemplo, que tem menos mobilidade (MACIEL JÚNIOR, 2006, apêndice V, p. 273).

Por essas descrições, compreendemos que a transcendência em Husserl remete às atividades da consciência. São expressões públicas e legítimas da vida racional, não são pessoas escondidas ou insignificantes. Este sujeito não é mais um *ego* isolado que, com base em si, constituía o mundo, mas um "sujeito intermonádico", que forma uma espécie de comunidade de "mônadas" (HUSSERL, 2001, p. 142).

O sujeito transcendental é produtor de sentido e é isso para fora; a consciência não tem nada dentro de si, ela é puro movimento, puro dinamismo, a consciência é puramente intencional; inicialmente, é não consciência de si, não tem conteúdo, o único conteúdo primário é a intencionalidade. Nesse sentido, compreendo que "o mundo das coisas transcendentais está inteiramente referido à consciência e não a uma consciência logicamente possível, mas a uma consciência atual" (HUSSERL, 1986, p. 113, § 49).

### 5.8.3 O sujeito encarnado

Assim como numa obra de arte, o corpo revela o seu sentido pleno. É o sujeito encarnado, concreto, que tem "corpo próprio" ou "corpo vivo" e se expressa por meio dele, assim como sente o seu corpo, é o sujeito que está-no-mundo, o mundo-da-vida.

> Eu sou não um "ser vivo" ou mesmo um "homem" ou mesmo "uma consciência", com todos os caracteres que a zoologia, a anatomia social ou a psicologia indutiva reconhecem a esses produtos da natureza ou da história – eu sou a fonte absoluta; minha experiência não provém de meus antecedentes, de meu ambiente físico e social, ela caminha em direção a eles e os sustenta, pois sou eu quem faz ser para mim (e, portanto ser no único sentido que a palavra possa ter para mim) essa tradição que escolho retomar, ou este horizonte cuja distância em relação a mim desmoronaria, visto que ela não lhe pertence como uma propriedade, se eu não estivesse lá para percorrê-la com o olhar (MERLEAU-PONTY, 1994, p. 3-4).

Atualmente, e nos últimos anos, os corpos e as sexualidades passaram por transformações nunca antes pensadas. Muitos são, por exemplo, os adeptos das cirurgias plásticas, da lipoaspiração, das academias de ginásticas, das fórmulas milagrosas para o emagrecimento ou para adquirir músculos mais proeminentes com o propósito de conseguir um dado padrão/norma "ideal de beleza". E aqueles(as) que, nos seus modos de *ser sendo*, não possuem esse corpo tão "ideal/perfeito", explorado pelos meios de comunicação, como são suas vivências? Eles podem vivenciar sua sexualidade e exibir os seus respectivos corpos? Será que eles podem *ser sendo* atraentes, desejados ou cobiçados, mesmo não possuindo os corpos delineados pelos padrões de beleza impostos? Existem novas possibilidades de *ser sendo* no mundo para estes corpos?

Assim se expressou a Audaciosa Espevitada, numa de nossas entrevistas, sempre bem arrumada, maquiada de forma discreta, com os cabelos bem tratados e compridos: "[...] minha deficiência não interfere. Ela não é o problema. Eu me amo e não posso viver sem mim. [...] sexualidade é importante, mas não é tudo em minha vida. Eu quero, eu desejo, mas eu tenho planos e alvos" (MACIEL JÚNIOR, 2006, p. 201).

O simples fato de pensarmos que uma pessoa com deficiência pode gostar do seu corpo e manter relações sexuais, ou mesmo que ela tenha um corpo bonito e desejável, costuma ser algo incômodo, ou até mesmo abominável, para uma grande parcela da sociedade. Por meio das afirmações e compreensões de Merleau-Ponty, busco [re]aprender os modos de ser no mundo como "sujeito encarnado" de pessoas com deficiência experienciando o seu próprio corpo e explorando o horizonte das possibilidades do corpo-próprio. É, pois, com o corpo que apreendo as coisas ao meu redor, de acordo com as situações que vivencio. Minha presença no mundo é, portanto, uma presença corporal. "O homem é um ser existente por si mesmo, portanto um ser genérico" para o qual a sociedade não é um acidente suportado, mas uma dimensão do seu ser" (MERLEAU-PONTY, 1980, p. 75).

O sujeito, para Merleau-Ponty, é aquele que pensa porque existe. Constantemente realizo ações que não são determinadas pela minha escolha livre, é preciso encontrar resposta para esse fundamento corpóreo existente em mim, e mantém comunicação com o mundo. O agir humano não está separado do pensar, eu posso compreender que há um "pensamento" latente no meu corpo próprio e que escapa da triagem do pensar consciente. Compreendo como, no ato de dançar, nosso espírito não tem a possibilidade, em um curto espaço de tempo, de calcular, corrigir ou antecipar cada ato executado, mas o corpo tem essa possibilidade. Não é o espírito que orienta o corpo para o gesto de apreensão de um objeto.

O corpo encarnado tem uma relação de aprendizagem com o mundo e, compreendo, é aprendente. Como sujeito existente, o meu hábito serve para mostrar que o meu corpo "aprende", "reflete", e que tal coisa não pode ser explicada como uma operação da inteligência ou como um automatismo corpóreo. Vejamos a digitação: basta que eu me habitue com a repetição das letras do alfabeto no momento do aprendizado para, em seguida, digitar uma infinidade de palavras, até mesmo em outro idioma. Na dança, por exemplo, o corpo "capta" e "compreende" o movimento, que é a apreensão de uma "significação motora" (MERLEAU-PONTY, 1994, p. 159).

O corpo vivo, nos seus modos de **ser sendo**, é intersubjetivo, como afirma Merleau_Ponty inter-humano: "O *cogito* só é falso enquanto se separa e quebra nossa inerência ao mundo. Só poderemos suprimi-lo, realizando-o, isto é, mostrando que está contido que está contido eminentemente nas relações inter-humanas" (MERLEAU-PONTY, 1980, p. 79)

É um sujeito que não está sozinho, "está no meio de outras consciências situadas, é para o outro e por isso sobre uma objetivação, tornando-se sujeito genérico" (MERLEAU-PONTY, 1980, p. 79). Nesse sentido se expressa o Cidadão Pleno: "Sempre ia à escola acompanhado de amigos; em nossa algazarra pelas ruas da cidade, estava sempre bem agrupado, integrado ao grupo. Interagindo, íamos ao campo de futebol aos domingos, e na igreja participávamos do coral infantil (MACIEL JUNIOR, 2006, p. 168).

O homem é homem em situação, e neste sentido o corpo não tem um papel de passividade e inércia, mas sim o de colocar-nos em contato com o outro e com o mundo. Segundo Carmo (2004, p. 81), o corpo exerce um papel mediador por excelência, já que nos põe em permanente contato com o mundo e marca a presença do mundo em nós. Portanto, é preciso definir o ser humano

> [...] como relação com instrumentos e objetos, como uma relação que não seja de simples pensamento, mas que o engaje no mundo de tal maneira que tenha uma face exterior, um fora, que seja "objetivo" ao mesmo tempo que "subjetivo" (MERLEAU-PONTY, 1980, p. 76).

Nesse prisma, é um sujeito aberto, ativo e capaz de estabelecer sua autonomia sobre o próprio terreno de sua independência (MERLEAU-PONTY, 1980, p. 76). A esse respeito se expressa o Cidadão Pleno:

> Exatamente, eu passaria muito tempo dentro de hospitais, clínica, muita fisioterapia; você tem que fazer como um atleta se recuperando de uma lesão, bem puxada. Cirurgias, dores e dor não é fácil, muitas dores, uso de aparelhos, recuperação. Não foi medo, este não foi o meu ideal. Se fosse uma coisa mais rápida com uma possibilidade maior, eu teria tirado um tempo para aquilo. Possibilidade de andar com maior rapidez. Mas esse não era o meu projeto de vida — deficiência não é doença [risos]. Se você tem alguma coisa que lhe causa dor, tudo bem (MACIEL JUNIOR, 2006, p. 169).

Como também a Audaciosa Espevitada, estabelecendo sua autonomia no terreno de sua independência, afirma:

> Estava no melhor hospital do Brasil, então iria melhorar. Isso serviu como um exercício mental pra mim. Eu queria a cirurgia, eu a esperava desde pequena. Era muito ruim continuar do jeito que estava (sem fazer o tratamento devido). Aos 23 anos fiz a primeira cirurgia de prótese e me preparei para a próxima, que aconteceu em novembro de 2005 (MACIEL JÚNIOR, 2006, p. 106, 169).

Estamos, contudo, nos referindo aqui não à noção cartesiana de corpo, o corpo-máquina, mas ao "corpo vivo" ou "corpo próprio", dotado de intenção e em que residem nossas ações originais. A experiência do corpo próprio revela-nos um modo de existência ambíguo. Não podemos decompor e recompor para formar dele uma ideia. Por isso, ele não é um objeto, e a consciência que tenho dele não é um pensamento.

Considerar que a ambiguidade da natureza corpórea resultante da reflexão corpórea faz com que o corpo seja simultaneamente sujeito e objeto, dessa constatação resulta a possibilidade de o corpo vivido voltar-se sobre si mesmo e refletir-se, instaurando um outro tipo de refletividade: "um visível que se vê, um tocado que se toca, um sentido que se sente" (CHAUI, 1980b, p. X).

Para compreender o sujeito da educação (especial), é preciso evitar a distinção clássica entre o "psíquico" e o "fisiológico". É exigência da filosofia da existência instalar-se na concretude do mundo. Implica abandonar o tratamento do corpo como objeto ou como um autômato que pode ser subdividido em partes; em vez disso, é preciso tratar o corpo, do qual se tem a experiência atual, agindo em direção ao mundo, ou seja, movimentando-se entre as coisas. Assim se expressa Merleau-Ponty: a ideia da beleza dos modos de ser humano só pode ser comunicada pelo desdobramento das cores e dos sons.

> Um romance, um poema, um quadro, uma peça musical são indivíduos, quer dizer, seres em que não se pode distinguir a expressão do expresso, cujo sentido só é acessível por um contato direto, e que irradiam sua significação sem abandonar seu lugar temporal e espacial. É nesse sentido que nosso corpo é comparável à obra de arte (MERLEAU-PONTY, 1994, p. 209-210).

### 5.8.4 O sujeito da alteridade

Emmanuel Lévinas é um dos mais importantes autores de referência na reflexão ética contemporânea. Lévinas mistura a tradição grega e a judaica. Concordamos com Bonamigo (2005, p. 146) quando ressalta que obra de Lévinas é grandiosa porque teve duas grandes ousadias, sendo a primeira a inserir o "mundo judaico", que é parte do pensamento oriental, no horizonte da filosofia ocidental, afirmando que as Escrituras Sagradas (mais especificamente o Antigo Testamento) são essenciais ao Pensamento; a segunda ousadia foi a de ter elevado ao trabalho do Pensamento o mundo de experiências dos personagens da escrituras, muitas vezes limites que, ao constituírem a sua vida, serviram de permanente base para sua reflexão.

Nessa filosofia provocativa, um dos eixos centrais, e que nos interessa no contexto de nossa trajetória, de Lévinas é a "questão do Outro" (alteridade) e as relações com o Outro, ou, ainda, do assumir, acolher e mesmo expiar o outro como Próximo.

Uma de suas ideias básicas é a da alteridade, isto é, colocar o outro no lugar do ser. Nesta visão, o outro não é um objeto para um sujeito. Esta proposta rompe com o sentido da máxima "A minha liberdade termina quando começa a dos outros" de Hobbes, sendo substituída pela proposta de que a minha liberdade é garantida pela liberdade dos outros. A minha liberdade é "liberdade com", a minha humanidade é "humanidade com".

É importante em nosso estudo ressaltar o sujeito em Lévinas, o sujeito como *ser sendo* o Outro, que está diante de mim face-a-face, o "rosto". "O olhar voltado para o rosto é, em primeiro momento[,] ético" (LÉVINAS, 1982, p. 77), e por esse prisma, quando partimos o corpo em pedaços demarcando, enumerando e mecanizando, aí nos voltamos para o Outro como objeto. No contexto de minha trajetória, a melhor maneira de encontrar outrem é não atentar para nenhuma parte do seu corpo "[não]deficiente"! Quando se observa o exterior da pessoa "[não]deficiente", não se está em relação com o seu "rosto". O que é especificamente rosto é o que não se reduz a ele. Há em tudo isso a exposição nua do Outro, mas uma nudez decente.

O "rosto" está exposto, ameaçado, como se nos convidasse a um ato de violência, porém, ao mesmo tempo, o "rosto" é o que nos impede de matar. Aliás, podemos matar simbolicamente com palavras ([pré]conceitos, estigmas, diagnósticos etc.), que são sempre formas sócio-historicamente construídas. Para Lévinas, a racionalidade ocidental, que procura englobar tudo na totalidade, caracteriza-se como uma violência.

Uma palavra (estigma, diagnóstico etc.) de forte conteúdo simbólico que produza a "morte" do outro não deveria ser pronunciada por ninguém revestido de um peso de autoridade; é a opinião ou a autoridade de quem pronuncia que violenta o Outro; mas deveria ser proferida apenas a palavra que for útil para o cuidado e para acolher o Outro, conforme a necessidade, para que conceda sentido e se construa uma ética. É a presença do infinito em um ato finito. Nesse sentido, Lévinas afirma que

> [...] a "pequena bondade", praticada por um homem em favor de seu próximo, se perde e se deforma desde o momento em que procura ser organização e universalidade e sistema, desde o momento em que pretende ser doutrina, tratado de política e de teologia, Partido, Estado e mesmo Igreja. Ela permaneceria, contudo, o único refúgio do Bem no Ser. Invicta, esta pequena bondade sofre a violência do Mal, que não poderia nem vencer nem expulsar. Pequena bondade realizada apenas de homem para homem, sem atravessar os lugares e os espaços onde se desenrolam acontecimentos e forças! Notável utopia do Bem ou o segredo de seu além (LÉVINAS, 2005, p. 294-295).

No dia a dia, somos personagens — Cidadão Pleno é bancário, atuando na gerência de Habitação Popular, formado em Letras pela UFES, e assim por diante, mas o seu "rosto" é significação, e o é sem contexto, isto é, na retidão do seu "rosto", não é personagem em um contexto (LÉVINAS, 1982, p. 78). Então o rosto é sentido só para ele — Tu és tu. Nesse aspecto, ele é o que "não se pode transformar em um conteúdo que o pensamento abarcaria, e assim é o incontível que nos leva além. Eis por que o significado do rosto o leva a sair do ser enquanto correlativo de um saber" (LÉVINAS, 1982, p. 78). A relação com o outro é incondicionalmente ética. A alteridade do outro é anterior a toda e qualquer iniciativa, é a priori.

Diante do outro, abro-me ao Infinito que me lembra que a responsabilidade diante do outro nunca termina. Enquanto em Descartes o *cogito* é de natureza solipsista, em Lévinas ele me abre para o Outro. Saber que o *cogito* é a capacidade de pensar muito além do meu próprio pensamento e que eu consigo imaginar algo que vai além de minha capacidade de explicar, compreender e imaginar: é aí que o Outro aparece como irredutível a mim e, como tal, me transcende, uma exterioridade que me ultrapassa e que não consigo possuir.

O sujeito em Lévinas é o Outro que se apresenta e pode ser amado (ágape) por mim sem que eu espere nenhuma troca, nenhuma reciprocidade, nenhuma resposta. É uma relação incondicional fundamentada em um imperativo que Lévinas interpreta assim: "Ama teu próximo, ele é como tu". Outras formas possíveis de leitura: "Ama teu próximo; esta obra é como tu mesmo"; "Ama teu próximo; é tu mesmo"; "É este amor do próximo que é mesmo". Afirma ainda que a leitura do Antigo Testamento suporta várias leituras, pois, quando o contexto maior é compreendido, ressoa o sentido. "E no conjunto do livro [as *Escrituras Sagradas*] há sempre uma prioridade do outro em relação a mim" (LÉVINAS, 2002, p. 128-129).

Lévinas tem outro horizonte, que é a assimetria em favor do outro, e nesse sentido é preciso o amor incondicional, simbolizado pelo verbo "**agaph**" (ágape) como altitude generosa de uma pessoa por amor à outra. Implica as relações entre as pessoas como um suporte necessário à vida em comunidade. É uma expressão legítima que, em alguns momentos do nosso viver, é percebida e vivida. O ser humano carece de receber uma parcela do amor incondicional. Quando se tem um amor assim por coisas, obviamente ele está dirigido a fins errados. Ágape é sempre um amor aberto ao infinito que tem como um ponto de origem muito além do *cogito*. Amar incondicionalmente é a responsabilidade ética, usando as palavras de Lévinas, é quando uma pessoa, de forma concreta, recebe a revelação.

### 5.8.5 O sujeito da emancipação humana

Os estudos de Paulo Freire são uma busca para captar a natureza profunda da construção da consciência humana (subjetividade) e da relação desta com o processo histórico (objetividade). É a resposta do quefazer educacional como mediador da práxis da liberdade (individualidade) e da libertação (emancipação humana). A busca do humano e sua relação com a humanidade.

O destinatário da práxis freiriana é toda a humanidade, porém a perspectiva é a dos que mais sofrem; nesse sentido, "nenhuma pedagogia realmente libertadora pode ficar distante dos oprimidos" (FREIRE, 2005, p. 45). Isso não se deve à intransigência ideológica, puro ativismo, mas por uma possibilidade histórica de libertação que se origina em uma classe, a do oprimido, possibilidade que se propõe, no processo histórico, a eliminar a condição de opressão presente em todos os segmentos sociais, pois somos todos potencialmente opressores e oprimidos.

Desinstalar a opressão do opressor e do oprimido, restaurando-lhes a humanização e a prática da liberdade, é seu ponto de chegada, cuja realização se inscreve em dois momentos:

> [...] o primeiro, em que os oprimidos vão desvelando o mundo da opressão e vão comprometendo-se, na práxis, com a sua transformação; o segundo, em que, transformada as vivências opressoras, esta pedagogia deixa de ser do oprimido e passa a ser a pedagogia dos seres humanos em processo de permanente libertação (FREIRE, 2005, p. 46).

E, quando afirma que "só o poder que nasça da debilidade dos oprimidos será suficientemente forte para liberar a ambos [opressores e oprimidos]" (FREIRE, 2005, p. 33), Freire refere-se, até mesmo, ao poder de gritar para fazer-se ouvir.

> [...] mais do que um ser no mundo, o ser humano se tornou uma Presença no mundo, com o mundo e com os outros. Presença que, reconhecendo a outra presença como um "não-eu" se reconhece como "si própria". Presença que se pensa a si mesma, que se sabe presença, que intervém, que transforma, que fala do que faz, mas também do que sonha, que constata, compara, avalia, valora, que decide, que rompe. E é no domínio da decisão, da avaliação, da liberdade, da ruptura, da opção, que se instaura a necessidade da ética e se impõe a responsabilidade. A ética se torna inevitável e sua transgressão possível é um desvalor, jamais uma virtude (FREIRE, 1996, p. 18).

Falar da perspectiva de Freire é não perder de vista o sujeito de seu pensamento: o oprimido. Esse compromisso é a grande coerência epistemológica e política de sua obra. Outra vertente com a mesma ênfase no sujeito da libertação e o pensador latino-americano Dussel (1995, 1997). O Outro encontra-se "mais-além-do-ser" (DUSSEL, 1995, p. 20); é o sujeito que eu não posso conquistar (*ego conquiro* – fundamento prático do *cogito*). Os sujeitos são pessoas que vivem ao meu lado, e minha relação com elas não pode ser da conquista, do domínio, do subjugar, do categorizar.

Nesse sentido, a pesquisa sobre a relação entre anormalidade e processos de inclusão/exclusão social e escolar de Bueno indica que os mecanismos de opressão (seletividade, baixos índices de aprendizagem, isto é, as formas de escolarização que são submetidas, até mesmo para pessoas com deficiência) sobre as classes populares — o oprimido — núcleo do sujeito de Freire, ainda são a grande preocupação de pesquisa, quando afirma que:

> Se, no passado, os processos de seletividade se davam pelo não acesso ou pelas retenções e evasões provocadas pela reprovação escolar, no momento atual, com a ampliação das possibilidades de acesso para a quase totalidade das crianças com idade de ingresso no ensino fundamental e pelos mecanismos de redução da repetência (sistema de ciclos, regime de progressão continuada etc.), hoje está seletividade se expressa também, e especialmente, pelos baixos índices de aprendizagem, que continuam afetando, de forma contundente, os alunos provenientes dos extratos populares (BUENO, 2005, p. 106).

A construção de Freire sobre a pedagogia numa perspectiva do oprimido é atual e chave de interpretação que fundamenta a pedagogia no contexto escolar e não escolar. Freire ressalta que a luta pela libertação do ser humano, que é, semelhantemente à realidade histórica, um *ser sendo* em formação, dá-se em um processo dinâmico e compreensivo do oprimido em relação a si mesmo, enquanto pessoa de vocação para "ser mais". Recomendou e viveu um trabalho educativo que respeite o diálogo e a união indissociável entre ação e reflexão, isto é, que privilegie a práxis. Um trabalho que não se funde no ativismo (ação sem reflexão) ou em "frases de efeito" (reflexão sem ação) e que não se funde numa concepção do ser humano como "ser vazio".

No que se refere ao sujeito da educação, Freire afirma seus modos de *ser sendo* como sujeitos da relação, produtores de conhecimento, da presença no mundo e compreende que é possível aprender e ensinar mediado pelo mundo. É um movimento intersubjetivo, o educar-se dá-se em estar com o outro. Não é sujeito dependente de "depósitos" de conhecimento, como quer a pedagogia "bancária" (educação bancária) — pautada em uma comunicação verticalizada, contrária ao diálogo, que serve como instrumento de desumanização, minimação e domestificação do educando, em uma relação com o educando de forma não emancipadora e na relação com o educando com o opressor hospedando-o em sua consciência. Ao referir-se à teoria antidialógica, Freire ressalta que ela tanto traz a marca da opressão, da invasão cultural camuflada, da falsa "[ad]miração" do mundo, como lança mão de mitos para manter o *status quo* e manter os educandos assujeitados.

198

Os modos de *ser sendo* do sujeito, para Freire, são de pessoas dialógicas, problematizadoras e marcadamente reflexivas, combinações indispensáveis para o [des]velamento do mundo-da-vida. Sujeitos supera[dores] da contradição educador/educandos, oprimidos/opressores, normais/anormais, atitude fundamental na relação dialógica (FREIRE, 2005, p. 71-87).

Como se constitui a educação bancária para o sujeito fenomenológico-existencial constituído e/ou inventado na/da educação especial? O que é e como é *ser sendo* com necessidades educacionais em contextos escolares e não escolares, numa perspectiva bancária e opressora?

No contexto de uma trajetória de inspiração fenomenológica, o sujeito busca conteúdos curriculares que não caracterizem piedade, comiseração, doação ou imposição, mas uma "devolução organizada, sistematizada e acrescentada ao povo daqueles elementos que este lhe entregou de forma desestruturada" (FREIRE, 2005, p. 97). O sujeito da educação (especial) tem o que dizer (sua palavra) sobre conteúdos que querem se apropriar, sobre a sua existência, sobre os seus modos próprios de **ser sendo**, desafiando-o à busca de respostas, tanto em nível de reflexão como de ação. Em outras palavras, uma prática libertadora requer que o apoio às pessoas com [defi]ciência se faça não para levar-lhes uma mensagem de "comiseração", em forma de piedade e conteúdo a ser depositado, mas para, em diálogo com elas, conhecer não só o mundo em que estão, mas a consciência que tenham de si mesmas e do mundo (FREIRE, 2005, p. 99). Desse modo, buscam juntos, educador/educandos, mediatizados pelo mundo, o conteúdo a ser estudado.

Nesse sentido, a afirmação da Audaciosa Espevitada exemplifica como há muito a se apropriar na escuta a pessoas com necessidades especiais:

> Não percebi, ao longo dos meus estudos, as escolas mais preparadas para me receber. Não, até hoje, muito difícil. Sempre estudei em escolas com escadas, sempre precisei ser carregada. Elas não estão preparadas para me receber. Fiz o meu pré-vestibular todo tendo que ser carregada quatro andares. Os alunos do cursinho, funcionários. Já pensei em estudar nessa mesma instituição, fazer um outro curso, e desisti por causa disso. [...] Aqui na faculdade onde me formei foi a mesma coisa — o elevador foi colocado um ano e meio depois. A grande barreira é sempre física — não tenho tido grandes barreiras de preconceitos nas escolas (MACIEL JUNIOR, 2006, p. 63).

Acerca do operacionalizar a pedagogia de uma perspectiva do oprimido, da pessoa com deficiência e por extensão da educação de práticas inclusivas, é preciso buscar as relações e compreender o universo temático dessas pessoas. Mendes (2002, p. 75-76) afirma que "não é fácil construir uma escola inclusiva em uma sociedade altamente excludente", pois o ponto de dificuldade está na superação da dicotomia opressor/oprimido que envolve o processo histórico de emancipação, e nessa caminhada eu compreendo que tenho diante de mim "o constante desafio de construir uma escola que acolha e trave realmente um compromisso com a qualidade do ensino para todos os alunos".

Dito isso, convém sublinhar que o sujeito da educação em Freire não é de uma educação de treinamento e domesticação, mas sujeito de possibilidades de uma educação humanizadora, "libertadora".

### 5.8.6 O sujeito estrelar

Para o professor doutor Hiran Pinel[97], é no mundo-da-vida que o sujeito é estrelar; o outro brilha, todos têm o seu brilho, e o brilho do outro necessariamente não (me) ofusca, mas [co]move(me) a outros brilhos. Assim é no mundo da existência, onde o sujeito é "ser-no-mundo", onde ele é "nascido" (vem a lume) sem que sua opinião seja consultada; foi nascido e agora o "destino" (não biológico nem determinado!) é cuidar de viver e dar sentido à vida. Assim também compreende Merleau-Ponty, quando escreve que

> [...] tudo é necessidade no homem [...] tudo é contingência no homem, no sentido em que esta maneira humana de existir não está garantida a toda a criança humana por alguma essência que ela teria recebido em seu nascimento, e em que ela deve constantemente refazer-se nela através dos acasos do corpo objetivo (MERLEAU-PONTY, 1994, p. 235-236).

O "ser-no-mundo", para Pinel (2005a, p. 271), [des]vela-se em "modos de ser sendo si mesmo no cotidiano do mundo", e esses modos são todas as possibilidades capturadas pelo sujeito mesmo da experiência; no cotidiano e/ou em situações de "clínica do sujeito" e em investigações de inspiração fenomenológica existencial.

Pinel (2003, 2005a) afirma o conceito sentido acerca do sujeito. O "sujeito nascido" é sujeito que está-aí-no-mundo, e, como tal, nasce de suas

---

[97] Prof. Dr. Hiran Pinel, do Programa de Pós-Graduação em Educação do Centro de Educação da UFES.

experiências educativas escolares, não escolares e informais, atrai-se e é atraído pelas práticas [psico]pedagógicas, emergindo-se como uma estrela. Nasce como "protagonista" de todos os lugares possíveis e imagináveis. É sujeito da ação/cena que é dita protagônica (quando produz marcas no coletivo e quando o outro lhe pontuou que ali há um brilho solitário, mas ainda assim coletivo), apropriando-se, de modo autônomo, do sentido saber, do saber sentido. Pinel descreve aquele que nasce ao colocar sua cara no mundo-da-vida como numa metafórica tela de cinema, sempre na vida, na proximidade do foco da câmera. Nasce ao assumir-se aluno/educando, exigindo ensino inventivo e de qualidade, aquilo que, ao *ser sendo* proposto dentro de um determinado mundo, amplia os horizontes de quem ensina e de quem aprende.

> Eu me considero, em alguns espaços-tempos clínico, isto é, aquele que produz e/ou inventa "algo" a partir das escutas do outro. Esse "outro" (res)sente algo, e encontrando [pessoas com deficiências] pela frente, por perto, escutará as interrogações colocadas pela escuta(dor)a e então jogará respostas que já tinha (mais sem espaço para dizer-de-sentido). E ao responder; pois nunca tinha sido escutado naquilo que é tocado, ele retorna com mais perguntas. Essa dinâmica, que [nessa pessoa com deficiência] é dialética, constitui o que denomino de "clínica do sujeito". Trata-se de um caminho pelas interioridade dos "modos de ser sendo si mesmo no cotidiano do mundo" do pedinte, que muda sempre desse papel, para outros mais ativos. Um fazer que empreendo escutando e agindo (e sentindo). Não! Não se trata de "cura"! Trata-se de cuidado em redimensionar os sentidos dos sentidos, através do vivido (PINEL, 2008, p. 196).

Portanto, o sujeito não se [con]forma apenas com os conteúdos produzidos na linearidade da modernidade. Também exige, com seu brilho, aprendizagem-ensino inventivo, [tres]loucado, provoc[ativo] o bastante para que [re]nasça. Sujeito [re]nascido é uma pessoa que dá sentido à sua vida. Sentido é o significado orienta[dor] de suas experiências vividas. Toma o ser do ser humano na sua existência, por meio dos seus modos de ser e com os seus jeitos de aproveitar oportunidades ou produzindo-as. O ser mostra-se de sentido, cujas vivências (o lugar/tempo concreto ou simbólico) cabe a ele decidir, dentro, é claro, de sua sócio-historicidade, na sensibilidade da escuta (no que puder ser pela empatia) e do diálogo com o coletivo. O mundo, para Pinel (2005a, p. 271), é o **ser sendo** e seus modos ou jeitos compreendidos singularmente em uma pessoalidade que inventa trocas com a cultura, a sociedade, a história, os acontecimentos desse mundo onde o *ser sendo* se localiza.

A sócio-historicidade possui aí momentos híbridos e complexos que podem supor que, em cada direção tomada (sentido como norte/rumo/direção que toma o ser e "seus modos de"), se mostra mais de um sentido, opostos e contraditórios. Nossos "saberespráticas" evocam "rumos" (sentidos).

O sujeito autor de si mesmo no mundo é o que assume sua existência, mesmo que tenha que catar pedaços de si (quebrado que foi como se fosse um refinadíssimo vaso de porcelana chinesa). Ele cata partes de si nesse mundo de muitas porcelanas quebradas, e nesse sentido é um protagonista coletivo, que aí mesmo brilha, pois ainda tem força para catar a si mesmo no mundo, recuperar o que imagina ter perdido, pois ele procura o que acha!

Ao catar os fragmentos, já não é o mesmo (se é que foi algum dia). Ele junta cacos que comporão o mosaico do seu **ser sendo** da autonomia e da sua libertação (e, por extensão, do mundo dos seres todos): esses processos vividos se manifestam na fuga do hegemônico. O educador (seja professor, médico, familiar, religioso alguém próximo) busca evitar a medicação, os rótulos, as arrogâncias de quem se propõe a educar em ambientes escolares e não escolares, entre outros aspectos. Começa por indicar profunda, sensível e cuidadosa escuta.

Para Pinel (2005a, p. 202, 203) o sujeito é compreendido em uma interminável dinâmica de alguém nascido na cena da vida, protagonizando-se efêmero, finito, irrepetível. Uma contra essência que eu compreendo aberta a mudanças no cotidiano. Sangue Bom ou Audaciosa Espevitada na essência que surge não é descrito em definitivo e cristalizada, mas é descrita/sentida, um algo dos reinos desfeitos e desobstruídos, uma insustentável raiz desenraizada. A única essência aqui é priorizar o fato a que se destina: a existência, a vivência!

Isso conduz o sujeito protagônico nos modos de ser bem-nascido, no seio do seu povo. Ele acordou-se e foi acordado na relação com o outro, o ensinante, dentro e fora da escola. Como se o sujeito, a descobrir-se nascido, chegasse a um lugar em que pudesse se [re]ver, e, desse algo em si, para acordar-se, vê-sentir quem é sendo no mundo.

Pinel afirma também o lado negativo das experiências, então ele é sendo um sujeito de experiências (também) negativas. "Humana igualdade, nas diferenças de si, no outro, no mundo. Ele também clama por neces-

AUTONOMIA, INCLUSÃO E EMANCIPAÇÃO: VIDAS EM CONSTRUÇÃO PARA ALÉM DOS LIMITES

sidades, devido às dificuldades, por exemplo, de enfrentar seus próprios [pré]conceitos contra outras formas de inclusão" (PINEL, 2005a, p. 286) de sujeitos diversos e diferentes. Uma luta pelos frágeis amores modernos. É o sujeito protagonista de seu enfrentamento e apoderamento. Diante das experiências das quedas e dos levantamentos resilientes, ele é capaz de resistir e crescer na adversidade; resistente, enfrentativo, ele se [des]vela. O ser é mesmo protagonista: um luta[dor]!

O sujeito deficiente, tal qual aqui estamos, parece ser em Pinel ([2005]) um **ser sendo** sempre humano, que, como todos (deficientes ou não), teve diversos de seus cacos catados ou não. Mas, como bem pode ser alertado, há uma diferença entre ter orelha de abano e ser surdo. Por isso, o sujeito da educação especial e inclusiva (da educação escolar e não escolar) é um *ser sendo* nos modos a demandar que se atendam — como a todo cidadão aprendente — os seus estilos individuais de aprendizagem, e daí dar-se (ou não) nascido ou renascido, bater em si para acordar no mundo e então tomar as rédeas do seu enredo existencial, e, brilhando, permitir aos outros brilhar. *"No fundo de si (no mundo) o sujeito que cata pedaços de si, sabe-sente que só foi possível esse ato de sentido porque não está só"* (informação verbal)[98].

### 5.8.7 O sujeito da demanda especial

Nessa perspectiva dos demais conceitos acerca do sujeito da educação, posso citar ainda o que pensa a professora doutora Denise Meyrelles de Jesus[99]: é o sujeito escolar, e especificamente a pessoa com necessidades especiais por deficiência, enfocando a pessoa. Ela aprende como todos aprendem, pois não há uma pessoa que não tenha gosto em aprender, e a intervenção é possível, preferencialmente, na escola como contexto mediador. O mundo da pessoa com necessidades educacionais especiais é um mundo intersubjetivo, e, para Jesus, o "espaçotempo" escolar é um contexto mediador privilegiado. As possibilidades de práticas inclusivas são compreendidas como portas significativas da intersubjetividade. Na percepção de Jesus, essa pessoa é aquela que tem algum tipo de deficiência e pode precisar de apoio.

O apoio do quefazer pedagógico de Jesus é fundamentalmente exercido na formação de professores que cuidam das demandas dos sujeitos escolares.

---

[98] Informação de orientações do Prof. Dr. Hiran Pinel, Vitória, em 2006.

[99] Prof.ª Dr.ª Denise Meyrelles de Jesus, do Programa de Pós-Graduação em Educação do Centro de Educação da UFES.

Ela dirige todo o seu trabalho no cuidado da formação de professores que lidam com esses sujeitos. Nesse sentido, Jesus acredita que,

> [...] se quisermos uma escola inclusiva, precisamos **pensar com o outro**, precisamos de um constante e longo processo de reflexão-ação-crítica dos profissionais que fazem o ato educativo acontecer. Se quisermos mudanças significativas nas práticas convencionais de ensino, precisamos pensar na formação continuada dos educadores (JESUS, 2005, p. 206, grifo nosso).

Não é sujeito patológico, nem individual ou socialmente, mas sujeito da diversidade, da finitude e das contingências humanas. Não é [pré]concebido e definido como patológico ou estigmatizado, nunca numa dialética de causa e efeito.

Nas entrelinhas dos textos e aulas, compreende-se que a pessoa é sócio-historicamente o sujeito da diferença significativa, com uma peculiaridade: a deficiência, sem deixar-se aprisionar pela armadilha da patologização do diferente. O sujeito só é deficiente no contexto temporal, espacial e socialmente determinado.

É sujeito concreto que se apresenta — audiência em Omote (1996, p. 130) — se desvela com necessidades educacionais, que necessita de apoio, anda no caminho de todos, e sua presença incumbe a responsabilidade ética vivida no cuidado das práticas e dos serviços inclusivos; o educador está intencionalmente voltado para essa pessoa, em sua autoridade como especialista, usando seus conhecimentos de forma criteriosa e ética. É precisamente neste sentido que Dostoievsky (2008, p. 396 *apud* LÉVINAS, 1992, 93) afirma: "Somos todos culpados de tudo e de todos perante todos, e eu mais do que os outros".

# 6

# O [DES]VELAR DO FACE-A-FACE COM OS COLABORADORES: HISTÓRIAS ORAIS DE VIDA

Em princípio, compreendo que a percepção é um processo infinito, isto é, os meus horizontes de compreensão alargar-se-**ão** na mesma medida do pensamento radical em um "movimento do Mesmo em direção ao Outro, que nunca volta ao Mesmo". Não posso ficar indiferente ao Outro e aos Outros, por causa de qualquer alívio do Ser, por recusar qualquer movimento sem regresso, a despeito da autonomia da razão que foi atingida por um horror ao Outro que continua a ser Outro, por uma alergia insuperável (LÉVINAS, 1967, 37, 232, 230, 229).

Nesse sentido, Lévinas exemplifica com o Uno de Plotino, na compreensão de Platão:

> O Uno de que Platão fala na primeira hipótese do *Parmênides* é alheio à definição e ao limite, ao lugar e ao tempo, à identidade consigo e à diferença relativamente a si, à semelhança e à dissemelhança, alheio ao ser e à consciência de que, aliás, todos esses atributos constituem as categorias. Ele é outra coisa que não isso, absolutamente *outro* e não em relação a qualquer termo relativo. Ele é o Irrevelado; irrevelado, não porque todo o conhecimento fosse demasiado limitado ou demasiado pequeno para receber a sua luz, mas irrevelado porque *Uno* e porque dar-se a conhecer implica uma dualidade que já não condiz com a unidade do Uno. O Uno está para lá do ser, não por ser dissimulado e oculto. Está dissimulado porque está para lá do ser, totalmente diferente do ser (LÉVINAS, 1967, p. 230 grido do autor).

Primeiramente coloco o texto da própria pessoa que se interroga, que chamo de "o percebido" — *perciptum*. Ela mesma se faz compreender (ou não) com o seu discurso escrito e elaborado por ela. Você poderá ter os seus próprios horizontes de compreensão deste desvelar. Em segundo lugar, anuncio a minha interpretação dos relatos do [con]vivido — *"esse est percipi"* — ser é ser [im]percebido. Portanto, ao longo do percurso selecionado por mim, e como compreendi esses meus sujeitos/colaboradores.

Quadro 1 –

| Colaboradores | Sexo | Idade | Estado Civil | Autonomia Explícita | Escolaridade atual | O diagnóstico | Temas subjetivos explícitos | Título fornecido à cada narrativa | GS enunciado cientificamente |
|---|---|---|---|---|---|---|---|---|---|
| **6.1** | M | 20 | Solteiro | Estudante Técnico em Laboratório; Auxilia o pai no serviço de contabilidade na UFES; Participação na comunidade religiosa: coro, classes e atividades próprias da comunidade. | Médio e técnico | Autismo | Vê o seu mundo; não há barreiras a superar; diante do mundo o melhor é sempre se isolar. Cuidado consigo mesmo de manter-se fechado dando sempre dados concretos. | Doidão Maluco Sangue bom | Sujeito impregnado pelo desejo. |
| **6.2** | F | 25 | Solteira | Professora – Governo do Estado do Espírito Santo, líder de juventude em sua comunidade religiosa. | Superior | Artrite Reumatóide Juvenil | Ver o mundo como superando barreiras; heroína cotidiana, sofrendo, mas sempre se levantando. | Audaciosa Espevitada | Sujeito do Enfrentamento |
| **6.3** | M | 42 | Casado | Bancário – Caixa Econômica Federal, com promoção a gerência de Habitação Popular; Formado em Letras - UFES. | Superior | Paraplégico | A deficiência fica em primeiro plano se a pessoa não tem a possibilidade de se desenvolver como ser social: pensar, amar, trabalhar, conviver, estudar e o lazer. Estudou em escola comum, dentro de uma sala de aula regular, reivindica com clareza as coisas. | Cidadão Pleno | Sujeito da Cidadania |

Fonte: o autor (2008)

## 6.1 Doidão Maluco Sangue Bom[100]

### 6.1.1 O percebido: a pessoa que se interroga (*perciptum*)

Eu sou o Sangue Bom, que é uma pessoa que tem o autismo desde os 4 anos de idade. Quando era criança, batia nas outras crianças e procurava me afastar delas, e com isso tinha que procurar um médico para fazer tratamento. Quando tinha 6 anos, comecei a frequentar uma clínica, a Diagnóstico Perfeito, e fiquei lá até os 10 anos de idade. E, quando entrei nesta clínica, eu não sabia ler e nem escrever, eu ia pra *lá de manhã cedo, eu tinha atendimento com a psicóloga*, aulas com a professora de alfabetização, aulas de coordenação motora; os momentos de recreação eram aplicados na piscina pequena para o melhor entrosamento com outros colegas. Todos os anos existia uma festa junina, e eu gostava muito de participar para poder brincar; a clínica chamava todos os pais dos alunos, e havia uma grande confraternização, onde se encontravam as outras crianças que tinham várias deficiências, assim como eu: autismo, síndrome de Down etc.; apesar de não estar muito entrosado, gostava de ficar distante, eu participava assim mesmo.

Aos 10 anos de idade, meus pais acharam que eu precisava de um tratamento mais individualizado, quando eles contrataram uma profissional de psicomotricidade, porque a minha coordenação motora estava péssima, não tinha noção de direita e esquerda, não conseguia amarrar o cadarço no tênis, e muitas outras coisas mais, como reconhecer uma cor etc... E essa moça (psicomotricista) me ensinou tudo dando aula na minha casa no período de dois anos; desde cedo comecei o tratamento neurológico com o médico Asdrúbal Armelau, e fiz uso de medicamentos até por 21 anos, aproximadamente. Usei Gardenal, Psicoglut, Gamibetal, Lexotan 3 mg e muitos outros de que não me recordo.

Graças a Deus, com a ajuda dos profissionais (médicos, psicólogos, psicomotricidade, fonoaudiólogo etc.) e principalmente o acompanhamento da minha família e a grande ajuda do meu pai e da minha mãe, que não mediram esforços para me tirar da casca de ovo onde eu me encontrava, hoje me sinto recuperado destas dificuldades por que passei na minha vida.

---

[100]  O relato foi escrito por Sangue Bom apresentando a sua história de vida como por ele vivida e sentida. Eu pedi que Sangue Bom escrevesse o seu texto e a gente se comunicava por e-mail, telefone e visitas a ele e a família. Eu li os textos e fazia perguntas e Sangue Bom gradativamente foi elaborando o seu relato.

Quando eu tinha 8 anos, entrei na Escola Guarani, e nela aprendi a ler e escrever na Classe de Alfabetização (CA), e fiquei do CA até a quarta série, e me lembro também que na segunda série eu ainda não sabia fazer soma, multiplicação e nem divis*ão, e foi nesse ano que eu estava estudando a tabuada de multiplicação*. E gostava também de participar das festas juninas que tinha todos os anos, gostava muito de brincar com os outros colegas, e eu saia também para os outros lugares; para mim era uma diversão.

E tive muitas professoras, mas não sei quantas; saíam umas e entravam outras no lugar. No ano de 1990, quando com os 10 anos, comecei a fazer matemática Kumon, que é o método japonês, e isso me ajudou bastante, e aí eu fiquei melhor ainda, só que neste tempo só tinha só de matemática, agora tem os de português, inglês, japonês e outros.

Psicomotricidade é o coordenamento das funções motrizes e motoras, pois eu tinha muitas dificuldades, e ela (psicomotricista) também me ensinou como amarrar os cadarços do sapato, e eu aprendi muitas outras coisas, direita e esquerda, e também me ensinava nas matérias das escolas, quando tinha dúvidas, e fiquei com ela nas aulas de psicomotricidade no período de dois anos, dos 10 até os 12 anos.

Tímido é a pessoa que tem vergonha, não tem coragem de fazer aquilo de que tem vontade, mas nunca na minha vida, nunca tive namorada, na minha vida só foi mesmo namoro de criança, isto é, ficar, mas já está na hora de perder a timidez, orar a Deus para que Ele mande uma mulher boa, que seja bonita tanto por fora quanto por dentro; n'Ele também devemos acreditar, só que a pessoa tem que ter ação, quer dizer, chegar junto, conversar com as meninas, pois Deus não vai falar para ela namorar com você não, isso depende é da própria pessoa.

Quero dizer que ter namorada não é só beijar na boca, significa também outras coisas, com carinho, amor ao próximo, atenção e outras coisas, ter namorada é você ficar com um tempão com a pessoa, conversando como amigo, paquerando até conhecer bem, e depois disso parte para o namoro, aí *nesse ponto é que são namorados de ver*dade até o casamento, se der certo.

Beijar é ficar por uns tempos com a pessoa, quer dizer, um dia, mas só que não *são namorados, mas para mim beijar é bom demais*. Quem não gosta de fazer isso? Eu acho que todo mundo gosta.

Ter discos significa comprar, possuir os bens materiais de que a gente gosta; ouvir também significa escutar a música que desejamos, que é do nosso coração, as melhores, sim, lembrei sim dessas músicas bonitas, lindas, maravilhosas, jamais irei esquecer delas. Para te ser sincero, gosto muito delas, pois elas *são a minha paixão, desde quando eu era criança* até hoje; jamais irei esquecer, sou muito sabido e inteligente, e uma outra coisa que eu esqueci de contar... Quando eu era criança, com 8 anos de idade, a gente comprou um sítio, o nome dele era a união do meu nome e o de minha irmã, em agosto de 1988, e nesse ano eu peguei catapora e estava na classe de alfabetização, aprendendo a ler e a escrever. E a minha dificuldade é de memorizar as palavras; o problema é que esqueço o recado muito rápido, mas não precisa de ser tão rápido, tem que ser devagar, mas é assim mesmo, *às* vezes todo mundo é assim, não só eu, ninguém é computador. E a gente vendeu o sítio no ano de 1991, em março, quando tinha 11 anos, e quando tinha 7 anos mamãe comprou na Mesbla o disco de vinil da Xuxa, e tive também os outros discos, com Balão Mágico e o do Fofão, quando era criança, e tive os outros, o do Cazuza e do Oswaldo Montenegro... E a gente tinha muitos desses discos.

E comecei a estudar no Colégio Brasileiro, num dos bairros de Vitória, quando tinha 13 anos, da quinta *à* oitava série, até os 16 anos; e depois procurei um colégio melhor que tivesse um curso profissionalizante para começar o segundo grau do curso de Processamento de Dados, e só que fiz o primeiro até o segundo ano; e parti para outra escola do segundo até o terceiro ano do curso de Administração, e aí eu concluí, apesar de ter perdido um ano nessa história; e depois estudei na Escola Moderna em alguns meses, só que parei, pois *não deu certo, e* fui para o Senac aprender o curso de Digitação. Quando eu era mais novo, *não* gostava de mudar de escola, pois agora eu gosto, a mudança é boa, que assim a gente vai conhecendo pessoas novas, fazendo novas amizade e também outras coisas, e o colégio com os alunos e professores faz parte de uma grande família e também de outras pessoas que trabalham, como coordenadores, diretores, supervisores e porteiros.

E lembro também que fiz o curso de Digitação no Senac, agora aprendi a digitar com todos os dedos, antes digitava só com os dois dedos indicadores, ficava catando milho, pois fazia as coisas devagar, agora estou rápido na digitação, e ajuda a pessoa a arrumar o emprego, porque, se o serviço da pessoa for mexer no computador, aí *os textos têm que* ser digitados rapidamente com todos os dedos, e é excelente digitar com todos.

Eu fiquei na psicóloga até os 22 anos, pois vi que não precisava mais de ir neste lugar, já havia melhorado mais, eu estava curado de todas as dificuldades que tinha, mas, para ficar na psicóloga, varia de pessoa para pessoa, não é todo mundo que fica; isso quer dizer que as pessoas não são iguais, cada um é diferente um do outro, as mudanças nas pessoas são diferentes, alguns começam mais cedo, outros mais tarde. Eu tinha ficado um tempão parado, sem fazer nada... Que bom que agora voltei a estudar.

Quando era mais novo, os colegas ficavam me sacaneando, faziam muita hora com a minha cara, e eu nem ligava; mas, quando estiver, a gente nem liga, deixa pra *lá e sai de perto*. Mas *é assim* mesmo, em algumas vezes me sentia mal, ficava irritado com esses colegas babacas. As lembranças que tenho foi quando estudei na Escola Guarani, Colégio Brasileiro e outras; isso todo o lugar tem, pois tem uns palhaços, e meus pais até me corrigiram, eu fazia o que eles mandavam, agora não faço mais, parei.

A gente também gosta de brincar, mas tem hora que enjoa e *às* vezes nem gostamos de brincar com aquelas pessoas, e gostamos de brincar só com algumas. *É...* quando chega num lugar, você não vai gostar de todo mundo. Pois as pessoas são diferentes, nem todo mundo é igual, mas, por outro lado, sim, todo mundo é igual, existem dois lados das coisas; ninguém é obrigado a gostar de todo mundo; de algumas pessoas a gente gosta mais; de outras, menos. Em todo lugar é assim.

E lembro também que, quando tinha 10 anos, eu me preocupava muito com velocidade de carro, e ficava só falando só nisso, toda a vida a mesma coisa. Ser repetitivo é falar toda a hora a mesma coisa, significa também não mudar o disco, bater sempre na mesma tecla, fita, pois a minha memória das lembranças que tenho são boas e fantásticas, e a pessoa que trabalhou comigo me falou que devemos falar só uma vez, o que já falou não fala mais, porque senão as pessoas vão me achar chato, enjoado, senão *aí cansa o ouvido. Eu era também repetitivo, e quando tinha* 11 anos eu estava na terceira série no ano de 1991 na Escola Guarani, e lembro que nesse ano eu tinha vontade de fumar, de botar um cigarro na boca; e só que fumava de brincadeira, com lápis, caneta, e também comecei a fazer judô, que é a academia de defesa. No ano de 1990, quando estava na segunda série, mamãe comprou o Kiddy Viddy: Dê um Grande Sorriso! Enquanto que o meu colega dela [da mãe] comprou o outro Kiddy Viddy: O Mágico Pintor! E a gente trocou, enquanto que a gente emprestou a nossa, ele emprestou a dele, e depois foi devolvido. E também nesse ano nós conseguimos arrumar uma empregada doméstica, que era a Glorinha.

E conheci a filha dela, e lembro que dei umas namoradinhas com ela, beijo na boca, só que foi namoro de criança, e teve horas que ela enjoou de mim, pois *não quis mais namorar comigo. Aí neste ponto eu nem fiquei triste, só que foi ruim, não tinha ninguém para ficar* e nem namorar.

Namorar com ela foi uma coisa boa; ela para mim é uma menina bonita, linda, maravilhosa, e ela até estava gostando de mim por uns tempos, a gente brincava muito, fizemos outras brincadeiras.

E *às* vezes tinha mania de fazer perguntas bobas, isto é, perguntar o que já sabe, só que não deve, senão o pessoal vai pensar que eu sou bobo. Quando estudava em colégios, tive também professores particulares.

Eu sou uma pessoa que não gosto muito de sair de casa, só se for para academia malhar. Mas sair com a minha irmã por aí pra ir ao shopping ou ir *à* praia ou na igreja, não. Mas já saí. Tem que ser *às* vezes, quando precisar, só se for com os meus pais em si, na presença, por isso que nunca arrumo namorada... Sair com os meus pais quer dizer que eu só tenho o gosto de sair com eles, e foram eles que me criaram. E com a minha irmã é o seguinte, pois eu não me identifico muito com ela, não tenho muita simpatia por ela, mas pouca, não vale a pena segurar vela... Depende também é da natureza de cada pessoa.

E gosto de ficar na minha e tenho poucos amigos, ainda não me casei, mas acho que sou feliz assim, sozinho, mas um dia, se Deus quiser, Ele vai mandar uma pessoa certa na minha vida. *É* difícil de arranjar uma pessoa boa, só que não é difícil de arrumar namorada. Eu acho que eu não arrumo porque eu não quero, não vale a pena esperar elas se encantarem por mim, e não é muito bom ficar sozinho. Quando a gente estiver em qualquer lugar, é bom mesmo arrumar alguém para conversar e ter amigos. E ser uma pessoa sozinha, é isso que estou falando, é ficar só na dele, em casa, numa boa, onde não se sinta incomodado, e morar só.

E o único programa de que eu mais gosto é o Beija Sapo, programa da Daniella Cicarelli, "feito para beijar na boca", e também não gosto daquelas pessoas que falavam comigo, agora não falam mais, e de ter mudado, e de ficar tão estranha, esquisita, metida *à* besta. Mas isso é normal, todo lugar você vai encontrar pessoas assim, eu acho "maior palha", pois também gosto da internet para ficar no Orkut e no MSN [rede de relacionamento e sala de bate-papo virtual], gosto de câmera de vídeo e o microfone com voz no computador como se fosse um telefone. Que bom que voltei também a estudar.

Eu gosto dessas coisas pelo seguinte motivo: pois me agradam muito, e tenho o gosto do programa que é uma maravilha assistir, e o Orkut é bom que nós mandamos recados para as pessoas e a gente tem amizades com elas. Imagina as pessoas que a gente não *vê há muito tempo, e* no MSN podemos conversar como se fosse um telefone e fazemos outras coisas que tem, é uma coisa que distrai.

Uma pessoa com autismo é aquela pessoa que tem dificuldades de se relacionar, gosta de ficar sozinho, tem medo de gente. Quando eu era pequeno, eu era assim, mas agora não sou mais assim porque Deus tem mudado a minha vida.

A minha vida foi mudando com o passar dos anos, com a ajuda dos psicólogos, psicoterapeutas, psicomotoras. Eu era bastante envergonhado, e agora já sou um homem, um "rapaz grandinho", que já tem juízo; *já está na hora de me virar sozinho, e com o passar dos anos a minha vida só vai mudando cada vez mais para uma coisa* melhor ainda.

E agora estudo no Colégio Brasileiro, onde estou fazendo o curso de Técnico em Laboratório. Eles me ensinaram como tirar sangue, e aprendi, já até tirei sangue do pessoal da minha família, dos meus dois tios e do namorado da minha irmã e dos meus colegas de escola também. Eles deram para nós aulas comuns e também as práticas (MACIEL JÚNIOR, 2006, p. 182-188).

### 6.1.2 Ser sendo é ser percebido: interpretação dos relatos do vivido (*esse est percipi*)

A posição fenomenológica implica dirigir-se aos fenômenos de maneira aberta, pois não concebo o ser humano como algo pronto, constituído de partes autônomas; eu o vejo como um conjunto de possibilidades que se vai atualizando no decorrer de sua existência.

Busco colocar diante dos olhos o fenômeno em suspensão, estou buscando o *eidos* que aponta para aquilo que o sujeito é. No pensar fenomenológico, a minha consciência como sujeito "junto com" é o que permite ver.

O meu encontro com o Sangue Bom segue uma trajetória ao longo da região de inquérito, está diante dos meus olhos para que seja visto pela minha consciência. Esse momento é o colocar entre parênteses, não de forma absoluta, toda e qualquer crença, normatizações ou explicações a priori.

Nesse sentido, são colocados entre parênteses: as medicalizações, o estigma, a clinicalização, os diagnósticos, que são invólucros que cobrem o desvelar/revelar do sujeito para mim como interroga[dor], enquanto percorro com o meu interrogar as regiões de inquérito.

Sangue Bom é uma pessoa aberta ao mundo, estuda, pinta quadros (fotos), participa de uma comunidade religiosa, conversa com as pessoas, e as pessoas procuram-no, e nada mais lhe acontece; é porque a sociedade não está preparada para atender a muitas de suas demandas.

AUTONOMIA, INCLUSÃO E EMANCIPAÇÃO: VIDAS EM CONSTRUÇÃO PARA ALÉM DOS LIMITES

Sangue Bom vê o seu próprio mundo de maneira voltado para si mesmo, o que [co]move os seus modos de ser sendo no mundo; não há barreiras a superar; diante do mundo, o melhor é sempre se isolar, sujeito de momento de "apenas de si mesmo". Nesse sentido, ele pontua que os seres humanos também necessitam e agem solipsisticamente. O cuidado consigo mesmo de manter-se fechado dando sempre dados concretos.

Sangue Bom é marcado pela temporalidade do horário pelo tempo *chronos* (cronometrado); e falta-lhe lugar/tempo para expressar-se, impedido de expressar-se numa sociedade que não aceita que uma das características do autista é a repetição. A todo o momento, aparece um profissional para impedi-lo de se expressar. Sangue Bom nasceu, e a clínica já estava lá, existindo para ele.

Ele se repete, e a sociedade repete-se também na ajuda ao autista. Repete a si mesmo e nomeia-se tal como a sociedade determinou; autoavalia-se como ruim e inadequado, menospreza-se pelo comum de ser autista (autopune-se pela repetição de um tema), alegra-se com o mínimo que recebe, **aberto ao amor**, que se auto avalia, mas prontamente recupera a autoestima.

Sangue Bom é sujeito de um ensino estabelecido como adequado pela sociedade; encapsulado (na casca de ovo), que demanda ser cuidado; sujeito da alteridade, que depende concretamente no sentido de atender às demandas específicas que a sociedade como um todo não se propõe a fazer; do outro e psicologicamente, é uma pessoa como todos os sujeitos, que dependem do outro para *ser sendo*.

Nas suas falas e no seu texto, o seu discurso oficial de família e amor é consciente, há as regras das conquistas amorosas-sexuais, de sua autonomia (ele tem de procurar), da carência afetiva, impedido do sexo-puro e marca do pleno desejo, perdido em discriminar o que é e o que não é, da diversão e da busca do prazer, antenado com seu corpo, que clama por sexo, do agradar ao outro (e não a si mesmo).

Na infância, foi extremamente submetido a uma clinicalização, muitas vezes repetida, uma clínica que faz eventos anuais — mas não cotidianos — a psicofármacos; agradece a deus e aos inúmeros "psis". Quando criança, gostava da brincadeira, dos folguedos e dos brinquedos, hoje substituídos pela internet e pela academia.

Sangue Bom sente os abandonos (saídas dos professores), lembra-se da pedagogização (Kumon) do conhecimento (sabe que o Kumon hoje oferece mais conteúdos), era tímido, é religioso, sujeito das memórias associadas, consciente de seus problemas numa sociedade construída para a maioria dominante, aberto ao que a sociedade oferece para todos — cursos, por exemplo — e sabe que está desempregado; entrega — aos outros e a novas amizades, antenado com as tecnologias — por onde encontra uma porta para se comunicar com pessoas de que não esquece.

Sangue Bom apresenta as explicações causais, sabe que enfrenta preconceitos e aceita-os, mas não sem sofrer; sujeito da teorização, dependente dos pais, que assume a antipatia, e como todo jovem que quer ser autônomo.

Sangue Bom é sujeito da educação especial, e o que é esse sujeito que é da educação especial? Há momentos, pelo discurso, pelas fotos, em que podemos tentar compreendê-lo como um sujeito de seu tempo. Um tempo que, na verdade, não é seu apenas, mas um tempo que lhe é imposto, tempo que não é vivido, é o tempo do cronômetro, cronológico. O modo de narrar obedece a uma ordem: nascimento, criança, adolescência, juventude.

Nesse sentido, podemos compreender Sangue Bom enquanto sujeito da educação especial não escolar, como um sujeito que se molda como todas as pessoas no mundo se moldam — vão adaptando-se, vão tentando sobreviver, respirando sem conseguir respirar totalmente.

Ele especialmente é sujeito de um diagnóstico, de um estigma, de uma marca, nesse caso, o autismo, que ele parece ter decorado bem. Há momentos em que ele chega a se definir, ele se conceitua como tal porque disseram isso para ele. Sangue Bom compreende: "[...] uma pessoa com autismo é aquela pessoa que tem dificuldades de se relacionar, gosta de ficar sozinho, tem medo de gente. Quando eu era pequeno, eu era assim, mas agora não sou mais assim porque Deus tem mudado a minha vida" (MACIEL JÚNIOR, 2006, p. 190).

Ele é um sujeito, então, dentro do mundo da educação especial não escolar, um sujeito reprimido, domado, assim como também na escola. Na escola ele vai e fica alegre com a aprendizagem, como todas as crianças — aprender a ler, escrever e calcular — mas é uma pessoa a quem falta a crítica, o "por que tenho de aprender?"

Sangue Bom, parece que na escola e fora dela, é um sujeito da educação, mas ao mesmo tempo não podemos negar que ele é da educação especial enquanto direito, porque a ele foi colocado que precisa de algumas demandas, como quando destaca o "não repetir" e sua fala constante sobre "sexo". Ele tem duas demandas que são diferentes da maioria dos jovens da sua idade.

Ele sabe que os jovens de sua idade já estão vivendo a sexualidade e não estão repetindo compulsivamente as coisas. De certo modo, ele acaba sendo sujeito da educação especial e acaba instituindo-se como tal, pois percebe como funciona o mundo moral, uma sócio-historicidade, uma hegemonia com a ordem estabelecida; e ele não está moldado ao estabelecido, mal sabendo ele, entretanto, que muitos têm as mesmas dificuldades que ele, isto é, repetem-se, não têm relações sexuais, mas não são diagnosticados como autistas. Ele tem atrasos e demandas numa sociedade que não foi montada para ele.

Ele é sujeito especial de uma clássica educação especial e prenuncia uma educação inclusiva porque quer se casar, tem amigos diferenciados e está mostrando uma autonomia.

Sujeito que depende do outro. Não se enquadra na classificação tradicional de autismo, não se enquadra nos antigos manuais. Ele é autista mesmo? Pode ter comportamentos autistas. Houve um momento no Espírito Santo em que as clínicas ganhavam mais quando o diagnóstico era autismo.

No encontro comigo, Sangue Bom revelou-se centrado nele mesmo a ponto de esquecer os compromissos firmados comigo e sempre me perguntar várias vezes, com os seus modos de ser sempre repeti[dor], o que era para fazer. Procurei escutá-lo sempre e repetir sempre o que ele podia fazer para colaborar comigo. Quando conservamos e juntos víamos os seus quadros, fotos e seus certificados escolares, desfrutávamos de momentos em que se abriam muitas possibilidades.

Figura 2 – Colhendo sangue. A família mostra modos de *ser sendo* inclusivo do filho no mundo do trabalho numa atividade super delicada que envolve o cuidado com a saúde

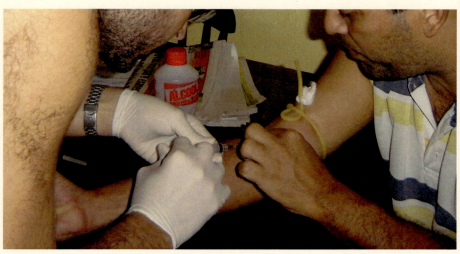

Fonte: Sangue Bom, acervo particular, 2006

Figura 3 – Colhendo sangue. Mostra uma pessoa que, socialmente, se representa como aquele que carece de cuidado, cuidando do outro. No núcleo familiar essa representação social não se consolida, pois quem carece de cuidado são seus familiares e quem cuida é justamente ele, ou aquele a quem a sociedade cria modos de marginalizar

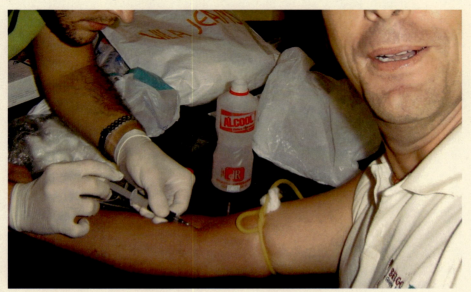

Fonte: Sangue Bom, acervo particular, 2006

Figura 4 – Colhendo sangue. Ao mesmo tempo, há uma escola (no caso, privada, mas será que poderia ser uma pública?) que o recebeu e que o aborda acolhendo

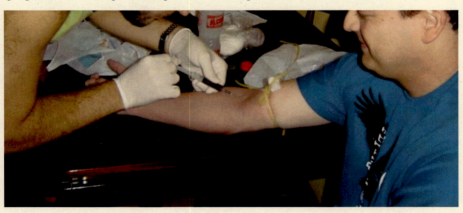

Fonte: Sangue Bom, acervo particular, 2006

Figura 5 – Quadro a óleo pintado por Sangue Bom

Fonte: Sangue Bom, acervo particular, 2006

Figura 6 – Quadro a óleo pintado por Sangue Bom

Fonte: Sangue Bom, acervo particular, 2006

Figura 7 – Quadro a óleo pintado por Sangue Bom

Fonte: Sangue Bom, acervo particular, 2006

## 6.2 Audaciosa Espevitada[101]

### 6.2.1 O percebido: a pessoa que se interroga (*perciptum*)

Meu nome é Audaciosa Espevitada (Altiva, assim que descobri o sentido do seu nome) e tenho artrite reumatoide juvenil. Adoeci aos 5 anos de idade e tive três erros médicos. Repentinamente, minhas juntas atrofiaram e foi

---

[101] Conheci Audaciosa Espevitada descendo as escadas da faculdade onde estudou. Trocamos e-mail, telefonamos e visitamos a casa dela conhecendo a família. Ela escreveu o sua história e conservamos sobre sua vida, seus sonhos. Era professor de português–inglês na rede pública estadual quando a conhecemos.

diagnosticado "distrofia muscular progressiva"; a partir deste diagnóstico, eu teria apenas seis meses de vida, sendo que a expectativa de vida de quem tem esta doença era na época de dez anos.

Descubro-me com este diagnóstico. Eu não entendia muito bem porque era muito nova. E a convivência com primos e o restante da família me fazia não ter tanta ideia do que acontecia. Na minha cabeça de criança, eu ia melhorar logo. Por isso não ligava muito. Como criança que eu era, não sabia que viveria com "isto" pelo resto da minha vida, pensava que iria melhorar logo.

O médico me amedrontava. Mesmo para ir ao médico por dor de estômago, tinha dores de cabeça. Ir ao médico, a um consultório, a uma clínica, a um hospital faz parte de minha rotina até hoje. O que os meus pais tinham que fazer pela minha saúde eles faziam. Até porque a opinião da criança é o que menos importa na hora. O objetivo dos pais é ver o filho bem. Agora, depois de várias cirurgias bem-sucedidas, o trauma de consulta e tratamentos está passando.

Fiz fisioterapia no joelho, mas a fisioterapia não era adequada. Resultado: um joelho quebrado. Fiz uma cirurgia no Rio de Janeiro, mas foi muito malfeita. Ao longo da minha vida, tomei todos os remédios possíveis e anualmente voltava ao Rio de Janeiro para continuar o tratamento. Aos 9 anos, tentava andar de muletas e já não tomava os remédios com tanta frequência. Sempre que ia ao médico, era recomendada a fisioterapia para melhorar os movimentos, mas não adiantava. Aos 16 anos fui ao Hospital Sara Kubitschek em Belo Horizonte, e os médicos diziam que o meu caso só se resolvia com cirurgia de prótese em todas as juntas. Mas, além de ser uma cirurgia cara, só poderia fazer com 40 anos, pois a cirurgia deveria ser refeita, devido à validade da prótese, de até 15 anos.

Eu esperava muito essa possibilidade. Mas não sei se foi educação familiar ou mesmo acomodação minha; sempre procurei visualizar algo posterior, ou seja, essa cirurgia viria no tempo certo e agora teria o acompanhamento certo, depois de anos sem ela. Estava no melhor hospital do Brasil, então iria melhorar. Isso serviu como um exercício mental pra mim. Eu queria a cirurgia, eu a esperava desde pequena. Era muito ruim continuar do jeito que estava (sem fazer o tratamento devido). Aos 23 anos, fiz a primeira cirurgia de prótese e me preparei para a próxima, que aconteceu em outubro de 2005.

É, viver diante de tantas impossibilidades torna-se complicado em alguns momentos porque, como toda adolescente, tinha vontade de sair, curtir, e a cirurgia era a possibilidade. Os médicos a colocavam como a saída do problema. Tive acompanhamento com outros profissionais, e sempre foi trabalhada comigo a questão da adaptação. Por mais que a cirurgia resolva, sempre terei barreiras e terei que passá-las.

Por mais que estivesse "boa", eu terei que adaptar os objetos de uso pessoal para ficar mais independente. Por exemplo, a minha cadeira, meu banco, minha cama precisam ser mais altos do que geralmente são, o banheiro que uso é todo adaptado, é o que facilita minha autonomia — pois bem, em minha vida não escaparei das adaptações. Então comecei a dar nomes pessoais aos meus objetos de uso diário: minhas muletas já foram chamadas de Help, Priscila, Fedora. Com 13 anos, comecei a andar de muletas.

Para não viver uma vida depressiva, eu sempre procurei olhar o 'outro lado da história' — não olhar só o lado ruim. Tal atitude serviu para a formação de minha personalidade — sempre quero olhar o outro lado das coisas, da vida, das minhas vivências — e isto foi bom para mim, me fez crescer como pessoa.

Como uma pessoa com deficiência física, consegui até hoje atingir muitos objetivos que estabeleci para mim. Na área familiar, sempre tive um estímulo e apoio muito forte. Desde pequena, sempre fui ensinada que era igual a todos, pois não tinha nenhum problema mental e meu físico logo seria recuperado. Todos os meus parentes aprenderam a me ajudar, e hoje sou exemplo de persistência para muitos. Minha irmã hoje tem 15 anos, cresceu ouvindo e aprendendo a me ajudar. Ela é um braço forte para mim em todos os aspectos. Meus pais até hoje me apoiam em todos os meus atos e me ajudam muito. Meu pai está comigo em todos os lugares, e minha mãe me dá toda assistência domiciliar possível.

Sem essa ajuda familiar, eu não seria o que sou hoje. É claro que seria tudo mais fácil para mim, se fosse autônoma nesses aspectos (sentar, levantar, deitar, trocar-me, banhar-me etc.). Até porque os pais cuidam dos filhos até um determinado tempo e depois cuidam de si mesmos. Os meus não. E isso ainda se reflete na minha irmã. O cuidado de buscar e levar também vale para ela, lógico, de acordo com as possibilidades.

Sou professora e graduei-me em Letras – Português-Inglês, cursando uma especialização em Leitura e Produção de Texto. Estou nesta área há cinco anos. Minha vida escolar sempre foi pautada pela ajuda dos outros. Escolas que nunca receberam alunos especiais, e não existia isso há 15 anos, se adaptaram a uma menina dependente fisicamente. Fiz curso pré-vestibular em uma escola onde a sala era no quarto andar e os próprios alunos me ajudavam. Minha faculdade hoje possui elevador, mas passei um ano e meio subindo no colo dos porteiros. Profissionalmente só tive problema uma vez, quando trabalhava em secretaria de escola. Todos me respeitavam; apenas uma funcionária se aproveitava da situação para falar do meu problema.

Bem, o caso da funcionária da escola foi assim: quando os documentos escolares de um aluno não estavam prontos, ela disse *à* mãe que tinha que aguardar porque tinha uma pessoa deficiente na escola e com isso as coisas não eram rápidas como deveriam ser. Quando fiquei sabendo, fiquei muito nervosa, visto que ela falou de duas coisas: o serviço não rendia, e a culpa por isso era minha. A primeira coisa que passou pela minha cabeça foi de abrir um processo contra ela, ou pelo menos que ela soubesse que conheço meus direitos e as leis.

Dar aula para mim é uma realização muito grande. Gosto de trabalhar com jovens e adolescentes, pois creio que é nessa faixa etária que podemos ajudar a moldar o caráter deles, e eu, como deficiente física, surpreendo e ajudo a muitos. Estou há um ano sem dar aula, mas meu objetivo com a formação que faço é conseguir trabalhar em um colégio particular dando aulas de Literatura[102].

Ser professora pra mim é uma realização, creio que uma das maiores. A relação com os alunos é significativa, porque eles me ajudam muito e isso traz certa igualdade. Mesmo sendo hierarquicamente superior a eles, preciso da ajuda deles, e isso pra eles é bom. Eles se sentem importantes com isso. Não consigo visualizar a questão de barreiras, pois até agora trabalhei pelos meus méritos e ainda construo minha profissão.

Consegui me inserir bem na sociedade em que vivo. Em relação à Igreja, tenho o respeito e a admiração de muitos. Atualmente sou secretária da Juventude Batista Cariaciquense (JBC) e sinto um orgulho santo em ajudar os jovens a conhecerem a Cristo. Sou multifuncional em minha igreja e não sinto nenhum preconceito aparente, ou seja, podem até ter algo em suas mentes, mas não dizem. Sou muito ativa e espevitada. Sempre tem aqueles que dizem que sou assim para me aparecer, mas não ligo porque já faz parte da minha personalidade. Não tem a ver com a deficiência.

Ter uma vida pautada pela ajuda dos outros... Primeiro que muitos ficam sensibilizados num primeiro momento em ajudar, mas depois há uma cumplicidade entre você e quem te ajuda. Ela se sente importante na sua vida e passa a ver os deficientes em geral com outros olhos. Em relação a

---

[102] Trabalha para o Governo do Estado do Espírito Santo.

mim, é claro que seria melhor se conseguisse fazer as coisas sozinha. Em momentos fico até sem graça porque não aparento ter tantas necessidades assim. Esse constrangimento é recente, creio que é devido à idade.

Na vida sentimental é mais complicado. Primeiro porque eu sou muito comunicativa e todas as pessoas que conheço se tornam meus amigos. Desde a adolescência sou assim. Só namorei sério uma vez. Todos os relacionamentos que tentei esbarram na minha deficiência. Tentam manter um relacionamento, ajudam, cuidam, mas chega uma hora que querem viver a minha vida como deficiente, tornando-me passiva, ou melhor, tentando tornar-me passiva. Com isso a consequência é considerar a responsabilidade grandiosa que terão pela frente. Até porque tenho uma personalidade muito forte. Creio que deve ser também por isso. Muita gente acha que o deficiente deve ser passivo em relação à vida e aos sentimentos, mas não creio que seja assim. É lógico que dá raiva; como toda mulher, a gente chora, mas procuro ocupar minha cabeça com outras prioridades. Até encontrar outro. Pois bem, aqui tem todas as interrogações e percursos de ser sendo mulher.

É muito fácil você ter uma amiga, um parente ou até mesmo uma pessoa que frequenta a sua igreja, agora manter um relacionamento sério... Eu ainda não encontrei. Todos falam a mesma coisa: É muita responsabilidade...

Quando vivo estas experiências, sinto-me *às* vezes como um armário velho e pesado. O cuidado que preciso ter é para que o armário não venha a despencar. Difícil de manusear. Mas, como disse, procuro não pensar demais nisso, senão vou ficar doida, então procuro valorizar-me, tentar superar minha timidez e continuar... Sexualidade é importante, mas não é tudo em minha vida. Eu quero, eu desejo, mas eu tenho planos e alvos.

De todas as áreas da minha vida, o meu relacionamento afetivo-amoroso eu considero a mais conturbada. Mas procuro direcionar o foco da minha vida para mim mesma, ou seja, estudo, vivo, vivo para Deus e cultivo principalmente minha independência. Sei que não terei por toda vida o amparo que tenho hoje. Não sou egoísta, mas ao longo da minha vida sempre ajudei a todos. Fui agradável, simpática e tudo mais, agora tenho que pensar em mim.

[...] pensar em mim significa cuidar de mim. Terminei a faculdade, faço pós e quero fazer um mestrado. Preciso ter uma estabilidade financeira para me sentir independente. Tenho também que continuar fazendo os meus tratamentos médicos e encontrar uma pessoa para constituir uma família. Pra fazer isso tudo, preciso parar de querer mudar o mundo e as pessoas e ajudar a mim mesma. Creio que esse é um caminho longo, mas dá para chegar.

Eu não queria precisar tanto do apoio da família, mas, até o presente momento de minha vida, eu preciso do apoio da família em tudo. Para o que eu tenho que fazer fora de casa, eu preciso de todo o apoio só até chegar, porque daí eu resolvo. Em relação ao aspecto financeiro, eu já tive conta em vários bancos. Quem manda em minha conta sou eu, tenho tudo direitinho. A minha dependência maior é física, é o que está relacionado ao meu corpo. Eu preferia ser mais autônoma nesses aspectos.

Cuidar a vida toda da família — minha vida escolar sempre voltada para a necessidade de receber a ajuda dos outros. A ajuda que sempre preciso está toda voltada para o físico — podia ler e escrever como qualquer criança. Até 5 anos, uma vida normal — tal enfermidade não tem uma causa conhecida. A minha enfermidade foi surgindo aos poucos. Começou gradativamente — minha mãe e o médico acharam inicialmente que eu era preguiçosa para andar. Quem descobriu foi um reumatologista quando eu tinha 7 anos.

As escolas não recebiam alunos 'especiais'. Só foram perceber isto a partir dos anos 90. Eu passei por esse processo de chegar a uma escola e eles não saberem como lidar. Precisava espalhar um pouco as cadeiras para encaixar a cadeira de rodas. Quando eu comecei a andar de muletas, as professoras tinham um cuidado tremendo, ficavam avisando para todos terem o máximo cuidado para eu não cair. Um dia, numa festa folclórica, eu sozinha levei um 'tombão' — tropecei; no chão da escola tinha um buraco. Quando me viram caída, a diretora brigou com todo mundo. Eu era bem 'espevitada', não parava quieta. A origem do meu nome é "altiva".

Não percebi, ao longo dos meus estudos, as escolas mais preparadas para me receber. Não, até hoje, muito difícil. Sempre estudei em escolas com escadas, sempre precisei ser carregada. Elas não estão preparadas para me receber. Fiz o meu pré-vestibular todo tendo que ser carregada quatro andares. Os alunos do cursinho, funcionários. Já pensei em estudar nessa mesma instituição, fazer um outro curso, e desisti por causa disso.

Escolas não estão preparadas para receber o deficiente. As escolas estaduais hoje têm uma estrutura física, mas elas não estão cem por cento. Por exemplo, eu trabalhei numa escola cuja rampa de acesso para o deficiente era do lado de fora — eu tinha que dar voltas e mais voltas para ir e voltar ao pátio onde as crianças se perfilavam; as dificuldades aumentavam quando chovia.

Aqui na faculdade onde me formei foi a mesma coisa — o elevador foi colocado um ano e meio depois. A grande barreira é sempre física — não tenho tido grandes barreiras de preconceitos nas escolas.

Sensibilidade é um estranhamento — a pessoa não saber como agir — porque na sociedade de hoje você tem vários tipos de deficiência. Você não lida com todos que têm deficiências no mundo da mesma forma. Depois surge a cumplicidade, porque torna-se uma coisa comum.

Viver uma vida pautada pela ajuda dos outros... Ai, gente... sei lá. Às vezes se torna muito normal, vira hábito, às vezes fica meio cansado e meio estressado com as coisas... de ficar nesse processo todo. Também que o meu problema é físico; tirando isso, dá para acostumar e viver a vida e procurar os objetivos. Sentimentos... Sei lá. Ser ajudado é do dia a dia: ajudou? Bem. Não ajudou? Amém.

"Nunca parei para pensar o que é ser, o que deixou de ser, como é — porque eu vivo. Quando a minha cabeça começa a esquentar, eu como um chocolate, tomo uma Coca-Cola ou vou ver um filme muito engraçado para não parar de rir. Para não esquentar com os meus problemas que são iguais ao de todo mundo.

Minha deficiência não interfere. Ela não é o problema. Eu me amo e não posso viver sem mim.

Sou profissional, tenho sonhos (mestrado, doutorado, direito), imagino, enxergo muito longe, mais longe que as minhas pernas podem alcançar, e as muletas também.

Esta questão de limites é uma coisa muito relativa — acho que a própria deficiência se torna relativa — porque fisicamente, humanamente falando as coisas, não tem um determinado final — é aqui, se você insistir ou persistir ou imaginar que dá para ser feliz, tem possibilidades, não é à toa que o infinito é infinito — infinito não é finito —não acaba de jeito... as estrelas não estão só aqui, brilham para todo mundo, nós não somos os únicos planetas que existem no universo, tem outros também.

Possibilidade é uma possibilidade, talvez, quem sabe. Possibilidades são diferentes de limites — algum dia os limites serão superados. É aquela coisa de viver uma coisa de cada vez — visualizar longe. Vai haver um dia, teoricamente creio eu, que isso vai ser superado, como já tem sido, tanto que eu já terminei a minha graduação. Já é um limite que foi deixado para trás. O que você não visualiza longe...

Eu vivo — é sério — eu vivo. Tem gente que perde muito tempo com coisas assim... Escuto muita gente falar assim: "Tem de tudo, tem muitas possibilidades e não estão nem aí para nada". Descobri ontem que tem uma

AUTONOMIA, INCLUSÃO E EMANCIPAÇÃO: VIDAS EM CONSTRUÇÃO PARA ALÉM DOS LIMITES

aluna com depressão fortíssima, uma menina linda e maravilhosa, tem de tudo. Com grandes possibilidades, com 18 anos, com tudo para vencer na vida. A gente que cria barreiras com as coisas.

Se todas as vezes [eu visse] uma escada e não subisse por ela, eu não teria feito o fundamental, médio, pré-vestibular e a minha faculdade. Se todas as escadas que já vi na vida (em relação à educação) tivessem me barrado, eu não teria estudado. Tinha que subir escadas os quatros anos, eu mesmo subia com as muletas.

Rádio[103], um cara diante de suas possibilidades. Muitos não me consideram uma pessoa deficiente, porque somente consideram como deficiência a deficiência mental — esta seria a deficiência. Este foi o caso do Rádio. Tanto me considero deficiente que quero usar os meus direitos. Assim, não querem me ver como pessoa deficiente porque não sou deficiente mental. Geralmente eu escuto isso nas escolas, nas igrejas, em qualquer lugar. Minha deficiência não me impossibilita de alcançar os meus objetivos" (MACIEL JÚNIOR, 2006, p. 195-202).

### 6.2.2 Ser sendo é ser percebido: interpretação dos relatos do vivido (*esse est percipi*)

No meu encontro com a Audaciosa Espevitada, coloco entre parênteses o diagnóstico, as medicalizações, o tratamento longo e doloroso e as cirurgias, que são invólucros que cobrem o desvelar/revelar do sujeito para mim como interroga[dor], quando percorro com o meu interrogar essas regiões de inquérito.

Audaciosa Espevitada revelou-se nos *seus modos de ser sendo* desejando cuidar dos seus afazeres. As entrevistas eram sempre marcadas por adiamentos constantes e pela pressa, como também pelos afazeres que vinham logo a seguir. Sempre envolvida com seus estudos e tarefas escolares, assim como com a [pré]ocupação com seus alunos.

---

[103] MEU NOME é Rádio. Direção: Michael Tollin. Elenco: Alfre Woodard, Brent Sexton, Chris Mulkey, Cuba Gooding Jr. (Rádio), Ed Harris (Treinador Jones), Riley Smith, S. Epatha Merkerson, Sarah Drew. Estados Unidos: [s. n.], 2003. (109 min). Título original: Radio. Radio (Cuba Gooding Jr.), que era deficiente" mental, e o treinador de futebol americano Harold Jones (Ed Harris) acabam tornando-se amigos, e Harold resolve colocá-lo como ajudante de sua equipe. Esse é um filme trata a questão da diversidade, com o foco não na tolerância — que implica uma postura de cima para baixo — mas da convivência respeitosa, que acaba por enriquecer a todos. O filme foi baseado na história real de James Robert Kennedy, o fã número 1 do time de T. L. Hanna High School, da cidade de Anderson (Carolina do Sul), baseado em um artigo escrito por Gary Smith, na revista *Sports Illustrated*.

Audaciosa Espevitada é uma pessoa aberta ao mundo, graduou-se e já faz a sua pós-graduação, trabalha, participa ativamente de uma comunidade religiosa, é muito alegre e comunicativa e tem liderança com jovens, é resiliente e superadora das barreiras para ir ao encontro das pessoas. Pessoa que superou quatro erros médicos e um diagnóstico/previsão que lhe determinava o tempo de vida em pouquíssimos anos. Houve um médico que a diagnosticou como "preguiçosa", reforçando com sua [defi]ciência o senso comum de sua mãe.

O que [co]move os modos de *ser sendo* da Audaciosa Espevitada é ver o mundo como superando barreiras, heroína cotidiana, resiliente, sofrendo, mas sempre se levantando. Audaciosa Espevitada também revela seu Guia de Sentido em *ser sendo* insubmissa, opositora — pois, além de *ser sendo* classificada com rótulos clínicos, está sendo mulher também, em um mundo onde o *ser sendo* feminino apresenta tantos sentidos que ela conseguiu capturar aqueles que a fizeram viver e amar.

Ela é audaz em querer ser bonita como uma mulher atual, que quer amar e ser amada. Está aberta para o mundo. Usa os recursos da modernidade, medicina, fisioterapia, e submete-se espontaneamente à clínica porque quer e entende que isso lhe é útil e necessário para os seus modos de ser. Como uma mulher moderna que coloca silicone nos seios, nas nádegas, Audaciosa Espevitada submete-se a cirurgias que lhe facilitam as articulações e a fazem se sentir bonita e bela para o mundo. A clínica é uma forma de ser respondida.

As barreiras vão se apresentando nesses invólucros que tentam envolver a vida dessa audaciosa mulher. Quando criança, imaginava que "melhoraria logo". Hospitais, médicos, fisioterapia que amedrontam, confirmando com dois erros "um joelho quebrado" e uma cirurgia malfeita, além do esforço físico que não adiantava. Os médicos apresentam para sua vida soluções que não passam de próteses, isto é, de procedimentos estanques e compartimentalizados, mas Audaciosa é também espevitada e prefere cair nos buracos da escola. Desde pequena, sabe que enfrentará os buracos e as escadas. Vai descer e subir, e vice-versa.

Durante sua vida escolar, não encontrou a instituição escolar preparada para recebê-la, nem como aluna nem como professora. Como ela mesma denuncia,

> Não percebi, ao longo dos meus estudos, as escolas mais preparadas para me receber. Não, até hoje, muito difícil. Sempre estudei em escolas com escadas, sempre precisei

> ser carregada. Elas não estão preparadas para me receber. Fiz o meu pré-vestibular todo tendo que ser carregada quatro andares. Os alunos do cursinho, funcionários. Já pensei em estudar nessa mesma instituição, fazer um outro curso, e desisti por causa disso (MACIEL JÚNIOR, 2006, p. 195-202).

É o que Oliveira (2004, p. 145) destaca como a inclusão com exclusão subordinada. A libertação encontra-se nela mesma, nos seus modos de ser resiliente, enfrentadora e aberta ao mundo, e na vida comunitária.

> Se todas as vezes [eu visse] uma escada e não subisse por ela, eu não teria feito o fundamental, médio, pré-vestibular e a minha faculdade. Se todas as escadas que já vi na vida (em relação à educação) tivessem me barrado, eu não teria estudado. Tinha que subir escadas os quatros anos, eu mesmo subia com as muletas.

> [...] para subir as escadas, contava com o companheirismo dos colegas de turma que, além disso, eram meus amigos (MACIEL JÚNIOR, 2006, p. 195-202.

O mundo-da-vida tem os horizontes mais ampliados que o mundo das instituições; é nas relações intersubjetivas com as pessoas, os familiares, os colegas e os funcionários que Audaciosa Espevitada subirá as escadas; sua resiliência supera até mesmo aquelas pessoas que insistiam em pesar a força dos estigmas sobre ela.

Audaciosa Espevitada é uma pessoa em construção, que se profissionaliza e se insere na sociedade que não está preparada para recebê-la, que muitas vezes não a aceita veladamente. Mesmo assim, ela é cidadã. Ela chama de cumplicidade o que Lévinas (1982) chama de face-a-face, pois, no que se refere ao encontro com o outro, passado o primeiro momento de "sensibilidade", a "cumplicidade" instala-se entre ela e quem dela se aproxima. Ao perceber as suas necessidades com maior consciência, vê-se amadurecendo.

Com o passar do tempo, surge a cumplicidade porque as relações se tornam comuns, porque ela é comum nos seus modos de ser. Diante uns dos outros, tornamo-nos pessoas comuns, e a eticidade compreende-se na vida comunitária. E, como todo mundo, quando a audácia se cansa e "a cabeça começa a esquentar como um chocolate, tomo uma Coca-Cola ou vou ver um filme muito engraçado para não parar de rir. Para não esquentar com os meus problemas que são iguais ao de todo mundo".

Audaciosa Espevitada tem consciência da não solução total das questões ligadas ao seu corpo, e os médicos não a enganam com suas propostas cirúrgicas ou de próteses. Ela sabe o que é viver diante de tantas impossibilidades. Por mais que procedimentos cirúrgicos resolvam, não haverá como eliminar barreiras, e ela lida com isso com humor, pois suas muletas têm nomes como Fedora, e até mesmo o seu próprio nome, como se fizessem, já fazendo, parte do seu corpo.

Nos seus modos de ser, há processos de resiliência[104]. Como, diante de tantas barreiras, essa moça não fica para sempre em sua cama, em seu quarto? Ela olha o "outro lado da história", forma nisso o seu *ser sendo* e afirma que conseguiu *"até hoje atingir muitos objetivos que estabeleceu para si mesma e se* vê *como exemplo de persistência para muitas pessoas".*

Os objetivos da vida amorosa são mais complicados. Ela deseja namorar e casar-se, mas todos os relacionamentos que tentou esbarram no invólucro da deficiência. Audaciosa Espevitada é uma mulher bonita e "deficiente" em um mundo que não foi feito para ela, e, como toda a mulher, quer amar e ser amada. *"Dá raiva"* e *"chora"*, pois todos falam a mesma coisa: *"É muita responsabilidade..."* E, quando vive essas experiências, sente-se como um "armário velho e pesado", mas resilientemente, quando a bola de ferro bate com força na chapa de aço, ela cuida dos seus modos de *ser sendo, "para que o armário não venha a despencar"* procurando não pensar demais nisso, senão *"vou ficar doida".* Nesse sentido, não se sente recompensada, mesmo se percebendo nos seus modos de ser uma pessoa *"agradável, simpática e tudo o mais".* Ela precisa de espaço, como o Sangue Bom, com relação à família, à religião, para se tornar mulher. O brilho solitário da Audaciosa Solitária não é alternativa única para a solução para suas lutas na sociedade. Suas vitórias não são resultadas simplesmente de uma luta pessoal ou meramente de uma vida ascética, mas de uma luta política e social.

Não revelados aqui estão os invólucros da religião, que crava na alma a expressão da sexualidade ligada ao casamento. Por outro lado, há muitas outras pessoas que, pelos mais variados motivos, não são felizes sexualmente, e, entre os muitos fenômenos, estão as relações feitas entre sensualidade e aparência física do corpo, ou o entendimento de que uma pessoa com deficiência ou idosa é assexuada e não possui nenhuma sensualidade. Quando

---

[104] Outros estudos, como de Gomes (2004), se dedicaram a estudar a resiliência; outros ainda mais o enfrentamento (PINEL, 2000, 2003b). Aqui neste estudo não abordamos de modo intencional nenhuma categoria, simplesmente estamos pontuando uma subjetividade que vem a lume como *modos de ser sendo si mesmo* no cotidiano do mundo das adversidades e dos atos sentidos de uma heroína no comum, por isso no cotidiano.

AUTONOMIA, INCLUSÃO E EMANCIPAÇÃO: VIDAS EM CONSTRUÇÃO PARA ALÉM DOS LIMITES

afirma *"minha dependência maior é física, é o que está relacionado ao meu corpo"*, compreendo que Audaciosa Espevitada quer ser aceita como mulher bonita e desejada neste mundo que não foi feito para ela se expressar sensualmente.

Audaciosa Espevitada ama-se, e não pode viver sem ela mesma, vê o todo e encontra-se nele, tem sonhos, imagina, enxerga muito longe, *"mais longe que as pernas podem alcançar, e as muletas também"*, crê que um dia os limites da sociedade serão superados, pois eles são coisas relativas e alguns deles ela já deixou para trás; é um ser de horizonte ampliado e aberto ao mundo.

Audaciosa Espevitada inverte o estigma afirmando que conhece uma aluna com o corpo perfeito, linda e maravilhosa e que cria barreira para si própria; por outro lado, ela afirma *"Eu vivo — é sério — eu vivo"*.

## 6.3 Cidadão Pleno[105]

### 6.3.1 O percebido: a pessoa que se interroga (*perciptum*)

Eu me chamo Cidadão Pleno e tenho oito irmãos. Em 1967 tivemos um surto de poliomielite no Brasil. Vivia no interior de Minas Gerais, em uma cidade de aproximadamente 15 mil habitantes, com uma economia baseada na agricultura de subsistência, localizada na divisa entre os estados de Minas Gerais e Bahia.

Comecei meus estudos em 1971, concluindo o ensino médio em 1986, voltando a estudar somente no ano 2001, quando tive a oportunidade de prestar o vestibular para uma vaga no curso de Letras da Universidade Federal do Espírito Santo.

Em 1971, ano em que comecei a estudar, já sabia ler e escrever, pois já aprendia com a minha irmã mais velha, então estudante de Magistério, antigo curso profissionalizante de nível médio.

Após os 25 anos de idade, mudei-me para o Centro-Oeste do Brasil, quando morei em uma cidade de porte também pequeno, porém com uma economia baseada na pecuária extensiva e na agricultura mecanizada, onde tive a oportunidade de trabalhar em empresas privadas e no setor público.

---

[105] E-mail, visitas e telefone e fizemos gravações que foram transcritas. Desliguei os aparelhos de gravação (eram dois) continuamos a tomar café e ainda conservamos sem gravação alguma. Falamos entre coisas sobre o que estava fazendo na pesquisa e de sua disposição de ajudar-me no preciso fosse. Como foi aluno em graduação sabia das dificuldades da execução de uma pesquisa. Marcamos novo encontro e tratamos do envio da transcrição da entrevista para continuar a sua história.

Mudei-me para a Grande Vitória no ano de 1995 com o objetivo de frequentar a faculdade e conseguir novos objetivos. Quando comecei a estudar, não havia no país qualquer movimento em prol da inclusão de pessoas com deficiência nas escolas. Os prédios escolares não possuíam rampas, como ainda são a maioria das escolas até hoje. Felizmente, houve uma evolução nesse sentido, escolas estão sendo adaptadas, salas de aulas estão sendo disponibilizadas em andares térreos, denotando um avanço social.

Apesar da falta de adaptação das escolas em que estudei, não tive grandes problemas quanto ao acesso às salas de aula, pois, para subir as escadas, contava com o companheirismo dos colegas de turma que, além disso, eram meus amigos.

Indubitavelmente, os tempos são outros. Com a preocupação em viabilizar a acessibilidade do deficiente, as escolas estão sendo mais frequentadas por pessoas com mobilidade reduzida, fato que não podemos deixar de observar como importantíssimo para a socialização dos deficientes.

Tive experiências interessantes enquanto aluno; a minha participação nas brincadeiras era tão espontânea e natural que a deficiência física ficava em último plano.

Os professores jamais me trataram com qualquer espécie de proteção. Na prática, vivíamos em uma comunidade altruísta, como é toda comunidade do interior do Brasil, as pequenas cidades.

Alguns professores tomavam a iniciativa de promover campanhas em prol dos colegas carentes, e nessas campanhas eu estava presente, participando, angariando roupas e também fazendo a minha parte.

Sempre ia à escola acompanhado de amigos; em nossa algazarra pelas ruas da cidade, estava sempre bem agrupado, integrado ao grupo. Interagindo, íamos ao campo de futebol aos domingos, e na igreja participávamos do coral infantil.

Nos torneios de futebol da escola, desempenhei, algumas vezes, a função de técnico do nosso time.

Felizmente não me deparei com qualquer situação de preconceito e nem mesmo de superproteção por parte de algum colega, professor ou diretor das escolas onde estudei. O único contratempo, na verdade, era a mobilidade limitada; às vezes faltava às aulas em consequência de problemas com as cadeiras de rodas: não eram tão resistentes como as atuais, eram cadeiras fabricadas em metal e, por serem utilizadas em ruas calçadas com pedras irregulares, acabavam por apresentar defeitos.

Infelizmente, não possuía dinheiro suficiente para adquirir uma cadeira mais leve e de qualidade mais eficaz, algo que só consegui realizar quando comecei a trabalhar.

As que possuí até então foram presentes de amigos ou parentes.

Nota: A dificuldade financeira a que me refiro não é daquela que limita a satisfação das necessidades básicas; refere-se sim à falta de dinheiro para aquisições extras, pois éramos dez pessoas e o provimento da família vinha apenas da renda do meu pai.

Pra se ter ideia, a primeira cadeira que adquiri com recursos próprios custou-me em torno de U$ 1.300 dólares. Hoje, com o aumento do número de fabricantes e a queda do dólar no mercado internacional, está custando em média R$ 1.000 reais. As cadeiras de hoje, de padrão leve e eficiente, são construídas com alumínio aeronáutico, material leve e de altíssima resistência.

Sempre participei de muitas brincadeiras, com minha devida limitação, obviamente. Participava das aulas com eficácia, sempre bem relacionado com colegas e professores. Não era tratado pelo professor com superproteção e não necessitava de ajuda nas notas. Era um aluno que gostava de estudar. Tinha boa acuidade mental.

Criança não tem essa coisa, se eu enfrentei preconceito ou não. Não enfrentei, porque não me deparei com isso. Criança você já viu! Criança é sociabilizada. Criança brinca e quer que você participe das brincadeiras. O máximo que dava para participar das brincadeiras eu participava. Eu jogava bola, pegava no gol ou era o técnico do time. Era muito legal... sempre assim. Isso aí!

Estudar na UFES não foi nenhum problema. Sempre improvisei as cadeiras das salas de aula como mesa para apoiar os livros e cadernos. A única observação que pude fazer em relação ao usuário do espaço da Universidade e o deficiente foi [o] desrespeito ao espaço reservado para o estacionamento de veículos de deficientes; na maioria das vezes, as vagas reservadas para deficientes estavam ocupadas por outros veículos, o que era um contratempo, principalmente nos dias chuvosos.

Sem dúvida, atitudes de uma sociedade estruturada em uma cultura competitiva, mas que [são inadmissíveis] para um ambiente universitário. Essa questão do respeito ao espaço reservado para estacionamento de veículos guiados ou que transportam portadores de deficiência está ainda num patamar de civilidade extremamente crítico, pois muita gente ainda não se conscientizou de que pessoas deficientes estão em plena atividade econômico-sociocultural pelas cidades.

Até hoje se faz necessário, quando as vagas são reservadas para deficientes, que se ponham cones nos espaços reservados; caso contrário, são normalmente ocupados, atitudes estas que acabam por dificultar o dia a dia do deficiente, que muitas vezes, para usufruir da vaga que lhe é reservada, precisa sair do veículo, retirar a cadeira de rodas, retirar o obstáculo e em seguida voltar ao veículo para então conseguir estacioná-lo, ou solicitar o auxílio de terceiros, tendo agredida a sua autonomia.

Essa dificuldade normalmente ocorre nos estacionamentos dos supermercados, órgãos públicos e ambientes frequentados pelo grande público em geral. No caso específico da universidade, não chega a ser incômodo, exceto nos dias de chuvas, como já disse. O espaço, neste caso, é amplo e não faltam alternativas.

Sou extremamente crítico quanto à relação da sociedade com os portadores de deficiência. A questão não é apenas o preconceito, que, pela própria acepção, denota quanto equívoco é capaz de veicular. Critico que se deve oportunizar o exercício de direitos e deveres, o acesso à formação profissional, à inserção em ocupações trabalhistas (vender sua força de trabalho), ingredientes indispensáveis para uma vivência social salutar que englobe, inclusive, a experiência afetiva, erótica e emocional do deficiente.

Vivi no Vale do Jequitinhonha, região conhecida por sua carência, até os 23 anos. Sempre tive o ideal de sair, ir para uma cidade maior, com o intuito de buscar meu desenvolvimento pessoal, adquirir conhecimentos, qualificar-me e trabalhar, como todo jovem sonha, planeja e merece.

Sem dúvida, consegui parte desse ideal, hoje possuo o meu veículo para locomover-me de forma independente, consegui ser aprovado em um concurso e trabalho numa empresa pública de grande porte.

O convívio com meus pais, irmãos e demais parentes sempre foi como a convivência de qualquer família normal; éramos pessoas harmoniosas e companheiras. Pelo fato de ser o único com deficiência na casa, não gozava de nenhum privilégio, tinha também as minhas obrigações a cumprir, tais como ir para a escola, fazer as tarefas, manter os meus objetos em ordem.

A minha vida social sempre foi normal, sem maiores problemas, sempre participei das brincadeiras com os colegas na rua; a vida por lá era como as demais cidades interioranas, com muita criança brincando na rua diariamente.

Sempre tive muitos amigos, costumávamos brincar de patinete, aquele brinquedinho construído com uma tábua e três rolamentos, uma espécie de aviãozinho que a gente fabricava no quintal de casa. Participava dos passeios no campo com a turma da escola; normalmente, neste caso, eu era transportado em um carro de madeira que a gente construía e que denominávamos como carroça. Tal carro era semelhante ao [carro com] que Christy passeava com seus irmãos e vizinhos no filme Meu Pé Esquerdo[106], com o qual me identifiquei em alguns aspectos.

Para construir este tipo de carroça, utilizávamos aquelas caixas de madeira que embalavam tomates. Era uma espécie de utilitário muito comum em nossa cultura, pois esses carrinhos de mão eram usados para o transporte de feiras aos sábados, com os quais os colegas costumavam ganhar algum dinheiro nos dias das feiras livres, levando as compras e cobrando pelo serviço prestado, obviamente. Na prática, não havia limites para a minha vida de criança.

Tomávamos banho no rio, pescávamos, éramos muito interativos. Vivia sem limites, e viver sem limites, portanto, era participar das brincadeiras, ir à escola, tomar banho de rio, pescar com os amigos, ir ao campo de futebol no domingo, às festas e demais eventos sociais.

Acho interessante observar que, no quotidiano doméstico, também não havia diferença no convívio com os irmãos e demais parentes. Morava em uma casa simples, com obrigações e direitos como os demais, e a vida era normal, sem problemas.

Meus pais eram pessoas sem muita informação e sem recursos suficientes para terem tomado, logo após a minha poliomielite, a iniciativa de levar-me para um tratamento em uma grande cidade, e, por falta de exercícios, tive distrofia muscular nas pernas, o que limitou meus movimentos.

O desejo de andar nunca foi uma prioridade em minha vida. Quando tinha 16 anos, tentei fazer um tratamento, em Belo Horizonte. Foi uma experiência construtiva, conheci diversas pessoas que também tinham pólio.

Conheci algumas que obtiveram uma recuperação rápida, outras, porém, sem muito avanço. No meu caso, optei por estudar e 'levar a minha vida'. Ter que andar nunca chegou a ser a minha prioridade. Vivo como qualquer pessoa, tenho a minha vida social, familiar e profissional bem equilibradas, sem quaisquer traumas.

---

[106] MEU PÉ Esquerdo, 1989. (103 min). Título original: My left foot.

Consultei fisiatras e ortopedistas, alguns me disseram que havia a possibilidade de voltar a andar, porém seria um tratamento delongado, com diversas cirurgias, fato este que me levou a optar por 'levar a vida', dar continuidade a meus estudos, trabalhar, não me interessou o tratamento proposto.

Sempre tive plena consciência de minha limitação física, desde as séries primárias, quando adquiri o hábito de ler, obtive informações sobre a poliomielite e seu efeito sobre o corpo humano.

O tratamento para vítimas da pólio é à base de fisioterapias; com melhores resultados, se o paciente é submetido à profilaxia logo após a manifestação dos sintomas. É um tratamento, como disse antes, duradouro, mas com resultados satisfatórios. No meu caso, como já havia passado um tempo significativo, seria mais complexo, com a necessidade, inclusive, de submeter-me a algumas cirurgias, como já disse.

Importando ressaltar é que a questão de ser ou não portador de deficiência não pode primar sobre a demais dimensões da vida de um homem. É importantíssimo, sim, que se cultive a consciência de si mesmo, dos rumos a serem tomados na sociedade em que vive, seus valores, seus objetivos enquanto cidadão.

Independente[mente] da segregação econômico-sociocultural do país em que vivemos, mesmo com algum tipo de limitação física, cada um deve buscar seus ideais, traçar objetivos e ir à luta, procurar estudar, qualificar-se, cultivar a autoestima e de forma ilimitada, viver... e viver da melhor maneira possível.

*É importante que o* deficiente saiba de seu próprio valor enquanto cidadão, *possa usufruir de seus direitos e cumprir com deveres, suas responsabili*dades, ter seu convívio familiar, seus valores religiosos e suas conquistas profissionais.

Aqui em Vitória, tive a oportunidade de frequentar a universidade, uma experiência extremamente enriquecedora, não somente pela aquisição de novos conhecimentos como também pela oportunidade de conhecer novos amigos, realizando o grande sonho de minha vida.

Em relação a esta experiência, não há muito que acrescentar ou relatar enquanto deficiente. Tive o acesso às salas de aulas sem maiores problemas, havia estacionamento próximo, o ambiente é extremamente favorável, permitindo uma boa mobilidade para quem se locomove em cadeira de rodas.

O acesso à escola comprova ao deficiente que sua deficiência somente fica em primeiro plano se a pessoa não tem a possibilidade de se desenvolver como ser social: pensar, amar, trabalhar, conviver, estudar e divertir-se. Ela deixa de ser primeiro plano quando se tem uma vida afetiva, recíproca e interativa.

Nenhum homem deve se mensurar por sua deficiência — ninguém deve se sentir deficiente, mas conviver com sua limitação.

Para cobrar da sociedade, o deficiente deve agir como cidadão pleno. Agir como cidadão, e não como um ser limitado apenas. Agir e viver como tal, tendo oportunidade de estudar, de ter acesso a uma formação de qualidade, poder se profissionalizar e ter o direito de administrar a própria vida: ter acesso ao trabalho, conseguir renda própria e, principalmente, ter o direito de sonhar, fazer projetos e realizar-se como ser humano pleno.

O filme Meu Pé Esquerdo mostra algumas facetas de um homem deficiente, um jovem deficiente com suas realizações e contradições. O deficiente também é assim, é contraditório, passivo, agressivo, como todo mundo. O personagem do filme é um deficiente que não tem apenas sua deficiência física, tem seus defeitos também.

Na minha adolescência, no tempo de escola com os amigos, levávamos uma vida como todo moleque do interior, namorávamos, brincávamos, estudávamos. Hoje, como adulto, leio, trabalho, vivo em companhia da minha mulher, companheira há 17 anos. Tenho inúmeros amigos, vou à praia, viajo, vivo dignamente, como merece e deve viver qualquer cidadão, em qualquer parte do mundo" (MACIEL JÚNIOR, 2006, p. 206-213).

### 6.3.2 Ser sendo é ser percebido: interpretação dos relatos do vivido (*esse est percipi*)

No meu encontro com o Cidadão Pleno, coloco entre parênteses os hospitais, o diagnóstico e as cirurgias, a deficiência e a cadeira, que são invólucros que cobrem o desvelar/revelar do sujeito para mim como interroga[dor] quando percorro com o meu interrogar essas regiões de inquérito.

Cidadão Pleno é uma pessoa aberta ao mundo, graduou-se, trabalha, é muito alegre e comunicativo e valoriza muito a vida e sua família.

O que [co]move os modos de *ser sendo* do Cidadão Pleno é compreender-se em primeiro plano como pessoa que precisa da *"possibilidade de se desenvolver em um ser social"*, como ele mesmo afirma. Isso significa para ele a pessoa que vive as seguintes ações: pensar, amar, trabalhar, conviver, estudar e o lazer. Estudou em escola comum, dentro de uma sala de aula regular, reivindica com clareza as coisas e quer os seus direitos. Nesse sentido, ele afirma:

> [...]. Você vê que ainda a sociedade nos deixa aquém em muita coisa, na questão da acessibilidade. A mobilidade em alguns locais. Hoje a gente tem a questão da lei, até os estabelecimentos privados estão procurando viabilizar o acesso às pessoas que tem deficiência. Mas sem dúvida a pessoa que está na sociedade, que está "batalhando" (aspas posta pelo colaborador), buscado a sua sobrevivência isto as vezes é um pouco complicado. [...] Num pais com tanta segregação econômica-sócio-cultural, você que ir a luta, se parar por questão de obstáculos, de mobilidade você não avança (MACIEL JÚNIOR, 2006, apêndice VI, p. 269).

Cidadão Pleno, como cadeirante, é anormal para quem nessa sociedade não usa cadeira de rodas. Foucault (1979, p. 121) diz que o que é patológico no humano é a cultura que determina aquilo. Não existe um valor em si que vai me dizer que o Cidadão Pleno/cadeirante é "anormal". Por exemplo: "os meninos corriam e eu não". Para a cultura dos meninos que têm pernas, a sociedade criou espaço para correr, mas ele não capturou, mas nós podemos capturar e descrever o que a cultura não vê. Ele sobressaia à maioria que na infância e adolescência não iam para a escola — iam correr, mas, como ele tinha de ficar em casa estudando, isso é uma coisa "normal", desenvolveu a área intelectual. Ele tem uma limitação em relação a quem anda, mas ele, na verdade, é uma pessoa comum, como qualquer outra. É uma pessoa que não se deixou patologizar.

Ele não tem uma expressão corporal de muitos que não são cadeirantes. É difícil as pessoas falarem, conversarem sem usar os termos "normal" e "anormal", que estão internalizados nelas. Uma boa maneira de referir-se ao menino que usa a cadeira de rodas

é partir do olhar dele como cadeirante. Imagine o Cidadão Pleno brincando com mais quatro outros meninos cadeirantes, em roda, de rebater a bola com a mão. Surge um colega não cadeirante. Ele estava em pé e, parado, olhava para as demais demonstrando desejo de participar da brincadeira. Os cadeirantes se olham e dizem ao não cadeirante: - vem brincar com a gente! O não cadeirante olha para seus colegas e suas cadeiras de rodas e pergunta: - como? Então o grupo de amigos do Cidadão Pleno cadeirantes faz um convite inclusivo: - pegue uma cadeira qualquer e sente-se aqui com a gente! Compreenda, essa cena criada subverte e subversa o padrão comum das relações sociais de convívio e inclusão de pessoas cadeirantes: os cadeirantes que convidam e incluem o colega não cadeirante para brincar. Na cena, a pessoa não cadeirante que é a diferente e que estava excluída. Outro exemplo: "o não cadeirante pode correr com os próprios pés; o cadeirante não pode".

Usar o destaque que geralmente é o acentuado – "deficiência" e subverter referindo-me a uma pessoa que não usa cadeiras de rodas como "não cadeirante". Outros limites se interpõem sobre a vida daquele não cadeirante, que não pode se expressar corporalmente bem por causa, por exemplo, de repressão sexual ou religiosa.

Por isso que a psicologia, a educação especial, a psicopedagogia, a academia rebatem a questão da diversidade. É conviver com todas essas diversidades. É o poder que faz a ciência, e não a ciência que faz o poder. É o poder que faz o conhecimento surgir. É o poder da classe dominante que fez com que psiquiatras, psicólogos e educadores fossem estudar e começassem a dizer: "cadeirantes têm esses problemas, deficientes intelectuais têm aqueles problemas". É o poder que está fazendo esse conhecimento surgir. Esse conhecimento está tão forte que produz o que é "normal" e o que é "anormal" e profissionais compactuam com essas formas de nomear quando trabalham desconsiderando o funcionamento do território em que a não libertação se perpetua, realizando avaliações baseadas em padrões de normalidade criados por testes psicológicos elaborados em outras culturas e redigindo relatórios sobre os sujeitos apresentando o que são falhas na família, o que não funciona na escola, o que não funciona no oficio do professor, o que é "defeituoso" nas pessoas com deficiências. Uma sociedade com diretrizes de direitos para todos exige realizações de ações para a efetivação desses direitos.

> A deficiência fica em primeiro plano se a pessoa não tem a possibilidade de se desenvolver como ser social: pensar, amar, trabalhar, conviver, estudar e o lazer. Ela [a deficiência] deixa de ser primeiro plano quando você tem uma vida afetiva etc. A pessoa passa a se mensurar a partir da deficiência — você não tem que se sentir deficiente, e sim conviver com sua limitação — que é uma dimensão bem diferente. A nossa sociedade cultua muito o estético, e somos olhados pelos nossos limites (MACIEL JÚNIOR, 2006, p. 215).

O sujeito que a educação (especial) hoje está querendo é o sujeito da diversidade, da pluralidade e da diferença — são todos. Ela se assume como um saber criado de um poder para atender demandas individuais e coletivas a que a sociedade não responde. Não nomeia o sujeito da educação especial patologizando-o como normais ou anormais, apesar de tal nomeação existir; existiu no passado e até subsistir no discurso das pessoas, inclusive nos próprios sujeitos ditos com deficiências, pois, as pessoas com deficiência têm uma relação com o Estado muito difícil: eles quase têm de agradecer ao Estado. Essa estrutura de longa duração das desigualdades sociais do Estado que monta em cima das pessoas que sentem, pensam e agem diferentemente da maioria. Algumas pessoas com deficiência podem até ter algum papel na TV e nas mídias socais, mas a maioria está vivendo no abandono. A mesma coisa acontece com o cadeirante, que é muito explícito.

Ao compreendê-lo, eu aprendo com o Cidadão Pleno, pois eu terei também a não acessibilidade dele. A limitação dele é uma contingência, ele é um ser contingente, e a deficiência é uma contingência. Cidadão Pleno mostra o que ele chama de "questão cultural":

> Eu falei muito sobre a questão da nossa cultura, muita gente investe numa casa, por exemplo, uma casa duplex, ele não pensa, às vezes, em deixar o espaço para a acessibilidade para ele futuramente. Quando ele tiver um problema na velhice, ou mesmo um acidente! A acessibilidade melhor futuramente, no caso de redução da mobilidade. É uma sociedade que está no trânsito, o problema da violência, como a gente vê aí um número de casos, então estão sujeitos a isso (MACIEL JÚNIOR, 2006, p. 215).

Cidadão Pleno anuncia que as pessoas envelhecem e precisarão dos itens da acessibilidade. A mobilidade da juventude não é garantia de acessibilidade plena no envelhecer, e, quando compram um apartamento ou constroem uma casa, não planejam generativamente a acessibilidade de que precisarão no futuro.

A opção de uma cirurgia compete aos desejos da própria pessoa. Para Audaciosa Espevitada, é importante fazer a cirurgia, e é cuidada nos seus desejos. Para Cidadão Pleno, não foi importante nenhuma cirurgia nos seus desejos; para ele, os seus desejos importantes eram ir para Mato Grosso trabalhar e depois voltar ao Espírito Santo para estudar o tão desejado curso superior.

> Neste mundo sou uma pessoa que tem sonhos, que procurou e que, graças a Deus, algumas coisas conseguiu realizar. O objetivo, por exemplo, de vir para o Espírito Santo. Um dos meus objetivos era fazer uma faculdade — eu conseguir fazer —; ter o meu trabalho. Eu tenho a minha dignidade, que todo cidadão merece. Num país com tanta segregação econômico-sociocultural, você que ir à luta; se parar por questão de obstáculos, de mobilidade, você não avança (MACIEL JÚNIOR, 2006, p. 216).

Nos meus relacionamentos com o Cidadão Pleno, ele se revelou como um colaborador conhecedor da vida acadêmica e propôs-se a ajudar-me prontamente. Os horários para as nossas entrevistas eram separados pontualmente e inteiramente dedicados ao encontro, e esteve disposto à realização das tarefas próprias para o fechamento de todo o trabalho, oferecendo para mim sugestões de coisas a serem feitas.

Sangue Bom, Audaciosa Espevitada e Cidadão Pleno — como mergulhados existencialmente com suas respectivas vidas interrogantes no mundo de [im]possibilidades — mostraram-se, nas suas singularidades, expressões de sentido nos *modos de ser sendo si mesmos no cotidiano do mundo*, marcados por um Guia de Sentido que traz a lume a própria vida e o sangue que corre nela, no que ele (sangue) pode significar "estou vivo" e sou um ser político.

Assim como Espevitada revela seu Guia de Sentido em *ser sendo* insubmissa, opositora — pois, além de *ser sendo* classificada com rótulos clínicos, está sendo mulher, em um mundo onde o *ser sendo* feminino apresenta tantos sentidos — ela conseguiu capturar aqueles que a fizeram viver e amar.

No exercício de compreensão, emerge um novo "Guia de Sentido" na existência interrogante dos meus colaboradores: o "desejo". Os três colaboradores também são sujeitos do desejo. Em Sangue Bom, este GS emerge no desejo de ser homem, de se realizar como homem, de namorar, amar, constituir família, trabalhando e vivendo sua sexualidade.

> [...] mas nunca na minha vida, nunca tive namorada, na minha vida só foi mesmo namoro de criança, isto é, ficar, mas já está na hora de perder a timidez, [...] uma mulher boa, que seja bonita tanto por fora quanto por dentro, [...] só que a pessoa tem que ter ação, quer dizer, chegar junto, conversar com as meninas, pois Deus não vai falar para ela namorar com você não, isso depende é da própria pessoa.
> Quero dizer que ter namorada não é só beijar na boca, significa também outras coisas, com carinho, amor ao próximo, atenção e outras coisas, ter namorada é você ficar com um tempão com

> a pessoa, conversando como amigo, paquerando até conhecer bem, e depois disso parte para o namoro, aí nesse ponto é que são namorados de verdade até o casamento, se der certo. [...] agora estou rápido na digitação, e ajuda a pessoa arrumar o emprego, porque, se o serviço da pessoa for mexer no computador, aí os textos têm que serem digitados rapidamente com todos os dedos, e é excelente digitar com todos (MACIEL JÚNIOR, 2006, p. 216-217).

Em relação a Audaciosa Espevitada, este GS emerge no desejo de ser mulher, de se realizar como mulher, de ser bonita, amar e ser amada, de constituir família, e ser vitoriosa profissionalmente como uma mulher moderna.

> Gosto de trabalhar com jovens e adolescentes, pois creio que é nessa faixa etária que podemos ajudar a moldar o caráter deles, e eu, como deficiente física, surpreendo e ajudo a muitos. Estou há um ano sem dar aula, mas meu objetivo ano que vem [2006] é conseguir trabalhar em um colégio particular dando aulas de Literatura [atualmente trabalha no Sedu do governo estadual].
> Ser professora pra mim é uma realização, creio que uma das maiores. A relação com os alunos é significativa, porque eles me ajudam muito e isso traz certa igualdade. [...]. Não consigo visualizar a questão de barreiras, pois até agora trabalhei pelos meus méritos e ainda construo minha profissão.
> De todas as áreas da minha vida, o meu relacionamento afetivo-amoroso eu considero [a] mais conturbada. Mas procuro direcionar o foco da minha vida para mim mesma, ou seja, estudo, vivo, [...] e cultivo principalmente minha independência. [...] Pensar em mim significa cuidar de mim, terminar a faculdade e fazer um mestrado. Preciso ter uma estabilidade financeira para me sentir independente. Tenho também que continuar fazendo os meus tratamentos médicos e encontrar uma pessoa para constituir uma família. [...] Creio que esse é um caminho longo, mas dá para chegar (MACIEL JUNIOR, 2006, p. 217).

Com relação no Cidadão Pleno, este GS emerge no desejo de realização, de conquistas, como cidadania plena. O desejo do usufruto da cidadania pelo deficiente como conquista.

> É importante que o deficiente saiba de seu próprio valor enquanto cidadão, possa usufruir de seus direitos e cumprir com deveres, suas responsabilidades, ter seu convívio familiar, seus valores religiosos e suas conquistas profissionais.

> Para cobrar da sociedade, o deficiente deve agir como cidadão pleno. Agir como cidadão, e não como um ser limitado apenas. Agir e viver como tal, tendo oportunidade de estudar, de ter acesso a uma formação de qualidade, poder se profissionalizar e ter o direito de administrar a própria vida: ter acesso ao trabalho, conseguir renda própria e, principalmente, ter o direito de sonhar, fazer projetos e realizar-se como ser humano pleno (MACIEL JUNIOR, 2006, p. 217).

# 7

# APRESENTANDO OS RESULTADOS E DISCUTINDO-OS

As compreensões alcançadas por mim ao longo dessa trajetória são resultado de muitos textos [re]feitos, e, se mais tempo tivesse, outra forma eles tomariam e outras interpretações seriam acrescentadas, pois eu não gosto de tirar nada. É claro que você poderia fazer outra trajetória e outras interpretações (experimente!), mas essa é a minha opção teórica, e, mesmo que eu e você fizéssemos dois novos trabalhos diferentes, trazendo a justiça até nós, haveria ainda outros ângulos a compreender que ampliariam os nossos horizontes. Dito isso, prossigo.

## 7.1 Os modos de *ser sendo* dos sujeitos no mundo

O **conceito operatório** *"ser sendo* ou *modos de ser sendo si mesmo no mundo"* emergiu inicialmente nos estudos de doutorado em Psicologia realizados pelo professor doutor Hiran Pinel (1989, 2005ª, 2008). Primeiramente contou com total apoio do seu orientando Paulo Roque Colodete (2004). Paulo trabalhou unicamente com esse "conceito operatório" no estudo de caso psicopedagógico de uma menina chamada Hyngridi.

Com o passar dos anos, o professor. Pinel tem expressado que esses e outros orientandos têm contribuído com estudos, pesquisas e refinamento desse e outros conceitos operatórios — sempre relacionados ao conceito considerado "central" das suas hipóteses de trabalho fenomenológico-existenciais.

Lancei-me na proposta e aqui procuro resgatar certos conceitos inventados. Aqui procuro *ser sendo* esse colaborador indispensável ao crescimento e florescimento da ciência, bem como para a socialização desse "conceito temático" e outros que emergiram dele.

No meu trabalho, considero fundamental o conceito operatório ser sendo; assim compreendo que o SER é o modo de ser sendo si mesmo no cotidiano do mundo e seus aparecimentos com base nesse espaço-tempo, na linguagem, nas obras e no outro. Assim, o ser — que etimologicamente significa raiz/afixação/assentamento — é estar em processo, em devir, um projeto sempre aberto com seus horizontes ampliados. O ser aparece (ganha sentido) nesses modos. Já o **ser sendo** é a maneira como algo se torna presente, manifesto, entendido, percebido, compreendido e finalmente conhecido para o ser humano, para o ser-aí. "O ser então se mostra sendo nas suas interiorizações ou subjetividades, conduzidas por um ou mais Guias de Sentido (GS)" (PINEL, [2003b], p. 171). Os modos de ser são as atitudes/comportamentos (subjetividades) que o ser do **ser sendo** mostra, conduzidas por um ou mais Guias de Sentido, emergidos como figuras de um fundo de experiências, que podem ser efêmeros/incertos, vão/voltam – inventam caminhos trilhados de (sobre)vivência, mas também assertivas de autonomia.

Já os Guias de Sentido são os valores (e virtudes – atitudes, pois) que metaforicamente conduzem o ser a ser, por meio dos modos de ser (das subjetividades) si mesmo (constituído na alteridade – por isso, mundo) no cotidiano (impregnado de alienações, bem como de inventividades e criatividades) do mundo (mundo como sócio-historicidade): *modos de ser sendo si mesmo no cotidiano do mundo*.

De acordo com essa compreensão, voltamos à interrogação: o que [co]move este **modo de ser sendo si mesmo no cotidiano do mundo**? Quem é o sujeito da educação especial?

É um sujeito encarnado do/no mundo.

Não é um sujeito especial, no sentido clássico do termo "especial", que precisa de piedade, de compaixão e comiseração. A esse respeito, lembro-me de um aluno meu, estudante da disciplina de Introdução à Filosofia. Em um dado momento, em que o assunto era sobre os modos de ser sendo de uma pessoa com "deficiência", ele comentou: "Sempre que eu entro num ônibus e as pessoas se levantam imediatamente, sem me perguntar nada, e me dão o lugar, imaginam que, por eu usar as minhas muletas, que eu não me aguentaria em pé!", afirmou, gerando muitas falas na sala: "Não gosto de ser tratado com essa comiseração, faze-me sentir mal. Eu posso ficar em pé num ônibus e até mesmo ceder o meu lugar para um senhor ou uma senhora" (informação verbal)[107].

Considerando a minha trajetória, compreendo que o aluno, sendo uma pessoa assim inventada na/da educação especial, é um sujeito especial, porque ele tem demandas diferenciadas, que precisam e clamam de uma

---

[107] Citações de memória.

forma clínica até, dentro de nossa sócio-historicidade, de ser atendido e de ser respondido. As demandas de uma pessoa com deficiência não estão plenamente respondidas em nossa sociedade.

O sujeito da educação especial (na perspectiva inclusiva) não deve ser "eliminado"; dito de outras metafóricas formas, mas deve ficar bem claro que ele não é apenas, ou em primeiro lugar, o sujeito da educação especial. Ele demanda trazer de si mesmo, no cotidiano do mundo, que não é apenas sujeito da educação. Isso é *ser sendo* muito pouco numa humanidade. O "sujeito humano" não merece *ser sendo* apenas ou só da educação especial.

Ele é o sujeito da educação, mas ao mesmo tempo não se pode negar que é sujeito da educação especial devido às demandas que precisam ser respondidas pela humanidade — por sua sociedade e cultura. Porém, [re]afirmo que, antes de ser sujeito da educação especial, ele é sujeito de si no mundo e com o seu horizonte aberto à intersubjetividade — as marcas do outro na construção desse "si mesmo".

O que emerge e se apreende na/da singularidade dele?

A experiência aponta o que se apreende de suas singularidades (o fenômeno situado), mas essas revelações ocorrem na pluralidade de ele mesmo *ser sendo*, pois ele é ser sendo no cotidiano do mundo. O outro inscreve-se nesse seu *ser sendo* si mesmo, no sentido, pois, de "ser no mundo".

Com esses sujeitos, eu expresso bem o sujeito da educação especial (na perspectiva inclusiva). Esses sujeitos não são sujeitos isolados. Eles estão no mundo. O *cogito* cartesiano é solipsista. O solipsismo é um isolamento.

Em Descartes, na busca da universalidade do conhecimento, como se viu sozinho no seu mundo interior, exclusivo, como ele não sentia o outro dentro de si, o seu pensar permaneceu fechado em si mesmo, ele então recorreu à prova da existência de deus — que é o outro, ou melhor, o Outro. A solidão do *cogito* cartesiano necessita de deus para abrir-se — um outro que demanda do Outro.

Na fenomenologia, o *ser sendo* é ser aberto, porque é *ser sendo com*, ele é membro de uma comunidade com outros egos. Ele não é somente *cogitations*, ele não é só pensamento, ele é uma pessoa que ama, que enfrenta, que quer ter direitos, que odeia, que imagina — *ser sendo* entregue aos desejos.

Outro **conceito operatório** que emerge dos modos de *ser sendo si mesmo no cotidiano do mundo* é o que Pinel também compreende por "sujeitos da clínica" ou "assujeitados da clínica"[108] — sujeitos submetidos a um cuidado já estipulado pela hegemonia científica. A clínica, destaca, é do sujeito — é seu direito e o dever da sociedade. A escuta é o procedimento clínico mais viável para que se constitua a clínica a ele.

Uma pessoa demanda, nos seus modos de *ser sendo*, cuidados especiais (uma espécie de clínica). Esses cuidados são "práticas educativas inclusivas" cotidianas na educação regular. Essas práticas buscam compreender e intervir assumindo a responsabilidade ética de cuidar dos seus modos de ser "pedagoga" e/ou "professora" junto a sujeitos desse mundo. Esse mundo é da hiperespecialização, e dentro de nosso país podemos enumerar uma série de cuida[dores], como médicos, psicólogos, psicoterapeutas, fisioterapeutas, neurocirurgiões, terapeutas ocupacionais, fonoaudiólogos, psicomotricistas, pedagogos (e suas inúmeras habilitações, como a educação especial e a orientação educacional), psicopedagogos e professores. Parece, nesse espaço-tempo de *ser sendo* (e seus modos que aí se mostram a si mesmos no cotidiano do mundo), que a pessoa já nasce "quebrada" como um cristal fino e delicado — um quebramento social e historicamente construído e diagnosticado como tal, diante da impotência (por diversos motivos) da sociedade maioral. Dito de outro modo, a pessoa não nasce quebrada. A pessoa nasce nos seus modos de *ser sendo* si mesma no mundo, e o mundo — com seus aspectos positivos-negativos — é o que o plano da ideologia dominante determina como desvio!

Com base nessa compreensão, concordo com Pinel (2005a, p. 297-298): há duas clínicas, a primeira é do **sujeito da clínica**, onde há uma clínica já posta e o sujeito a ela se submete — um *modo de ser sendo si mesmo no mundo da opressão*.

Por exemplo, Sangue Bom, que na mais tenra idade é sujeito da clínica. Nesse espaço-tempo dos modos de *ser sendo* família, ela fica extasiada diante de especialistas cura[dores]. Ora, o sentido de "curar" é reconforta[dor]. Esse conforto ilusionário aparece e marca os modos de *ser sendo* família de um rebento que "arrebenta" (descobrirão depois positivamente) ao nascer.

---

[108] Tanto **"sujeitos da clínica"** (sujeitos pacientemente sujeitados a um tratamento fixado e tido como universalmente correto) quanto **"clínica do sujeito"** (sujeitos ativos que demandam ser escutados, e, a partir daí, eles mesmos podem ir pontuando, junto aos psicopedagogos, psicólogos, psiquiatras, pedagogos, professores etc.) são termos que não foram inventados por Pinel, mas, colocados dentro do termo *"modos de ser sendo si mesmo no cotidiano do mundo"*, ganham algumas singularidades teóricas, mas muito falta a *ser sendo* construído.

Há uma construção de que o sujeito "quadrado" será encantado por um especialista. E mais: o especialista é formado para crer nisso de onipotente, substituindo a invenção subjetiva de deus! Modos de *ser sendo* si mesmo no mundo da superespecialização!

O professor ou professora — ditos inclusivos – e por isso na sala de aula regular, reclamam que não conseguem incluir! "Eu tento, eu tento e não consigo" Como na canção da banda de rock Rolling-Stones "Eu tento, eu tento, eu tento, mas não consigo satisfazer a mim e nem ao outro!" Se analisamos atentamente, o que sentiremos, é uma onipotência do(a) Mestre e o estampamento em sua cara do "estado da arte" da assim denominada Educação Especial e Inclusiva. "Eu tento fazer adaptação curricular, mas não consigo, eu não consigo!" Essa imagem é muito "pop" no sentido de não conseguir enxergar sentido nas mínimas satisfações de ser sendo professor e/ou professora numa sala de crianças. Essas crianças são simplesmente crianças! Dentre elas, há uma com mais dificuldades, e que a destaca do grupo! Ela não consegue – insatisfeita frente ao espelho insatisfeito do professor – de apreender os conteúdos ensinados. O professor e/ou a professora não consegue intuir – esse verbo fenomenológico-existencial para elas significa senão "Nada" (nadificação). Intuir é, através da escuta, compreender sentidos que emanam do sujeito que se mostra nos modos de ser sendo si mesmo no cotidiano do mundo do "não-sei"! Nem mesmo esse menino ou menina, ditos alunos, são levados a saber desse saber de não-saber, e que isso é normal no mundo acelerado dos conhecimentos, numa sociedade onde informar é mais importante do que de fato conhecer, saber-sentir. Um mundo onde Ter é mais importante do que Ser. E o Mestre aparece insatisfeito, pois nada a ele é oferecido para sua satisfação! Nada de formação continuada, nada de um professor colaborador na sua sala, nada da sociedade como um todo compreender que os alunos, os filhos, os cidadãos tem estilos individuais de aprender dentro da pluralidade das aprendizagens. Cobra-se da professora o sucesso, assim como se cobra dos especialistas, mas ninguém consegue ter satisfação e (des)velar que ninguém é Deus, e por isso Ele foi inventado, para nos acalmar da nossa arrogância. Mas ninguém consegue... (informação verbal)[109].

---

[109] Ver tradução da canção da banda de rock Rolling Stones: "Eu tento, eu tento, eu tento, mas não consigo satisfazer a mim e nem ao outro!" São anotações das aulas do Seminário Avançado (Psico)Pedagogia Escolar e Extra-Escolar II do professor doutor Hiran Pinel, PPGE/UFES, fevereiro de 2005.

A finitude e a [in]completude de *ser sendo* si mesmo no mundo do magistério não foi apreendida por alguns mestres, nem as suas possibilidades dentro dessa realidade de sentido. O "querer", nos *modos de ser sendo si mesmo* no cotidiano do mundo do desejo, mostra nossas dificuldades humanas de "querer" sempre. Às vezes não queremos! Não estamos envolvidos existencialmente com as coisas mesmas do ensino. Ou então nos prendemos nos procedimentos ou técnicas psicopedagógicas ou inclusivas de modo tão forte que esquecemos que "o afeto indissociado à cognição, tanto do professor quanto do aluno, conduz ou (co)move o conhecimento" (PINEL, 2005a, p. 299).

Nos *modos de ser sendo si mesmo*, no cotidiano do mundo do Cuidado, exige-se que sejamos cuidadosos, generosos, portadores de uma delicadeza indispensável ao misterioso *ser sendo* discípulo que ali comparece à sua frente, impregnado de desejo de saber. Mas o aluno não sabe explicitar isso, e então espera a intuição do professor. O mestre, entretanto, apresenta sérias dificuldades em mostrar-se nos *modos de ser sendo si mesmo*, no mundo do desejo. Tanto aluno quanto professora são seres desejantes, e esse impulso indispensável à vida escolar brota ali naquele espaço-tempo daquela sala de uma instituição de séria e importante tarefa social e histórica. Sangue Bom [des]vela seus desejos e muitas vezes encontrou "espelhos magisteriais" que se mostravam no desejo de cuidar, envolvidos existencialmente em ensinar para que se aprenda.

Com Sangue Bom, nos seus estilos de ensinar e de aprender, encontramos sentido em um sujeito que se entrega às experiências escolares de sentido — sejam elas denominadas simplesmente "educação", sejam "educação especial". Ele se entrega às experiências do mundo, entre elas as fornecidas pela escola. Ele não se assujeitou ou se assujeita! Ele simplesmente parece ter-se percebido sujeito, cidadão que merece de modo digno aprender o que propõe a ensinar uma instituição denominada escola, que existe e se impõe no seu espaço-tempo. Na sua família, ele encontrou diversos modos de *ser sendo* si mesmos no cotidiano do mundo familiar, com a subjetividade "compaixão". Ou se tem dele compaixão (piedade) ou se tem [com]paixão, isto é atitude de estar apaixonadamente comprometido com Sangue Bom, sangue de nós mesmos nos *modos de ser sendo* família; esse seu modo de *ser sendo* foi levado para o mundo da escola e outros mundos — como o mundo do trabalho.

Mas o mundo cartesiano, ao mesmo tempo, é muito forte e impregna o repertório de aprendizagens do *ser sendo* família e pai — por exemplo. Essa dicotomização e esse valor que se coloca em cima das hiperespecializações como modos adequados de cuidar de alguém com "desvio". Mais forte que o cotidiano de afeto, marca essa ideologia de uma verdade única e universal. Quanto à medicina e às leis cartesianas que a envolvem, diz a figura paterna:

> O que eu ouvi que considero uma ofensa foi atribuir [aos pais] que ele nascera autista porque foi rejeitado por nós no período de gravidez, ou seja, que ele fora um filho indesejado. Não memorizo muito os detalhes, nisso a mãe dele é melhor. Lembro que, por exemplo, quando ouvimos diagnóstico pela primeira vez, foi como uma bomba. Nunca ouvíramos falar em autismo. Lembro-me [de] ter perguntado à psicóloga se o tratamento seria alguma coisa em torno de seis meses. Pensei que fosse coisa passageira. E achei que ela me enrolou na resposta ou não sabia mesmo como lidar com a situação (MACIEL JUNIOR, 2006, p. 224).

O pai de Sangue Bom fala de algo que demanda aqui maior compreensão fenomenológica existencial: dos erros cometidos pelos profissionais e/ou cuidadores, como são os médicos, os psicólogos e os professores.

A informação paterna — talvez fundamentada de modo questionador em uma "hipótese" da renomada psicanalista Maud Mannoni[110] — de que ocorreu uma rejeição da criança quando na gravidez nos soa mais como uma Psicanálise Selvagem, isto é, uma interpretação imediatista e sem a devida escuta empática de quem sofre a dor.

Quando falava da "formação dos psicanalistas" (PINEL, [2003a]), Freud (1992) apontou que muitos cuidadores cometiam erros teóricos, técnicos e clínicos sobre a prática da psicanálise. Podemos inferir que, na formação dos professores, não ocorre o contrário.

---

[110] Advindo dos estudos e da pesquisa de Maud Mannoni — que é uma autora (psicanalista) por demais complexa para se reduzir na ideia, de afeto socializada, de que a rejeição e o ignorar (patológicos) do filho produza o autismo. "La Mannoni" — como era denominada por alguns discípulos, colocando-a no lugar de Diva, Lady, Amada, endeusada — inventou Bonneuil, instituição francesa criada em 1969 para crianças autistas e psicóticas, voltada prioritariamente para o trabalho escolar. Mannoni afirma, por exemplo, embasada na "sua" psicanálise, que as famosas oficinas que ela inventou como instrumentais de educação visavam a) propiciar um "continente para a angústia"; b) assegurar a existência de um enquadre para que a expressão livre pudesse ter lugar. Paralelamente, entretanto, ela planejou, executou e avaliou sua instituição de forma a possibilitar às crianças uma alternância entre atividades, pessoas e espaços de trabalho, até mesmo propondo atividades para além dos limites da instituição. Acerca do tema descrito pelo pai de Sangue Bom, o que Mannoni lança é apenas uma hipótese, mas que se tem levado na prática como uma lei positivista, distante, pois, da proposta da psicanálise enquanto ciência, que de início se fez pelo método fenomenológico, marcando diferença depois, ao se criar um método de pesquisa psicanalítico, que se fundamenta em um pesquisador psicanalista (que descreve e interpreta de modo psicanalítico) e que tem no "inconsciente" seu referencial maior (Anotações do Seminário Avançado Pesquisas Atuais em Educação Especial, questões não escolares, professor doutor Hiran Pinel, PPGE/UFES, janeiro de 2005, informação verbal).

No texto, Freud crítica um jovem médico que antecipa o prognóstico acerca dos sintomas de angústia de uma mulher, *indicando* que seus problemas estariam relacionados a uma falta de satisfação sexual, em decorrência da ausência do marido, e *aponta* a ela três soluções: reatar o casamento, arrumar um amante ou masturbar-se; soluções essas que acabam por acentuar os sintomas de angústia dessa mulher (BAUTHENEY, 2001).

Freud descrevia a consequência de uma incultura e da falta de experiências analíticas. Isso levava o jovem analista, por um lado, a deixar passar despercebidos certos conteúdos significativos da fala do cliente e, por outro, à situação transferencial (afetos do paciente jogados para ou contra o analista).

Essa transferência poderia provocar, nos *modos de ser sendo si mesmo* psicanalista, "compulsões incontroladas de interpretar". Isso mostra as fragilidades nos *modos de ser sendo* psicanalista no cotidiano do mundo, revelando fissuras no seu mosaico afetivo de *ser sendo* si mesmo no mundo. As repetições [im]pensadas e [in]sentidas junto ao cliente terminam por testar o grau em que está a utilização das técnicas psicanalíticas (movidas pela ideologia da psicanálise). Isso também ocorre com grande parte dos professores e professoras inclusivos e inclusivas, que repetem "receitas" sem introjetar a complexa e híbrida psicologia e psicopedagogia da inclusão. Professores — na sua demasiada humanidade — atuam na arrogância e onipotência, mas é aí mesmo que deixam escapar dificuldades evidentes de sua psique (composta pelas vidas afetivas, cognitivas e psicomotoras).

Assim como o analista jovem apresenta uma compulsão à interpretação, a professora pode estar tendo uma compulsão por usar "técnicas de ensino" ditas inclusivas. Mas incluir implica "desejar incluir", diz Pinel (2005, [2005a]) acerca da "subjetividade inclusiva" indispensável ao professor que "deseja" *ser sendo* inclusivo.

Assim como o analista ainda moço está ansioso em ser reconhecido no seu lugar de operador clínico (inseguro de sua posição de analista), isso pode ocorrer com a professora diante do "movimento inclusivo" (escolar e não escolar). Um movimento que mexe com a formação da personalidade dela e com os preconceitos que ela apreendeu dentro da modernidade ainda impregnada na sua (nossa) pele.

Assim como o analista se deixa levar por respostas fáceis a tudo o que o paciente pede ou provoca, a professora procura atuar de modo maduro (mas acaba sendo inexperiente e ansiosa), classificando seu aluno em rótulos questionáveis quanto à aplicabilidade psicopedagógica. Muitos desses diagnósticos carecem de um excelente clínico, já que o bom clínico atua também conduzido por sua intuição. Não são todas as síndromes e outras classificações psicopatológicas que apresentam instrumentais que facilitam, assim, quaisquer identificações de quaisquer quadros clínicos. O pai de Sangue Bom revela isso de sentido ao denunciar que a psicóloga, de fato, não o enganou na sua representação e douto poder acerca desse saber-pretendido: "[...] lembro-me [de] ter perguntado à psicóloga se o tratamento seria alguma coisa em torno de seis meses. Pensei que fosse coisa passageira. E achei que ela me enrolou na resposta ou não sabia mesmo como lidar com a situação" (MACIEL JUNIOR, 2006, p. 226).

A recordação paterna é de um "cataclismo" contra si. Ao *ser sendo* culpabilizado (enquanto família) acerca do quadro "autismo", ele se "esborracha em si mesmo". E é bom recordarmos que, ao falar da rejeição materna, fala-se de fato da esposa dele — objeto de seu amor sincero. Ele, acreditando e iludido acerca da "onipotência positivista" da medicina, psicologia, psiquiatria, deixa-se levar pela ideia de que um tratamento de seis meses curaria Sangue Bom.

Mas Sangue Bom sofre, de fato, das ciências imperativas, como foi (e é) há tantos anos a educação especial — que tem seu valor, mas não constituído na arrogância! Sangue Bom é sujeito de si mesmo no cotidiano do mundo, e cabe a ele — como vimos nos seus relatos — mostrar a todo mundo seus modos de *ser sendo* de possibilidades. Ele que, de certo modo, foi induzido a contrair a ideologia de que autistas são impossibilitados de aprender — mas ele resistiu.

Prosseguindo com nosso paralelismo entre psicanalista e professor, podemos imaginar que o analista "selvagem" atua na contramão da produção científica da clínica analítica, na medida em que recompensa o paciente que cobra palavras de cura. Mas, como não é deus, o analista fala "para as paredes", isto é, fala frases malfeitas, metidas e vazias de sentido. O analista demanda fazê-lo falar sentido, produzindo de fato [co]moção no paciente. Já a professora não estudiosa e não comprometida (nem desejante de *ser sendo* professora inclusiva) se torna angustiada e, não raras vezes, ela mesma se classifica de "distressada". Ela não é capaz de *ser sendo* escutadora. Escutar funciona para ela como uma ameaça — escutar é algo que exige dela inventar e sair da mesmice de sempre. É como se ela temesse se mostrar também aprendiz, e o aluno seria a sua possibilidade de transcender e fazê-la crescer, com isso inventando modos de facilitar o desenvolvimento e aprendizagem de Sangue Bom e outros que no mundo demandam aprender.

> Entre a suspeita precavida de estar preso a um ponto cego e o sentimento imperativo que se vê devedor do cliente, corre-se sério risco de **analisar** às **cegas**. O analista selvagem se vê conduzido pela segunda opção, esperando que chegará o momento do acaso levá-lo a acertar a decifração definitiva (LIMA, 2011, p. 4 – grifo do autor).

A professora inclusiva deixa-se não inclusiva quando atua como devedor do aluno, produzindo intervenções psicopedagógicas inadequadas. Ela se torna imediatista, e não pensa e sente acerca de si mesma como inclusiva. Ela acaba sendo devorada, pois não decifrou corretamente — caiu, pois, no engodo da arrogância.

Como se observa, os modos de ser sendo si mesmo no mundo do magistério repetem-se nos modos de ser sendo si mesmo no mundo psicanalítico: erros advindos dos "desvios" das originais ideias.

A complexidade na área é tão sentida de significados que, não raro, o psicanalista se confunde diante do autista (se é que o diagnóstico nessa área foi bem efetuado) e se mostra educador, uma atitude condenada por Sigmund Freud. O psicanalista mostra-se intervindo ou interferindo de modo educativo, "[...] mais no sentido do "educar" do que do tratar. Mesmo partindo de um ponto de vista mais amplo sobre o conceito de Educação, como forma de inscrição no campo Simbólico, não raras vezes há um constrangimento do analista diante destas situações, na clínica" (BERNARDINO, 2002).

O sofrimento produzido pela informação (Psicanálise Selvagem[111], de fato) é intenso, e ele apenas retém "isso na memória", a de que a família (na figura materna, social e historicamente construída como o pilar nunca mexido ou desviado na sociedade; aquela que mantém e sustenta a ordem estabelecida) é a culpada, e mais, devido a uma rejeição, que o profissional de [des]cuidados deve ter esquecido (seria preciso?) de "esclarecer"[112] o que é rejeição ou o ato sentido de ignorar totalmente uma gravidez!

---

[111] Freud introduziu o conceito de "psicanálise selvagem" (FREUD, 1992) em face da possibilidade do mau uso por parte do analista de se perceber no lugar do tudo saber, e deixar de ouvir seu analisando de maneira cautelosa, paciente e investigativa para lançar-se de forma "selvagem" a fazer interpretações de cunho dogmático, precipitado e invasivo. É um processo perigoso e destrutivo que consiste em enfiar material postiço e atrapalhador na mente do paciente, trazendo mais confusão ao aparelho mental do paciente do que o alívio esperado, fruto de compreensão.

[112] A psicanálise não objetiva "educar", até porque "educar" é tarefa impossível — assim como psicanalisar e fazer política — pois, pelo inconsciente, nenhum desses profissionais responde aos desejos de todos. Octave Mannoni, entretanto, pontua que, mesmo concordando com Freud, *"isso não impede que exista educação, pois numa hora alguém pode escutar"*. Mas a educação em Freud é extremamente delicada e cuidadosa, e marcada fundamentalmente (ou talvez apenas) pelo afeto ou emocional. Freud, obviamente, condenava a Psicanálise Selvagem — como todos nós (Anotações do Seminário Avançado Pesquisas Atuais em Educação Especial, questões não escolares, professor doutor Hiran Pinel, PPGE/UFES, janeiro de 2005, informação verbal).

AUTONOMIA, INCLUSÃO E EMANCIPAÇÃO: VIDAS EM CONSTRUÇÃO PARA ALÉM DOS LIMITES

Nesse mesmo sentido, a Audaciosa Espevitada — companheira existencial de Sangue Bom — mostra-se como *ser sendo*, ao longo de seu desenvolvimento infantojuvenil, como aquela que tem de operar e sofrer processo de cirurgias e tratamentos dolorosos. Pela "clínica do sujeito", ela demanda escuta do ajuda[dor]. O sujeito mostra seu desejo e ele é cuidado nesse seu desejo. Isso ocorreu com o Cidadão Pleno. Ele teve poliomielite e não quis cirurgias e tratamentos que lhe roubariam os melhores anos de sua vida — pois os pós-cirúrgicos e as fisioterapias são muito doloridos. Nesse sentido, ele afirma que

> [...] passaria muito tempo dentro de hospitais, clínicas, muita fisioterapia, você tem que fazer fisioterapia como de um atleta se recuperando de uma lesão, bem puxada. Cirurgias, dores, e dor não é fácil, muitas dores, uso de aparelhos, recuperação. Não foi medo, este não foi o meu ideal. Se fosse uma coisa mais rápida com uma possibilidade maior, eu teria tirado um tempo para aquilo. Possibilidade de andar com maior rapidez, mas esse não era o meu projeto de vida — deficiência não é doença [risos]. Se você tem alguma coisa que lhe causa dor, tudo bem (MACIEL JÚNIOR, 2006, p. 275).

Essa clínica demanda uma outra atitude do ajuda[dor]. Nas áreas das ciências humanas e sociais, fica mais clara essa questão e com menores crises éticas, pois, quando a situação é organicista, o sujeito pode demandar eutanásia (e como isso fica no mundo mesmo, dentro de um determinado contexto moralizante?). Tanto uma clínica quanto a outra encontram seus espaços-tempos de aceitação. O *ser sendo* é espaço-tempo, pois!

Por último, outro **conceito operatório** que emerge do *ser sendo* é o que Pinel compreende por "sujeito que se mostra nos modos de sendo si mesmo resiliente no cotidiano do mundo", que Colodete (2004) descreve Guia de Sentido Enfrenta(dor), dando um outro "colorido" ao termo[113].

A resiliência apreendida da experiência de Viktor Frankl "é justamente uma situação exterior extremamente difícil que dá a pessoa a oportunidade de crescer interiormente para além de si mesma" (FRANKL, 1997, p. 72), ele mesmo (Frankl) um resiliente, tendo produzido seu saber-

---

[113] "Resiliência" é um termo que parte inicialmente da física e transferido para os estudos das ciências humanas, que, mesmo experienciando adversidades, conseguem "sacudir a poeira e dar volta por cima, reconhecendo com isso que sentiu uma queda". O termo deve ser entendido no seu todo: "sujeito que se mostra nos modos de sendo si mesmo resiliente no cotidiano do mundo" — parafraseando a canção popular cujo autor é Vanzolini "Volta por cima" (1962), que fez muito sucesso na voz de Noite Ilustrada (Mário de Souza Marques Filho).

-sentido, a logoterapia[114], dentro dos campos de concentração nazistas pelos quais passou. A capacidade de resistir e crescer na adversidade não é um dom inato, uma característica rara de pessoas, que se "abrem à realidade", ocupam-se genética e generativamente de "vencer interiormente" e prospectivamente. A existência de uma liberdade interior que possibilita ao ser humano permane[cer] sendo pessoa humana, conservando a sua dignidade, mesmo diante do insuportável aparentemente absoluto (FRANKL, 1997, p. 66).

Trata-se, em minha visão de educador, de alguma coisa que pode ser ensinada e aprendida. A palavra "resiliência" é utilizada na física. Como numa aula, no curso de Física da UFES: é jogada uma esfera em tal velocidade "x" contra uma placa de forte metal. Essa placa se curva diante do estímulo recebido (choque/impacto da esfera), e automaticamente a placa faz seu movimento de retornar à posição original/inicial, empurrando/jogando a esfera de volta, com maior dificuldade de tempo "x".

A resiliência, isto é, a capacidade de a placa ter resistido ao impacto, é "cheia" de "metáforas" para a psicologia social. Observei que a placa retornou a sua posição original, apesar de ter ficado, vamos dizer, "ferida" com aquele impacto (a placa foi "machucada"). A placa, apesar de estar com uma marca (pelo impacto da esfera), estaria íntegra, não fosse a certeza de que ali houve uma marca produzida pela estimulação. Metaforicamente podemos refletir que a marca é [de]nunciadora de que ela (placa) sofreu e muito "com" o impacto.

A "marca" existirá e, mesmo "cicatrizando", "cicatrizada", ela pontua sua "[pre]sença". Isto é bom, se, agora passando para o mundo humano, a pessoa [con]viver saudavelmente com seu "drama", que "lá está" para lembrá-la de que "viver é difícil", e sendo-nos permitido [re]conhecer nosso "ser-jogado-no-mundo", diante da finitude de ser. Daí, dessa incerteza, fazemos emergir nossa responsabilidade de cuidar do nosso modo-de-cuidar, e continuar ser (estar sendo) (PINEL, 1989, p. 23).

---

[114] Concordamos com Pinel quando ressalta que o termo "Logos" é igual a sentido. A questão do sentido, ou "logos", é decidida na mente do indivíduo e não pode ser respondida exceto no contexto de uma situação específica, concreta. Sentido é o rumo ou orientação que toma o sujeito diante de uma experiência. O outro termo, "terapia", significa cuidado, tratamento ou cura. Trata-se de uma proposta existencial de cuidado em psicologia clínica em que se pretender resgatar a "vontade de sentido" que todo sujeito traz dentro de si, encontrando "sentido na sua vida", uma vida que constantemente o interroga: Sua vida tem sentido? (Anotações dos Estudos Independentes: uma perspectiva fenomenológica, professor doutor Hiran Pinel, PPGE/UFES, fevereiro de 2005, informação verbal).

## 7.2 Vidas que emergem

Fazendo a *epoché* dos invólucros — ciências positivas, cartesianismo, matematização do mundo, [pré]conceitos, padrões, clínica médica, estigmas, diagnósticos, superespecializações, educação especial (deficiência), emerge a pessoa concreta que eu sou, que todos nós somos. Sujeitos concretos no mundo. Sujeito que é corpo vivo e que permite a intersubjetividade. Sou eu sujeito e o outro sujeito pelo qual sou responsável eticamente, pois ele que é rosto está diante de mim. Juntos somos pessoas de horizonte aberto para o mundo-da-vida e juntos, mediatizados pelo mundo sócio-histórico, libertamos. Nesse sentido, o sujeito fenomenológico da educação especial não existe, esse sujeito é o outro que está diante de mim.

Suspender os invólucros e permanecer conscientemente direcionado para o fenômeno deficiência, em um processo de perceber o que se mostra quando cada invólucro é colocado entre parênteses ou em suspenso, até chegar ao fenômeno mesmo, a pessoa concreta, o sujeito encarnado. A busca desta trajetória foi uma mudança de olhar em relação à atitude natural para alcançar a transcendentalidade do *ser sendo*.

A sociedade está equivocada quanto à deficiência, com relação às pessoas que se diferenciam. Não é a Audaciosa Espevitada ou o Cidadão Pleno que são deficientes. A sociedade não cria estratégia para que tais pessoas tenham acesso às coisas, ao mundo.

A maioria também é deficiente, e os meus limites e deficiências são parte da vida, assim como o prazer e a dor estão estreitamente ligados. Paraplégicos, autistas e pessoas com reumatoide são alguns, são possibilidades de viver e de ser humano. Diversidades que produzem toda a riqueza de aprendizagem e crescimento no mundo-da-vida. No "padrão da vida", também está a "[defi]ciência", a dor e o sofrimento, que não são estranhos ao corpo vivo (FRANKL, 1997, p. 102). Todas estas coisas somadas ao afeto nos colocam em relação com o mundo, com o exterior, com o outro.

O "normal" da natureza é a pessoa perder todas as suas potências vitais. Você pode perder as potências vitais no meio da sua vida. Um acidente trágico, por exemplo. Foi o que aconteceu com o jornalista Frank Gardner, da BBC de Londres, que perdeu sua mobilidade ao ser alvejado por dois militantes muçulmanos. Hoje é uma pessoa paraplégica, que teve de redimensionar generativamente a sua vida, vendo o próprio futuro de outra forma, a subjetividade em outra direção, e passou a viver como uma pessoa que tem antecipadamente, em sua vida, a imobilidade.

Gardner, nos seus modos de *ser sendo* no mundo, transformou-se em um usuário de cadeiras de rodas após ser alvejado por dois homens quando trabalhava na Arábia Saudita. Em entrevista concedida à Elizabeth Choppin sobre o seu retorno ao trabalho, seus planos e por que estava feliz a ponto de chamar a si mesmo de "sofredor", Frank fala da mudança em sua vida: "uma pessoa que andava e agora alguém que anda com cadeiras de rodas" (GARDNER, 2005, s/p).

Ele e um colega de trabalho, o câmera Simon Cumbers, foram atingidos; Frank ficou gravemente ferido, e Cumbers morreu no local. Sobreviveu pelo rápido atendimento de uma equipe médica especializada em feridas de balas.

Trabalhou nos bastidores da Rede de televisão BBC tão logo recuperou a sua saúde. Em 2013 Frank voltou a visitar a Arábia Saudita e percebeu diferenças em relação à última visita. No saguão de desembarque havia cafeterias internacionais, viajantes ocidentais de bermudas, e funcionários da alfândega amistosos. Em 2020 já atuava como defensor dos direitos das pessoas com deficiência gora ele está trabalhando nos bastidores das reportagens. Como sua experiência afetou seus modos de ser sendo no mundo? Continuará a fazer viagens como jornalista, agora usando cadeiras de rodas? "Eu provavelmente não farei tanto quanto anteriormente porque, por exemplo, as ruas traiçoeiras de Yemen não são muito favoráveis para quem usa cadeiras de rodas" afirma Frank Gardner (2005). A sociedade não lhe permite a acessibilidade.

Por outro lado, há lugares mais acessíveis, com barreiras ainda a serem superadas. Gastará mais tempo nos estúdios da BBC, o que ele afirma ser acessível, exceto por um par de portas muito pesadas. A maior mudança para Frank como *ser sendo* deficiente está no [re]aprendizado do como [con]viver com a deficiência. Ele afirma: "focalizar no positivo é crucial, porque 'estou muito deprimido' para pensar sobre no que foi perdido" (GARDNER, 2005).

Nesse sentido, observou o tratamento que tem recebido agora e que é diferente de quando era uma pessoa não deficiente. "Pessoas se movem afastando ou ajudando — mas não de uma maneira paternalista". Frank admirou-se muito quando o *maitre* em um restaurante de Londres o trouxe para o primeiro lugar da fila para ser servido antes de todos. Diz não se relacionar com pessoas que "fingem que ele não é deficiente" e diz que há uma diversidade no que chamamos "deficiência"; que as experiências de duas pessoas diferentes nunca são as mesmas (GARDNER, 2005).

Existe um guia de terminologia correta para os jornalistas que escrevem sobre pessoas com deficiência. Frank "não se importa com a censura" e defende seu direito de dor nos seus modos de ser deficiente, e chama a si mesmo de "sofredor". "Se tenho uma dor", Frank questiona, "por que devo escondê-la?" "Eu sou em primeiro lugar um jornalista... Eu gosto de chamar uma pá de pá". Como jornalista, ele quer escrever o fato, mas quer falar/sentir a sua dor, que é o fato mais evidente numa sociedade hedonista, que só admite o prazer. Frank fala e vive a sua emoção (GARDNER, 2005).

Mas o que dizer sobre termos como "aleijado" ou "retardado"? São tipos de descrições que querem perpetuar apenas os estereótipos? Pergunta-lhe Choppin: "É bom questionar estes termos descritivos?". Diz Frank: "mas sou extremamente contrário a dizer para as pessoas o que elas podem e/ou não podem escrever" (GARDNER, 2005). Antes e depois do acidente, Frank, nos seus modos de *ser sendo*, é aberto ao mundo, e como tal ele compreende que sua vida e seus horizontes são ampliados para viver comunitariamente.

Ao nomear a dor, articula-se o meio ambiente para abordar o sujeito. As palavras podem ser apoios para condutas que ajudem o sujeito que está chegando. O diagnóstico clássico são palavras que podem ser usadas para apoiar, para acolher os sujeitos — ao chegar uma pessoa cadeirante, atenderei adequadamente? A palavra por si só não gera nada, mas o sentido que damos a elas pode produzir cuidado e apoio.

Um acontecimento do cotidiano pode me levar à loucura. A pessoa poderá redimensionar sua vida de outra maneira. Uns encontram forças para suportar a vida, outros enlouquecem. Para o cartesianismo, isto é visto como mau funcionamento da máquina. Bock (1999, p. 356), estudando a loucura, afirma que não devemos nos esquivar do enfrentamento da questão da loucura, do sofrimento do outro, mas talvez possamos começar a "ver" diferentemente. Ela afirma que "a loucura é construída ao longo da história de vida do indivíduo. Essas vivências ocorrem em um determinado tempo histórico e espaço social definido" (BOCK, 1999, p. 356)[115].

O que chamo de loucura no outro é o modo de ser do outro para encarar as grandes adversidades na vida. Um modo de viver é viver como louco, e alguns o escolhem, pois é uma maneira de suportar a dor. Para o mundo cartesiano, é um modo negativo de funcionamento da máquina.

---

[115] Ver também os estudos de Foucault (1979) no capítulo 7, "A casa dos loucos", p. 113-128.

A fenomenologia aponta para o sujeito com todas essas possibilidades; o maluco do bairro tem os seus modos de *ser sendo* — ele aceita o toque e a conversa com ele, outros não aceitam o seu toque e são agressivos. São deficientes para essa sociedade. O diferente que perturba a nossa dor porque nós sabemos que vamos ficar como ele.

# 8

## IMPLICAÇÕES (PSICO)PEDAGÓGICAS DESTE ESTUDO

*O sentido exige uma exterioridade, uma transcendência,*
*pois ele não se encontra no eu, mas sim no outro.*
*(KUIAVA, 2005, p. 476)*

A educação deve ancorar-se na experiência ética que se realiza na relação com o outro, respeitando a sua dimensão de alteridade. É justamente na relação intersubjetiva que a racionalidade ética busca a fonte de sentido. As relações pedagógicas, assim como a filosofia, também consistem em dar vida à ética, cujo princípio fundante e fundamental não é apenas a busca do conhecimento, mas a promoção do humano em todas as suas dimensões. Nesse sentido, Kuiava[116] afirma que:

> [...] primeiro, entende-se que a relação pedagógica não precisa seguir a mesma lógica da busca de conhecimento; segundo lugar, o processo crítico deve questionar a liberdade do exercício da racionalidade técnico-científica e conduzir o ensino para além da mera objetivação da realidade. Isso implica uma nova revolução copernicana, um novo giro ético, político e pedagógico (KUIAVA, 2005, p. 469).

Com base no artigo de Kuiava (2005) "A relação ética, o filosofar e o ensino da filosofia: uma abordagem a partir de Lévinas" e no relacionamento com os colaboradores, a nossa compreensão das relações pedagógicas pode ser ampliada em seus horizontes no contexto dessa região de inquérito com os passos a destacar:

a. Devem ancorar-se na experiência ética que se realiza na relação com o outro, respeitando a sua dimensão de alteridade;

---

[116] Kuiava participa de pesquisas na área da ética, especificamente em torno à crítica do pensamento de E. Lévinas, fez traduções de obras do autor, editadas pela editora Vozes, e por produção de bom número de artigos e livros — publicados especialmente pela EdiPUCRS — atinentes ao conjunto da obra em questão e a interfaces com outras escolas e linhas de pensamento filosófico.

b. No processo do ensinar/aprender, o encontro face-a-face é uma presença de não representação, de não objetivação ou de desvelamento;

c. A exigência ética não se impõe a um conhecimento já constituído; ao contrário, precede-o, sendo o próprio princípio de identificação do sujeito do conhecimento;

d. O acontecimento ético possui uma estrutura relacional entre os sujeitos, sem anular a singularidade de cada um. É dessa relação heterônoma que se instaura uma racionalidade ética na educação;

e. Na relação pedagógica, o sujeito, o outro, coloca em questão o "eu", pela [pre]sença do outro e pela exigência de uma resposta que se traduza em respeito e responsabilidade, destituindo o "eu" autônomo e monológico, fonte de todo o sentido nas relações com base na razão autônoma;

f. A significação vem de fora, do outro, para além do ser, fazendo com que a interioridade do "eu" (razão autônoma) não seja a fonte última de sentido do humano. Na relação pedagógica libertadora, o poder do "eu" sobre o outro não poder ser exercido; a alteridade do outro é anterior a toda e qualquer iniciativa, é a priori;

g. O outro não faz parte do conteúdo de uma consciência, está fora do sistema teórico. Ele é inteiramente outro, é corpo encarnado (MERLEAU-PONTY, 1994), verdadeira transcendência que não se integra no horizonte do eu, não é uma coisa para a opressão (FREIRE, 2005; DUSSEL, 1995). A experiência intersubjetiva não é sintetizável; ao contrário, rompe com toda e qualquer unidade a priori transcendental. Ela não ocorre em uma síntese conceitual, mas no diálogo, face-a-face dos interlocutores, na sociedade, no seu significado moral, afirma Lévinas (1980, p. 67);

h. A responsabilidade não nasce de uma boa vontade, de um eu que quer se comprometer com o outro. A responsabilidade nasce como resposta. Ela caracteriza e identifica o sujeito ético como único e imediatamente para-o-outro. A responsabilidade é o existencial primeiro do universo verdadeiramente humano;

i. O mais alto grau de transparência na relação com o outro está para além das mediações. Do contrário, submeter-se-ia ao uso teórico e soçobraria na total insignificância;

j. Isso quer dizer que a presença inquiridora do outro não suprime o saber, pois este é a sua própria articulação. A possibilidade de tematização, que ocorre em um diálogo, já está fundada sobre a luz da significação primordial da presença da alteridade;

k. A novidade que possa aparecer não provém de quem a recebe, ou seja, não é desvelamento, mas revelação. O outro é sempre mais do que se possa dizer sobre ele;

l. Nomear o outro é, de algum modo, reduzi-lo ao objeto, a uma coisa. A palavra "ética" mostra aquilo que o eu não tem nada a proferir, por torna-se completa passividade; e,

m. É necessário adotar uma atitude receptiva, e deixar o outro falar; falar com o outro é responder a ele com sentido; responder a ele e ante ele. A presença do outro converte-se em palavra quando o eu permite falar e se coloca na posição de escuta. Deixar o outro falar é entregar-se a uma aventura ética cujo final, por ser assim, desconhece-se. Nada se sabe o que vai ocorrer, que transformação vai sofrer a sua existência, seu pensamento, enfim, a sua vida. Acolher, ouvir o outro que fala quebra a seguridade do eu, a certeza de si mais absoluta. A palavra dita pelo outro volta a dizer e cobra uma atitude de vida. A palavra do outro inquieta, sacode, não produz seguridade.

## 8.1 [Des]velando a compreensão do objetivo focalizado

O cuidado do educador é para com Sangue Bom, Audaciosa Espevitada e Cidad*ão Pleno,* e não é um cuidado focado no autismo, na artrite reumatoide ou na paraplegia. Nesse cuidar dos modos de **ser sendo** do outro, deve-se olhar para o autismo, para a artrite reumatoide ou para paraplegia como únicos a fim de trabalhar as dificuldades específicas dessa pessoa, para perceber as suas necessidades. Se se universalizar essas doenças querendo ver, em todas as pessoas com autismo, com reumatoide ou com paraplegia, as mesmas características descritas como universais, *não* se verá assim a pessoa que está face-a-face — ela *não* se revelará. O nosso cuidar é dirigido a Sangue Bom, Audaciosa Espevitada e Cidad*ão Pleno.*

Ao longo de minha trajetória, não busquei explicações ou adquirir conhecimentos abstratos sobre o autismo, a reumatoide ou a paraplegia, mas busquei o desvelar do outro para a minha compreensão como sujeito transcendental, o sujeito encarnado envolvido comigo existencialmente.

Quando minha relação com o outro me faz vê-lo tanto na sua dimensão de singularidade quanto na sua alteridade, a relação é outra. Será a relação de alguém que faz parte de um mesmo corpo-humanidade e do mundo-da-vida, em uma relação de dois seres humanos, de duas pessoas tão singulares e, ao mesmo tempo, estranhas que a revelação do outro é sempre uma "glória numinosa". A relação tem sido emancipatória tanto para mim quanto para eles. Não tenho sobre o outro uma explicação sobre o que ele tem, o porquê de sua deficiência, ou o entendimento dos seus diagnósticos. Se nesse sentido fizesse minha trajetória, não haveria o [des]velar, o perceber, numa relação ética absoluta. Portanto, eu não aprendi sobre a deficiência de cada um deles para dominá-los ou controlá-los, ou para conhecer cada deficiência.

O meu interrogar não foi: o que é a deficiência? Se fosse, falaria sobre a deficiência. Ao formular a pergunta dessa maneira, como é comumente formulada, colocar-me-ia fora da deficiência, distanciado dela. A resposta é uma resposta simples e, geralmente, quando mais elaborada, geraria uma denominação ou uma definição, quase sempre incompleta. Assim, as "deficiências" receberam a sua denominação. Um dia se perguntou: o que está acontecendo com a Audaciosa Espevitada? Como lhe apareceu essa reumatoide juvenil? Como o Cidadão Pleno se tornou cadeirante? A resposta será simplesmente em termos de causalidade. Algo aconteceu que tornou essas pessoas "deficientes". As explicações passam a ser em torno da causalidade de acontecimentos. A "deficiência" é, então, vista como um comportamento externo, visível, objetivo, com uma ou múltiplas causas, cuja principal causa na maioria das vezes não é identificada. Resultam daí conceitos explicativos gerados quer pelo senso comum, quer pelo pensar controlado das ciências positivas.

O que parece não ser percebido é que, apresentando as causas da "deficiência" e oferecendo tanto aos profissionais que lidam com as "deficiências" (eles lidam com as "deficiências") como aos próprios "deficientes" as normatizações prontas, transforma-se a deficiência numa simples presença à mão, não lhe atribuindo o seu ser. A "deficiência", para muitos profissionais, está no mundo dos fatos, por isso é tratada de maneira factual. "A 'deficiência' é vista em sua onticidade e não em sua existência ontológica" (MEIRA, 1983, p. 85). Ver a "deficiência" em sua existência ôntica, portanto, como algo fora do sujeito, é atribuir-lhe uma existência separada do sujeito. Se houver crença apenas na razão autônoma, no entender apenas pela racionalidade, tal crença impedirá de chegar à eidética, afastando-se da compreensão do fenômeno.

> A angústia não é somente sua, eu também me sinto nadando contra a corrente, quando ouço minhas alunas de Pedagogia e Normal Superior, dizendo que é impossível lecionar para pessoas com deficiências; que elas não estão preparadas; tento fazê-las entender que o deficiente é uma pessoa e ponto, e que como tal tem os mesmos direitos que qualquer pessoa; tento desmistificar esta história do deficiente, e não da pessoa com deficiência. Mas vejo que a intolerância é muito grande, a não aceitação é enorme, a insensibilidade então, nem se fala... [...] Como dizem alguns, é mais uma moda que vai passar?? Eu não acredito nisso, não mesmo, então o jeito é continuar nadando contra a corrente... e um dia sensibilizar a nação para este fato real... (ESTELA, 2006).

Quando pesquisas do tipo cartesiana são realizadas com ênfase na relação normal/anormal, o que se mostra nas definições, classificações e [pré] juizos é a "deficiência" vista como separada do sujeito, tornando impossível integrar o sujeito e a "deficiência" em uma unidade ou ver o "deficiente" nos seus modos de ser "deficiente" (MEIRA, 1983 p. 86). Um modo de *ser sendo* não é um novo ser. É uma maneira de o próprio ser estruturar-se e desvelar-se. O modo de *ser sendo* "deficiente" revela de maneira concreta como é o ser humano.

Em nossa trajetória com a fenomenologia existencial, o mundo é o mundo-da-vida, no qual estamos situados e onde não há a dicotomia cartesiana sujeito/objeto, já que o sujeito vive encarnado nesse mundo e está intencionalmente correlacionado com ele por meio de sua consciência aberta, direcionada para ele, e em uma experiência direta com ele. Assim, ele é pessoa encarnada, habita e vive seus *modos de ser sendo* no mundo em uma relação existencial com o mundo.

O mundo, para o sujeito, é cheio de significado e sentido, e o sujeito lhe atribui os significados dos seus modos de ser sendo. É sua forma de existir e [co]existir, de estar presente, de transitar pelo mundo e de relacionar-se com todas as coisas do mundo. Nisso tudo aí mesmo, o ser humano vai construindo seu próprio ser, dando sentido à sua vida e se apropriando do que lhe está disponível.

Se não habitar sua deficiência, será difícil perceber as posturas que adota, os mecanismos desenvolvidos para evitar as dificuldades que a deficiência lhe impõe. Sua percepção é uma percepção imanente, que não transcende a deficiência.

Habitar o próprio corpo significa perceber o que acontece com ele. Habitar o corpo como *modos de ser sendo* no mundo como ele se expressa no surgimento de cada possibilidade da deficiência é tornar-se sensível, é tornar-se consciente, é dirigir intencionalmente sua consciência para a [defi]ciência que se manifesta no seu corpo para superá-la. Sendo o habitar a deficiência como um modo de *ser sendo*, haverá envolvimento significativo com ela, e a aceitação de que ela existe, em sua existência ontológica, e está-aí, para ser [des]velada. A pessoa com [defi]ciência como o seu *ser sendo* supera a dicotomia normal/anormal por meio dessa transcendência.

A pessoa com deficiência que, como *ser sendo*, experimenta a sua própria "[defi]ciência" correlacionará seu ato de refletir sobre a experiência de *ser sendo* uma pessoa com deficiência com o *eidos* do fenômeno percebido. Uma pessoa com uma deficiência correlaciona-se intencionalmente com o *ser sendo* deficiente, formando uma unidade, passando, assim, a habitar a sua deficiência. A deficiência vista desta forma não atua mais sobre o sujeito, mas faz parte dos seus modos de *ser sendo* no mundo. A pessoa com uma deficiência tem sua deficiência como forma de existir no mundo.

## 8.2 A dissolução dos invólucros

Nenhum dos três colaboradores segue seus respectivos caminhos lutando para esconder seus *modos de ser sendo* deficiente, negando a sua existência. O caminhar deles com a "[defi]ciência" passou, então, a ter outras características, torna-se um caminho mais fácil, em que se constata um crescente aumento da alegria de viver, uma diminuição dos invólucros e um crescente aceitar-se, a construção de sua vida conforme os *seus modos de ser sendo no mundo*. Eles perceberam o sentido que aponta para a [defi]ciência como fenômeno.

Eles têm o sentido de profundidade, em direção à liberdade, já tomada a consciência de seu corpo, em direção ao conviver com a [defi]ciência, isto é, ao atribuir-lhe existência, ao viver em propriedade com ela, ser autêntico com ela, dissolver os invólucros e atingir a *eidos* da [defi]ciência.

O comportamento deles diante da [defi]ciência e do mundo que os rodeia e seus estados de mente superaram o julgamento da [defi]ciência como algo ruim; tampouco atribuem seu próprio julgamento a outras pessoas, situam-se apropriadamente em uma percepção mais real de si e dos outros.

Foi dito que, na medida em que o "deficiente" tenta ocultar a [defi] ciência, ele consegue apenas envolver o fenômeno e acentuar a [defi]ciência como comportamento. Ao contrário, na medida em que ele caminha em direção ao fenômeno, dissolve os invólucros, aprende a viver em propriedade com a [defi]ciência; ela, então, surge mais livre, menos acompanhada por tensões, e os seus *modos de ser sendo* no mundo são construídos mais adequadamente, superando barreiras, alcançando direitos, alcançando seus desejos.

Este é o fenômeno [defi]ciência, quando a [defi]ciência se mostra no seu *eidos*, que surge e permanece como possibilidade de *ser sendo* no mundo. Sendo uma possibilidade, a "[defi]ciência" não pode ser definida e classificada. O conceito "cura" precisa, então, ser repensado. A "[defi]ciência" em seu *eidos* permanece como possibilidade.

Da percepção do fenômeno "[defi]ciência", decorre a constatação de que a decantada complexidade da "[defi]ciência" não existe. A "[defi]ciência" é simples em sua pureza. Os que não a veem a imaginam complexa, quando são vistos apenas os invólucros sócio-historicamente construídos pelas ciências naturais difusamente percebidas pelos conceitos e denominações das ciências instrumentais.

# 9

# [IN]CONCLUSÕES

Ao divulgar aos seus pares um estudo conduzido segundo o referencial fenomenológico, o interrogador pretende estabelecer a intersubjetividade, pois, segundo esse referencial, é por meio dela que se chega à objetividade.

Trata-se de uma objetividade a ser obtida em perfis, em perspectivas. O interrogador terá em mente que suas buscas, suas dúvidas, seu exercício de compreender sempre prosseguem, nunca estarão concluídos, pois haverá sempre novas verdades a serem apresentadas, construídas e percorridas.

Há que se dizer, ainda, que os significados que o interrogador pode detectar nas descrições têm como referência a totalidade das experiências vividas pelo sujeito e que essa totalidade vai além da consciência explicitada pelo sujeito. Dessa forma, haverá sempre uma região não expressa e que permanece oculta. Por isso, as dúvidas sobre alguma coisa surgirão, e, quando surgirem, ele interrogará continuadamente.

Quem são os cadeirantes, negros e pobres? Ou as Audaciosas Espevitadas com reumatoide juvenil pobres, os Sangue Bom pobres e negros, cegos, surdos, deficientes mentais pobres e negros?

Coloquei, ao longo de minha caminhada, minhas ideias preexistentes entre parênteses. Durante a minha trajetória de inspiração fenomenológica, eu busquei colocar entre parênteses a mim mesmo: meus preconceitos, meu positivismo, meu dualismo, minhas ideias de normal/anormal, meu arraigamento com o certo e o errado. Em alguns momentos, pareceu que estava sem chão para pisar, um chão que nunca esteve lá, mas que sempre pensei que estivesse, e ainda é difícil se livrar dele, pois sempre há muitas pessoas que estão me o puxando para ele, já que o chão existe para elas.

A verdade, no encontro com os sujeitos da educação, não são ideias, rótulos, deduções ou estigmas, mas sim o "outro" que está diante de mim. O "outro" para quem dirijo o meu olhar e que olha para mim. Nós estamos face-a-face.

Uma sociedade majoritariamente cartesiana. A linguagem matemática não dá conta de compreender o mundo e a vida. Se assumo a linguagem cartesiana, eu vou usar o padrão e ver a deficiência. Vou apontar para a pessoa, o sujeito coletivamente, ver a pessoa. Se ele quer pôr uma prótese, o médico verá qual a melhor prótese, mas o médico não pode dizer: "Venha aqui pôr uma prótese". A pessoa é quem pede. Roberto Carlos queria ser um cantor famoso, então quis a prótese. O sujeito da educação sócio-historicamente construído quer a prótese. O desejo e as demandas são construídos sócio-historicamente; idealmente no futuro, as demandas serão respondidas na sociedade. Todos seriam comuns generativamente. A educação especial, enquanto estatuto, aparece para responder às demandas deste daqui. A prótese é uma construção cartesiana. O sujeito deficiente sócio-historicamente chamado é comum, o sujeito deficiente é comum. O autismo do Sangue Bom, a doença da Audaciosa Espevitada e a paraplegia do Cidadão Pleno são comuns, até o solipsismo é algo do homem, o autismo é a radicalidade do solipsismo; há momento que eu quero ficar só, e até um pouco de "autismo" eu preciso na minha vida.

Ele sai compreendendo-se melhor; dentro da luz da fenomenologia, não existe diferença entre educação e filosofia, e isso possibilita a relação o discurso do normal e anormal. A busca do vivido é intervenção, e sua presença vai provocar o outro, não é uma intervenção educativa clássica, mas o conversar. Possibilitar a fala do outro e escrever o que ele disse é intervenção.

Ele sai compreendendo-se melhor e capaz de ações mais efetivas, por isso, dentro da luz da fenomenologia, também não há diferença essencial entre pesquisa e atendimento psicológico e psicoterapia, entre pesquisa e educação e intervenção. A aproximação do vivido desencadeia mudanças no sujeito — é como uma volta à fonte.

Educação pode ser um resgatar dos desejos dos sujeitos. Os diagnósticos que não geram nenhuma prescrição pedagógica deveriam ser descartados; se não vão provocar nenhuma adaptação curricular, a descrição e a revelação do sujeito do seu "rosto" (Lévinas) será uma trajetória que apontaria para o sentido e com horizontes abertos para novas prospecções. Colocar os conceitos das ciências positivas entre parênteses, assim como os estigmas que a sociedade e as dicotomias criaram, destacará a humanidade comum que nos nivela e que demanda compreensão de cada singularidade, como também deixará aberto o horizonte da diversidade do mundo-da-vida.

# REFERÊNCIAS

AINSCOW, Mel. Educação para todos: torná-la uma realidade. *In:* AINSCOW, Mel; WANG, Margaret; PORTER, Gordon. **Caminhos para as escolas inclusivas**. Lisboa: Instituto de Inovação Educacional, 1996. p. 11 – 31.

AMARAL, Ligia Assumpção. **Conhecendo a deficiência**: (em companhia de Hércules). São Paulo: Robe, 1995. (Encontros com a psicologia).

AMARAL, Ligia Assumpção. Sobre crocodilos e avestruzes: falando de diferenças físicas, preconceitos e sua superação. *In:* AQUINO, J. A. (org.). **Diferenças e preconceito na escola**. São Paulo: Summus, 1998. p. 11 – 30.

ANACHE, Alexandra Ayach. A educação especial como tema de referência no Programa de Pós-Graduação em Educação. *In:* JESUS, Denise Meyrelles de *et al.* (org.). **Pesquisa e educação especial**: mapeando produções. Vitória: EDUFES, 2005. p. 47-57.

ANACHE, Alexandra Ayach. As contribuições da abordagem histórico-cultural para a pesquisa sobre os processos de aprendizagem da pessoa com deficiência mental. *In:* BAPTISTA, Cláudio R.; CAIADO, Katia Regina Moreno; JESUS, Denise Meyrelles de (org.). **Educação especial**: diálogo e pluralidade. Porto Alegre: Mediação, 2008. p. 219-243.

ANDERSON, Perry. Balanço do Neoliberalismo. In: SADER, Emir & GENTILI, Pablo. **Pós-neoliberalismo**: as políticas sociais e o estado democrático. São Paulo, Paz e Terra, 1995. p. 9 – 23.

ARDUINI, Juvenal. **Destinação antropológica**. São Paulo: Paulinas, 1989.

ARISTÓTELES. Metafisica: livros IV e VI. In: **Clássicos da Filosofia**: cadernos de tradução. Universidade Estadual de Campinas. Instituto de Filosofia e Ciências Humanas da Universidade Estadual de Campinas. n. 1 (2002). Campinas: UNICAMP/IFCH, 2007. Tradução, introdução e notas Lucas Angioni. São Paulo: UNICAMP, 2007. (Clássicos da Filosofia: cadernos de tradução n° 14).

ASSMANN, Hugo. **Reencantar a educação**: rumo à sociedade aprendente. Petrópolis: Vozes, 2003.

BAPTISTA, Cláudio Roberto. Sobre as diferenças e desvantagens: fala-se de qual educação especial. *In*: MARASCHIN, Cleci *et al.* (org.). **Psicologia & educação**. Porto Alegre: UFRGS, 2003. p. 45 – 56.

BEAUCHAMP, Jeanete. Educação especial: relato de experiência. *In*: PALHARES, Marina Silveira; MARINS, Simone Cristina (org.). **Escola inclusiva**. São Carlos: EdUFSCar, 2002. p. 99-104.

BELLO, Ângela Alves. **Fenomenologia e ciências humanas**: psicologia, história e religião. Bauru: Edusc, 2004.

BERTUOL, Patricia de Oliveira Assumpção. **Tratados internacionais e as políticas públicas educacionais no Brasil**. 2020. Dissertação (Mestrado em Educação Escolar) – Programa de Pós-Graduação em Educação Escolar, Faculdade de Ciências e Letras, Universidade Estadual Paulista Júlio Mesquita Filho, Araraquara, 2020.

BÍBLIA. Português. **Bíblia sagrada**. Nova tradução na linguagem de hoje. Barueri: Sociedade Bíblica do Brasil, 2000.

BOCK, Ana Mercês Bahia; FURTADO, Odair; TEIXEIRA, Maria de Lourdes Trassi. **Psicologias**: uma introdução ao estudo da Psicologia. 13. ed. reformulada e ampliada. São Paulo: Saraiva, 1999.

BOFF, Leonardo. **Saber cuidar**: ética do humano-compaixão pela terra. Petrópolis: Vozes, 2004.

BONAMIGO, Gilmar Francisco. A proximidade do outro. **Redes**: Revista Capixaba de Filosofia e Teologia, Vitória, ES, ano 2, n. 4, p. 145-158, jan./jun. 2005.

BONAMIGO, Gilmar Francisco O problema do homem: algumas considerações filosóficas. **Sofia**: Revista de Filosofia, Vitória, ES, ano 3, n. 4, p. 9-31, jul. 1997.

BORNHEIM, Gerd Alberto. **Introdução ao filosofar**: o pensamento filosófico em bases existenciais. 9. ed. São Paulo: Globo, 2009.

BUENO, Enilda Rodrigues de Almeida. Fenomenologia: a volta às coisas mesmas. *In*: PEIXOTO, Adão José (org.). **Interações entre fenomenologia & educação**. Campinas: Alínea, 2003.

BUENO, José Geraldo Silveira. Processos de inclusão/exclusão escolar, desigualdades sociais e deficiência. *In*: JESUS, Denise Meyrelles de *et al.* (org.). **Pesquisa e educação especial**: mapeando produções. Vitória: EDUFES, 2005. p. 105-124.

BUFFA, Éster; NOSELLA, Paolo. **A educação negada**: introdução ao estudo da educação brasileira contemporânea. 2. ed. São Paulo: Cortez, 1997. (Biblioteca da educação. Série 1. Escola; v. 17).

CARMO, Paulo Sérgio do. **Merleau-Ponty**: uma introdução. São Paulo: Educ, 2004. (Trilhas).

CATARSE. *In*: CUNHA, Antônio Geraldo de. **Dicionário etimológico da língua portuguesa**. Rio de Janeiro: Nova Fronteira, 1982. p. 135.

CAVALCANTE, Fátima Gonçalves. **Pessoas muito especiais**: a construção social do portador de deficiência e a reinvenção da família. 2002. Tese (Doutorado em Saúde Pública) – Escola Nacional de Saúde Pública, Fiocruz, Rio de Janeiro, 2002.

CAVALIERI, Edebrande. **A via a-téia para Deus e a constituição de uma ética teleológica a partir do pensamento de Edmund Husserl**. 2005. Tese (Doutorado em Ciência da Religião) – Pós-Graduação em Ciências da Religião, Faculdade de Filosofia e Ciências da Religião, Universidade Metodista de São Paulo, São Bernardo do Campo, 2005.

CAYGILL, Howard. **Dicionário Kant**. Rio de Janeiro: Jorge Zahar, 2000.

CHAUI, Marilena. **Convite à filosofia**. 7. ed. São Paulo: Ática, 2000.

CHAUI, Marilena. Marilena. Heidegger, vida e obra. *In*: HEIDEGGER, Martin. **Conferências e escritos filosóficos**. São Paulo: Abril Cultural, 1979. p. V-XII. (Os pensadores).

CHAUI, Marilena. Husserl (1859-1938), vida e obra. *In*: HUSSERL, Edmund. **Investigações lógicas**: sexta investigação: elementos de uma elucidação fenomenológica do conhecimento. São Paulo: Abril Cultural, 1980a. p. VI-XIV. (Os pensadores).

CHAUI, Marilena. Maurice Merleau-Ponty (1908-1961), vida e obra. *In*: MERLEAU-POINTY, Maurice. **Maurice Merleau-Ponty**: textos escolhidos. São Paulo: Abril Cultural, 1980b. p. VI-XIV. (Os pensadores).

CIAMPA, Antônio da Costa. **A estória do Severino e a história da Severina**: um ensaio de psicologia social. São Paulo: Brasiliense, 2001.

COGITO. *In*: SARAIVA, Francisco R. dos Santos. **Novíssimo dicionário latino--português**: etimológico, prosódico, histórico, geográfico, mitológico, biográfico etc. 11. ed. Rio de Janeiro; Belo Horizonte: Livraria Garnier, 2000. p. 241.

COLODETE, Paulo Roque. **Sobre meninas na tempestade**: um estudo de caso a partir de uma "inter(in)venção psicopedagógica". 2004. Dissertação (Mestrado em Educação) – Programa de Pós-Graduação em Educação, Universidade Federal do Espírito Santo, Vitória, 2004.

CUNHA, Antônio Geraldo de. **Dicionário etimológico da língua portuguesa**. Rio de Janeiro: Nova Fronteira, 1982.

CURAR. *In*: SARAIVA, Francisco R. dos Santos. **Novíssimo dicionário latino--português**: etimológico, prosódico, histórico, geográfico, mitológico, biográfico etc. 11. ed. Rio de Janeiro; Belo Horizonte: Garnier, 2000. p. 328.

DARTIGUES, André. **O que é fenomenologia?** Rio de Janeiro: Eldorado, 1973. (Quid).

DECLARAÇÃO de Salamanca. Apresentada à Conferência Mundial sobre Necessidades Educativas Especiais, Acesso e Qualidade. Salamanca: Unesco, 1994.

DEMO, Pedro. **Metodologia cientifica em ciências sociais**. São Paulo: Atlas, 1985.

DEMOCRITO de Abdera. Fragmentos. In: **PRÉ-SOCRÁTICOS**: fragmentos, doxografia e comentários. Seleção de textos e supervisão José Cavalcante de Souza. Dados biográficos de Remberto Francisco Kuhnen. 2. ed. São Paulo: Abril Cultural, 1978 (Os Pensadores). p. 309 – 360.

DESCARTES, René. **Discurso do método; Meditações; Objeções e respostas; As paixões da alma; Cartas**. Introdução de Gilles-Gaston. Prefácio e notas de Gérard Lebrun. 2. ed. São Paulo: Abril Cultural, 1979. (Os pensadores).

DONATO, Caio Augusto. **Desafiando a Síndrome de Down**. São Paulo: EDIS-PLAN, 1998. (Deficiência mental)

DUARTE JUNIOR, João-Francisco. **Itinerário de uma crise**: a modernidade. 2. ed. reimpressão. Curitiba: UFPR, 2002.

DUSSEL, Enrique. **Filosofia da libertação**: filosofia na América Latina. São Paulo: Loyola; Unimep, 1977. (Reflexão latino-americana).

DUSSEL, Enrique. **Filosofia da libertação**: crítica à ideologia da exclusão. São Paulo: Paulus, 1995.

DUSSEL, Enrique. **Método para uma filosofia da libertação**. São Paulo: Loyola, 1986.

DUSSEL, Enrique. **Oito ensaios sobre latino-americano e libertação**. São Paulo: Paulinas, 1997. (Atualidades em diálogo).

ELIA, Luciano da Fonseca. **O conceito de sujeito**. Rio de Janeiro: Jorge Zahar, 2004.

FERRARO, Alceu Ravanello. Diagnóstico da escolarização no Brasil. **Revista Brasileira de Educação**, [online]. Rio de Janeiro, n. 12, p. 22-47, set./dez. 1999.

FERREIRA, May Guimarães. **Concepções de subjetividade em psicologia**. Maranhão: Pontes, 2000.

FORGHIERI, Yolanda Cintrão. **Psicologia fenomenológica**: fundamentos, métodos e pesquisas. São Paulo: Pioneira Learning, 2004.

FOUCAULT, Michel. **Microfísica do poder**. 12. ed. Rio de Janeiro: Graal, 1979. (Biblioteca de filosofia e história das ciências, v. 7).

FRANKL, Viktor Emil. **Em busca de sentido**: um psicólogo no campo de concentração. 7. ed. São Leopoldo; Sinodal: Petrópolis; Vozes, 1997. (Logoterapia).

FRANKL, Viktor Emil. **Um sentido para a vida**: psicoterapia e humanismo. Aparecida, SP: Santuário, 1989.

FREIRE, Paulo. **Educação como prática da liberdade**. 31. ed. Rio de Janeiro: Paz e Terra, 2008.

FREIRE, Paulo. **Educação e mudança**. São Paulo: Paz e Terra, 1979b.

FREIRE, Paulo. **Pedagogia da autonomia**: saberes necessários à prática educativa. São Paulo: Paz e Terra, 1996. (Leitura).

FREIRE, Paulo. **Pedagogia do oprimido**. 45. ed. Rio de Janeiro: Paz e Terra, 2005.

FREITAS, Luiz Carlos de. A internalização da exclusão. **Educação & Sociedade**: Revista de Ciência da Educação, São Paulo, v. 1, n. 1, 1978.

FREUD, Sigmund. Sobre a psicanálise selvagem. *In*: FREUD, Sigmund. **Obras psicológicas**: antologia. Tradução de J. Salomão. Rio de Janeiro: Imago, 1992. p. 348-353.

FRIGOTTO. Gaudêncio. Os delírios da razão: crise do capital e metamorfose conceitual no campo educacional. IN: GENTILI, Pablo (org.). **Pedagogia da Exclusão**: crítica ao neoliberalismo em educação. O neoliberalismo e a crise da escola pública. 6. ed. Petrópolis, RJ: Vozes; 2000. (Coleção estudos culturais em educação). p. 77 – 108.

GOFFMAN, Erving. **Estigma**: notas sobre a manipulação da identidade deteriorada. 4. ed. Rio de Janeiro: Zahar, 1982.

GOMES, José Carlos Vitor. **Logoterapia**: a psicoterapia existencial humanista de Viktor Emil Frankl. São Paulo: Loyola, 1992.

GOMES, Vitor. **Três formas de ser resiliente**: (des)velando a resiliência de adolescentes no espaço escolar. 2004. Dissertação (Mestrado em Educação) – Programa de Pós-Graduação em Educação – Universidade Federal do Espírito Santo, Vitória, 2004.

HAHN, Hans-Cristoph. Tempo. *In*: BROWN, Colin (ed.). **O novo dicionário internacional de teologia do Novo Testamento**. São Paulo: Vida Nova, 1983. v. 4, R-Z, p. 558-559, 566-567. Grego clássico.

HEIDEGGER, Martin. **Ser e tempo**. Petrópolis: Vozes, 1995. Parte 1.

HERÁCLITO de Éfeso. Fragmentos. In: **PRÉ-SOCRÁTICOS**: fragmentos, doxografia e comentários. Seleção de textos e supervisão José Cavalcante de Souza. Dados biográficos de Remberto Francisco Kuhnen. 2. ed. São Paulo: Abril Cultural, 1978 (Os Pensadores). p. 73 – 136.

HOMERO. **Ilíada**. Tradução de Frederico Lourenço. 1. ed. Lisboa; Quetzal Editores, 2019.

HUSSERL, Edmundo. **A filosofia como ciência de rigor**. Tradução portuguesa de Albin Beau. Coimbra: Atlântida, 1965.

HUSSERL, Edmundo. **A idéia da fenomenologia**. Lisboa: Edições 70, 1986. (Textos filosóficos).

HUSSERL, Edmundo. **Ideias para uma fenomenologia pura e para uma filosofia fenomenológica**: introdução geral para à fenomenologia pura. Aparecida, SP: Ideias e Letras, 2006. (Coleção Subjetividade Contemporânea).

HUSSERL, Edmundo. **Investigações lógicas**: prolegômenos a lógica pura: volume 1. 1. ed. Rio de Janeiro: Editora Forense, 2014. (Coleção Subjetividade Contemporânea).

HUSSERL, Edmund. **Lecciones de fenomenología de la conciencia interna del tiempo**. Traducción, introducción y notas de Agustín Serrano de Haro. Madrid: Trotta, 2002. (Colccción Estructuras y processos – série filosofia).

HUSSERL, Edmundo. **Meditações cartesianas**: introdução à fenomenologia. São Paulo: Madras, 2001.

JANNUZZI, Gilberta de Martino. **A educação do deficiente no Brasil**: dos primórdios ao início do século XXI. Campinas: Autores Associados, 2004. (Educação contemporânea).

JESUS, Denise Meyrelles de. Formação continuada: constituindo um diálogo entre teoria, prática, pesquisa e educação inclusiva. *In*: JESUS, Denise Meyrelles de *et al.* (org.). **Pesquisa e educação especial**: mapeando produções. Vitória: EDUFES, 2005. p. 203-218.

JESUS, Denise Meyrelles de; PEREIRA, Ana Maria Pontes; SOUZA, Roselaine Gomes S. de. Construindo uma prática de formação inicial em educação especial. **Cadernos de Pesquisa em Educação [PPGE-UFES]**, Vitória, v. 2, n. 12, p. 56-79, dez. 1995.

KUIAVA, Evaldo Antonio. A relação ética, o filosofar e o ensino da filosofia: uma abordagem a partir de Lévinas. *In*: RIBAS, Maria Alice Coelho *et al.* **Filosofia e ensino**: a filosofia na escola. Ijuí: Unijuí, 2005. (Filosofia e ensino; 7).

LAING, Ronald David. **A política da experiência e a ave-do-paraíso**. Petrópolis: Vozes, 1974.

LAING, Ronald David. **O eu e os outros**: o relacionamento interpessoal. 7. ed. Tradução de Aurea Brito Weissenberg. Petrópolis: Vozes, 1989. Título original: Self and others.

LÉVINAS, Emmanuel. **De Deus que vem a ideia**. Tradução de Pergentino Stefano Pivatto *et al.* (coord.). Petrópolis: Vozes, 2002.

LÉVINAS, Emmanuel. **Descobrindo a existência com Husserl e Heidegger**. Lisboa: Instituto Piaget, 1967.

LÉVINAS, Emmanuel. **Entre nós**: ensaios sobre a alteridade. 2. ed. Tradução de Pergentino Stefano Pivatto *et al.* (coord.). Petrópolis: Vozes, 2005.

LÉVINAS, Emmanuel. **Ética e infinito**: diálogos com Philippe Nemo. Lisboa: Edições 70, 1982. (Filosofia contemporânea).

LÉVINAS, Emmanuel. **Humanismo do outro homem**. Tradução de Pergentino Stefano Pivatto *et al.* (coord.). Petrópolis: Vozes, 1993.

LÉVINAS, Emmanuel. **Totalidade e infinito**. Lisboa: Edições 70, 1980. (Filosofia contemporânea).

LINO DE PAULA, Lucilia Augusta. Ética, cidadania e educação especial. **Revista Brasileira de Educação Especial**, Piracicaba, v. 2, n. 4, 1996. p. 91-109.

LYOTARD, Jean-François. **A fenomenologia**. Lisboa, Portugal: Edições 70, 2008. (O Saber da Filosofia).

MANTOAN, Teresa Eglér. **Inclusão escolar**: o que é? Por quê? Como fazer? São Paulo: Moderna, 2001.

MARTINS, Joel, BICUDO, Maria Aparecida Viggiani. **A pesquisa qualitativa em psicologia**: fundamentos e recursos básicos. São Paulo: Moraes, 1989.

MARTINS, Joel; BOEMER, Magali Roseira; FERRAZ, Clarice Aparecida. A fenomenologia como alternativa metodológica para pesquisa: algumas considerações. **Cadernos da Sociedade de Pesquisa Qualitativas**, São Paulo, v. 1, n. 1, 1990.

MEIHY, José Carlos Sebe Bom. **Manual da história oral**. 4. ed. São Paulo: Loyola, 2002. (História oral).

MEIRA, Maria Isis Marinho. **Gagueira**: do fato para o fenômeno. São Paulo: Cortez, 1983.

MENDES, Enicéia Gonçalves. Perspectivas para a construção da escola inclusiva no Brasil. *In*: PALHARES, Marina Silveira; MARINS, Simone Cristina (org.). **Escola inclusiva**. São Carlos: EdUFSCar, 2002. p. 61-86.

MERLEAU-PONTY, Maurice. **Fenomenologia da percepção**. São Paulo: Martins Fontes, 1994. (Tópicos).

NAJMANOVICH, Denise. **O sujeito encarnado**: questões para pesquisa no/do cotidiano. Rio de Janeiro: DP&A, 2001.

OLIVEIRA, Avelino da Rosa. **Marx e exclusão**. Pelotas: Seiva, 2004.

OMOTE, Sadão. Perspectivas para conceituação de deficiências. **Revista Brasileira de Educação Especial**, Piracicaba, v. 2, n. 4, 1996. p. 127 – 135.

PADILHA, Anna Maria Lunardi. Práticas educativas: perspectivas que se abrem para a Educação Especial. Educação & Sociedade, v. 21, n. 71, p. 197–220, jul. 2000. Disponível em: https://www.scielo.br/j/es/a/jzfTpQQRQvzy8tYgxpNpHM-N/?lang=pt# Acesso em 10 ago. 2023.

AUTONOMIA, INCLUSÃO E EMANCIPAÇÃO: VIDAS EM CONSTRUÇÃO PARA ALÉM DOS LIMITES

PAIVA, Jacyara Silva de. **(Sobre)vivências**: um estudo fenomenológico-existencial acerca dos modos de ser sendo crianças e adolescentes em situação de rua. 2006. Dissertação (Mestrado em Educação) – Programa de Pós-Graduação em Educação, Universidade Federal do Espírito Santo, Vitória, 2006.

PASCAL, Blaise. **Pensamentos**. Introdução de Ch.-M. des Granges. Tradução de Sérgio Millet. 2. ed. São Paulo: Abril Cultural, 1979. (Os pensadores).

PEIXOTO, Adão José (org.). **Concepções sobre fenomenologia**. Goiânia: UFG, 2003a.

PEIXOTO, Adão José (org.). **Interações entre fenomenologia & educação**. Campinas: Alínea, 2003b.

PESSANHA, José Américo Motta. Descartes (1596-1650), vida e obra. *In*: DESCARTES, René. **Discurso do método; Meditações; Objeções e respostas; As paixões da alma; Cartas**. Introdução de Gilles-Gaston. Prefácio e notas de Gérard Lebrun. 2. ed. São Paulo: Abril Cultural, 1979. p. VI-XXIV. (Os pensadores).

PINEL, Hiran. **Adolescentes infratores**: sobre a vida, o auto-conceito e a psico-educação. 1989. Dissertação (Mestrado em Educação) – Programa de Pós-Graduação em Educação, Universidade Federal do Espírito Santo, 1989.

PINEL, Hiran. Alguém atrás da porta: quando o processo de ensino e aprendizagem é ameaça[dor]? **Caderno de Pesquisa em Educação [PPGE-UFES]**, Vitória, v. 2, n. 12, p. 132-150, dez. 1995.

PINEL, Hiran. **As descrições científicas em pesquisas qualitativas e fenomenológicas-existenciais em educação e em psicologia**. 1999. Monografia (Doutorado em Psicologia do Escolar e do Desenvolvimento Humano) – Programa de Pós-Graduação em Psicologia, Universidade de São Paulo, 1999.

PINEL, Hiran. **Curso Psicopedagogia Clínico-Institucional**. Rio de Janeiro: Instituto Brasileiro de Educação a Distância; Brazilian Open University, [2003a]. 1 CD-ROM.

PINEL, Hiran. **Educadores da noite**: educação especial de rua, prostituição masculina e a prevenção as DST/aids. 2. ed. Belo Horizonte: Nuex-PSI, 2003b. 1 CD-ROM. Disponível em: http://www.educadores.diaadia.pr.gov.br/arquivos/File/2010/artigos_teses/Pedagogia/hiran_tese_psicologia_2000.pdf. Acesso em: 10 abr. 2023.

PINEL, Hiran. **Educadores de rua, michês e a prevenção contra as DST/aids**: uma compreensão frankliana do ofício no sentido da vida. 2000. Tese (Doutorado em Psicologia Escolar e do Desenvolvimento Humano) – Instituto de Psicologia, Universidade de São Paulo, 2000.

PINEL, Hiran. Família & prostituição: educação não escolar (de rua) & a/diversidades. **Cadernos de Pesquisa em Educação [PPGE-UFES]**, Vitória, v. 8, n. 15, p. 44-92, 2002.

PINEL, Hiran. Nascimentos! Inventando & produzindo "nascimentos de protagonistas estrelares" nas existências e nas práticas educacionais (escolares e/ou não). *In*: JESUS, Denise Meyrelles de *et al.* (org.). **Pesquisa e educação especial**: mapeando produções. Vitória: EDUFES, 2005a. p. 269-310.

PINEL, Hiran. Relacionamentos de ajuda nos contextos psicopedagógicos da educação especial: cristalização do cuidado. **Cadernos de pesquisa em educação** – PPGE – UFES. Vitória, v. 2, n. 12, p. 167-190, dez. 1995.

PINEL, Hiran. **Um pássaro cuidadosamente sem asas**: uma produção existencial fenomenológica. Vitória: UFES, [2005]. Coletânea de textos da disciplina Psicologia da Educação, Mestrado em Educação, Programa de Pós-Graduação em Educação, Centro de Educação, 2005b.

PINEL, Hiran *et al.* Dora e Josué: (pro)curando uma "subjetividade inclusiva" em contextos não escolares informais, a partir dos escolares, na fílmica de Walter Salles Central do Brasil. *In*: SEMINÁRIO CAPIXABA DE EDUCAÇÃO INCLUSIVA, 9, 2005, Vitória. **Anais** [...]: Ressignificando conceitos e práticas: a contribuição da produção científica. Vitória: UFES, 2005c. p. 304-306.

PINTO, Norberto Souza. **A infância retardatária**. 3. ed. Rio de Janeiro: Editora DIG, 1954.

PLATÃO. **A República**. Tradução de Carlos Alberto Nunes. 3. ed. Belém: Edufpa, 2000.

ROGERS, Carl R. **Sobre o poder pessoal**. São Paulo: Martins Fontes, 1978.

ROGERS, Carl R. **Tornar-se pessoa**. 3. ed. São Paulo: Martins Fontes, 2002.

RÚDIO, Franz Victor. **Compreensão humana e ajuda ao outro**. Petrópolis: Vozes, 1991.

RUSSELL, Bertrand. **História da filosofia ocidental**: a filosofia moderna, da Renascença até Hume. 2. ed. São Paulo: Editora Nacional, 1967. Espírito Moderno. Série 1ª – Filosofia; v. 23).

SARAIVA, Francisco R. dos Santos. **Novíssimo dicionário latino-português**: etimológico, prosódico, histórico, geográfico, mitológico, biográfico etc. 11. ed. Rio de Janeiro; Belo Horizonte: Livraria Garnier, 2000.

SARTRE, Jean-Paul. **O ser e o nada**: ensaio de ontologia fenomenológica. Tradução de Paulo Perdigão. 5. ed. Petrópolis: Vozes, 1997.

SASSAKI, Romeu Kazumi. **Inclusão**: construindo uma sociedade para todos. Rio de Janeiro: WVA, 1997.

SATOW, Suely Harumi. **Paralisado cerebral**: construção da identidade na exclusão. São Paulo: Carbral; Robe, 1995. (Identidades e mundo moderno: novas configurações?).

SOARES, Jane Alves; CHICON José Francisco. Compreendendo os conceitos de integração e inclusão. **Cadernos de Pesquisa em Educação [PPGE-UFES]**, Vitória, v. 2, n. 12, p. 11-36, dez. 1995.

VICTOR, Sonia Lopes *et al.* A sexualidade emergente em adolescentes com deficiência mental: relatos, reflexões e propostas. **Cadernos de Pesquisa em Educação [PPGE-UFES]**, Vitória, v. 2, n. 12, p. 237-260, dez. 1995.

ZILLES, Urbano. **Filosofia da religião**. 8. ed. São Paulo: Paulus, 2010. (Filosofia).

## Web

BAIER, Tânia. **O nexo "geometria fractal – produção da ciência contemporânea" tomado como núcleo do currículo de matemática do ensino básico**. Tese (Doutorado) – Programa de Pós-Graduação em Educação Matemática, Universidade Estadual Paulista, Rio Claro, 2005. Disponível em: http://www.biblioteca. unesp.br/bibliotecadigital/document/?view=3296&filename=baier_t_dr_rcla. pdf&status=a&size=3138210&type=application&subtype=pdf&topic_id=303&extension=pdf&compress=n. Acesso em: 8 set. 2006.

BAUTHENEY, Kátia Cristina Silva Forli. Clínica psicopedagógica ou psicologização do cotidiano escolar? Delimitando dois campos distintos. *In*: COLÓQUIO DO LEPSI IP/FE-USP, 3, 2001, São Paulo. Disponível em: http://www.proceedings.

scielo.br/scielo.php?script=sci_arttext&pid=MSC0000000032001000300028&l-ng=en&nrm=abn. Acesso em: 3 abr. 2023.

BERNARDINO, Leda Mariza Fischer. Quando tratar implica em educar: a clínica com crianças autistas. *In*: COLÓQUIO DO LEPSI IP/FE-USP, 4, 2002, São Paulo. Disponível em: http://www.proceedings.scielo.br/scielo.php?script=sci_arttext&-pid=MSC0000000032002000400031&lng=en&nrm=abn. Acesso em: 3 abr. 2006.

BICUDO, Maria Aparecida Viggiani. Notas sobre o seminário realizado pelo prof. Amedeo Giorgi sobre a fenomenologia e a pesquisa qualitativa em psicologia. **Cadernos da Sociedade de Pesquisa Qualitativas**, São Paulo, v. 1, n. 1, 1990.

BLACKBURN, Simon. **Dicionário Oxford de filosofia**. Rio de Janeiro: Jorge Zahar, 1997.

BOEMER, Magali Roseira. A condução de estudos segundo a metodologia de investigação fenomenológica. **Revista Latino-Americana de Enfermagem**, Ribeirão Preto, v. 2, n. 1, 1994. Disponível em: http://www.scielo.br/scielo.php?-pid=S0104-11691994000100008&script=sci_arttext. Acesso em: 4 nov. 2006.

BRASIL. Ministério da Saúde. Sistema Único de Saúde. Comissão Nacional de Ética em Pesquisa. **Resolução nº 190, de 10 de outubro de 1996**. Brasília: Conep, 1996. Disponível em: http://conselho.saude.gov.br/comissao/conep/resolucao.html. Acesso em: 4 nov. 2006.

BRASIL. Política nacional de educação especial na perspectiva da educação inclusiva. **Inclusão**: Revista da Educação Especial, Secretaria de Educação Especial. CIBEC/MEC: Brasília, DF v. 4, n. 1, p. 7-17, jan./jun. 2008. Disponível em: http://portal.mec.gov.br/seesp/arquivos/pdf/revinclusao5.pdf. Acesso em 31 jul. 2023.

CARTA de uma mãe. **Saci**, São Paulo, 2005. Extraída do Boletim Especial n. 1 da Associação de Síndrome de Down da República Argentina. Disponível em: http://www.saci.org.br/index.php?modulo=akemi&parametro=17460. Acesso em: 2 abr. 2023.

CENTRO DE INTEGRACIÓN LIBRE Y SOLIDARIO DE ARGENTINA (CILSA). Santa Fe, Argentina: Cilsa, [2023]. Disponível em: http://www.cilsa.org. Acesso em: 9 abr. 2023.

CORREIA, Maria Angela Monteiro. **Marcos históricos internacionais da educação especial até o século XX**. Rio de Janeiro: Unirio; Cederj, 2023. Disponível em: http://www.unirio.br/cch/escoladeturismologia/pasta-virtuais-de-docentes/

maria-angela-monteiro-correa/educacao-especial-textos-da-disciplina/aula-5. Acesso em: 5 abr. 2023.

COSTA, Marisa Vorraber, Currículo e política cultural. In: COSTA, Marisa Vorraber (org.). **O currículo nos limiares do contemporâneo**. 3 ed. Rio de Janeiro: DP&A, 2003. p. 37 – 68.

DELEUZE, Gilles. **Spinoza**. Cours Vincennes - 24/01/1978. Tradução de Emanuel Angelo da Rocha Fragoso e Hélio Rebello Cardoso Jr. Fortaleza: [*s. n.*], 2005. Disponível em: https://www.academia.edu/33949642/CURSOS_VINCEN-NES_DELEUZE_sobre_SPINOZA_Trad_de_Emanuel_A_R_Fragoso_e_H%-C3%A9lio_R_C_Jr. Acesso em: 6 abr. 2023.

ESTELA, Ana. [**Correspondência**]. Destinatário: Fórum Inclusão, Yahoo Grupos. Vitória, ES, 6 out. 2005. 1 correio eletrônico.

GARDNER, Frank. Back on the screen about returning to work, his plans for the future and why it is happy to be called a "sufferer". [Interview granted to] Elizabeth Choppin. **Disability Now**, London, Aug. 2005. [Tradução Priscila Moret Pio Maciel Lima] Disponível em: http://www.disabilitynow.org.uk/people/profiles/prof_aug_2005.htm. Acesso em: 24 set. 2006.

HOUAISS, Antônio. **Dicionário eletrônico da língua portuguesa**. [*S. l.: s. n.*], [2007?]. Versão UOL. Disponível em: https://houaiss.uol.com.br/corporativo/apps/uol_www/v6-1/html/index.php#0. Acesso em: 03 ago. 2023.

JESUS, Acedir. [**Correspondência**]. Destinatário: Fórum Inclusão, Yahoo Grupos. Vitória, ES, 6 nov. 2005.

LARROSA BONDÍA, Jorge. Notas sobre a experiência e o saber de experiência. *In:* CONGRESSO DE LEITURA DO BRASIL, 13, 2001, Campinas. **Anais eletrônicos** [...]. Disponível em: http://www.miniweb.com.br/Atualidade/INFO/textos/saber.htm. Acesso em: 15 abr. 2005.

LAZARUM. [*S. l.*]: Lazarum, [2005]. Disponível em: http://www.lazarum.com/. Acesso em: 9 nov. 2005.

LIMA, Raymundo de. Sobre o ponto cego de cada um. **Revista Espaço Acadêmico**, [*s. l.*], ano 1, n. 1, jun. 2011. Disponível em: https://espacoacademico.wordpress.com/2011/02/12/sobre-o-ponto-cego-de-cada-um/. Acesso em: 3 abr. 2023.

MACIEL JÚNIOR, Edson. **O que é e como é ser sendo com necessidades educacionais em contextos escolares e não escolares**: o sujeito fenomenológico-existencial constituído e/ou inventado na/da educação especial. 2006. Dissertação (Mestrado em Educação) – Programa de Pós-Graduação em Educação, Universidade Federal do Espírito Santo, Vitória, 2006. Disponível em: chrome-extension://efaidnbmnnnibpcajpcglclefindmkaj/https://sappg.ufes.br/tese_drupal//nometese_60_EDSON%20MACIEL%20JUNIOR.pdf. Acesso em: 3 abr. 2023.

MANGANARO, Patrizia. Alteridade, filosofia, mística: entre fenomenologia e epistemologia. **Memorandum**, Belo Horizonte, MG, v. 6, p. 3-24, 2004. Disponível em: https://periodicos.ufmg.br/index.php/memorandum/article/view/6785/4357. Acesso em: 03 ago. 2023.

NEVES, Marcos César Danhoni; CARVALHO, Washington L. P. O mecanicismo da física na psicologia e a perspectiva fenomenológica. **Cadernos da Sociedade de Estudos e Pesquisa Qualitativa**, São Paulo, v. 1, n. 1, 1990. Disponível em: http://www.sepq.org.br/default.htm. Acesso em: 23 ago. 2005.

ORGANIZAÇÃO MUNDIAL DA SAÚDE (OMS). **Como usar a CIF**: um manual prático para o uso da Classificação Internacional de Funcionalidade, Incapacidade e Saúde (CIF). Versão preliminar para discussão. Genebra: OMS, out. 2013.

ORGANIZAÇÃO MUNDIAL DA SAÚDE (OMS). **Classificação Internacional de Funcionalidade Incapacidade e Saúde**. Genebra: OMS, 2001. Disponível em: https://www.who.int/classifications/icf/en/#. Acesso em: 11 jul. 2019.

PADILHA, Anna Maria Lunardi. Práticas educativas: perspectivas que se abrem para a educação especial. **Educação & Sociedade**, Campinas, SP, v. 21, n. 71, p. 197-220, jul. 2000. Disponível em: https://www.scielo.br/j/es/a/jzfTpQQRQvzy8tYgxpNpHMN/abstract/?lang=pt#. Acesso em: 4 abr. 2023.

PAULI, Evaldo. Descartes, fundador da filosofia moderna: vida e obras de Descartes. *In*: PAULI, Evaldo (ed.). **Enciclopédia Simpozio**. Santa Catarina: Fundação Simpozio, 1997. Apoio da Ufsc. Idioma original: esperanto. Disponível em: http://www.cfh.ufsc.br/~simpozio/Megahist-filos/Descartes/3686y024.html. Acesso em: 20 set. 2006.

PINEL, Hiran. [**Correspondência**]. Destinatário: Edson Maciel Junior. Vitória, ES, 26 maio a 31 out. 2006.

PINEL, Hiran. **Fundamentos filosóficos da psicopedagogia**: a filosofia da inclusão. [*S. l.: s. n.*], 2001. Disponível em: http://www.sitelaborpsi.hpg.ig.com.br/. Acesso em: 9 maio 2005d.

PINEL, Hiran. Philippe Pinel: aprendendo com o outro. *In*: PINEL, Hiran. **Vida como obra de arte**. Vitória, 8 jun. 2017. Disponível em: https://hiranpinel.blogspot.com/search?q=aprendendo+com+o+outro. Acesso em: 2 abr. 2023.

PINEL, Hiran. **Psicologia educacional**: alguns textos esparsos. Belo Horizonte: Nuex-PSI, 2004. 1 CD-ROM. Disponível em: http://www.neaad.ufes.br/subsite/psicologia. Acesso em: 10 ago. 2005e.

QUEIROZ, Marco Antônio. **Bengala Legal**, [*s. l.*], [2006?]. Disponível em: http://webcache.googleusercontent.com/search?q=cache:ToUZjdCDqjcJ:www.bengalalegal.com/estado-de-minas%3Fts%3D110512011602&cd=1&hl=pt-BR&ct=clnk&gl=br. Acesso em: 24 abr. 2023.

ROLANDO, Rossana. Emmanuel Levinas: para uma sociedade sem tiranias. **Educação & Sociedade**, [*s. l.*], v. 22, n. 76, p. 76-93, out. 2001. Disponível em: https://www.scielo.br/j/es/a/VDgTB6Kt4yMLT6nrccdhVYM/?lang=pt#. Acesso em: 20 mar. 2023.

TERÇA Insana: Irmã Selma. Direção: Grace Gianoukas. [*S. l.: s. n.*]. 1 vídeo (3 min). Publicado pelo canal Kaboing. Disponível em: http://www.youtube.com/watch?v=0_AEhhdo6xE. Acesso em: 03 ago. 2023.

PORTER, Gordon. Gordon Porter e a educação inclusiva: Portugal é líder na Europa. [Entrevista cedida a] Terras da Beira. 10 ago. 2008. **Inclusive – inclusão e cidadania**, [*s. l.*], 10 ago. 2008. Disponível em: https://www.inclusive.org.br/arquivos/833. Acesso em: 20 mar. 2023.

## Discos

AQUI e agora. Compositor e intérprete: Gilberto Gil. Produção: Bené Fonteles. *In*: GIL, Gilberto, LUMINOSO. Sarapuí: Gorila Mix, 1999. Online. Faixa 2, 5:49 min. Disponível em: https://gilbertogil.com.br/noticias/producoes/detalhes/gil-luminoso/. Acesso em: 31 mar. 2023.

VOLTA por cima. Compositor: Paulo Emilio Vanzolini; Intérprete: Mário de Souza Marques Filho - Noite Ilustrada. Nº Álbum 61143; Gênero musical: Samba. São Paulo: Philips, 1962, 1 vinil, 78 rpm.

## Filmes

ADEUS Minha Concubina. Direção: Chen Kaige. China: Beijing Film Studio; Tomson Films; China Film Co-Production Corporation; Maverick Picture Company, 1993. Blu-ray (170 min).

GENTE Como a Gente. Direção: Robert Redford. Produção: Ronald L. Schwary. Elenco: Donald Sutherland (Calvin "Cal" Jarrett); Mary Tyler Moore (Beth Jarrett); Judd Hirsch (Dr. Berger); Timothy Hutton (Conrad "Con" Jarrett); M. Emmet Walsh (Técnico Salan); Elizabeth McGovern (Jeannine); Dinah Manoff (Karen); Fredric Lehne (Lazenby); James Sikking (Ray Hanley); Basil Hoffman (Sloan); Scott Doebler (Jordan "Buck" Jarrett); Mariclare Costello (Audrey). Roteiro: Alvin Sargent, baseado em livro de Judith Guest. Estados Unidos: Paramount Pictures Wildwood, 1980. Amazon Prime Video – streaming. (122 min). Título original: Ordinary people.

MEU NOME é Rádio. Direção: Michael Tollin. Elenco: Alfre Woodard, Brent Sexton, Chris Mulkey, Cuba Gooding Jr. (Rádio), Ed Harris (Treinador Jones), Riley Smith, S. Epatha Merkerson, Sarah Drew. Estados Unidos: [s. n.], 2003. Amazon Prime Video – streaming. (109 min). Título original: Radio.

MEU PÉ Esquerdo. Direção: Jim Sheridan. Noel Pearson. Elenco: Daniel Day-Lewis (Christy Brown); Brenda Fricker (Sra. Brown); Alison Whelan (Sheila - adulta); Kirsten Sheridan (Sharon Brown); Declan Croghan (Tom - adulto); Eanna MacLiam (Benny - adulto); Marie Conmee (Sadie); Cyril Cusack (Lorde Castlewelland); Phelin Drew (Brian); Ruth McCabe (Mary Carr); Fiona Shaw (Dra. Eileen Cole); Ray McAnally (Sr. Brown); Patrick Laffan (Barman). Roteiro: Shane Connaughton e Jim Sheridan, baseado em livro de Christy Brown. Irlanda: Ferndale Films; Granada; Raidio Teilifis Eireann, 1989. 1 DVD (103 min). Título original: My left foot.